AUTRES OUVRAGES DANS LA MÊME COLLECTION

Jean Brun : **Développez votre aptitude au bonheur.**
Jean Chartier (Docteur en psychologie) : **Vous et les autres... Cours pratique de caractérologie.**
Bruno Comby : **Comment vous libérer du tabac.**
Bruno Comby : **Stress-control. Comment vous libérer du stress par les méthodes naturelles.**
Patrick Estrade : **Vivre sa vie : comprendre, décider et agir.**
Patrick Estrade : **Réussissez votre personnalité.**
Patrick Estrade : **Vivre mieux : mode d'emploi.**
Patrick Estrade : **Le Couple retrouvé.**
Pierre Fluchaire : **La Révolution du rêve.**
Pierre Fluchaire : **Renaître au sommeil naturel.**
Céline Gérent : **Le Guide du savoir-vivre sexuel.**
Patrice Julien : **Cette vie, dont vous êtes le héros...**
Thierry Loussouarn : **Transformez votre vie par la sophrologie.**
Dr Robert Maurin : **Objectif mieux-être !**
Dr André Passebecq : **Votre santé par la diététique et l'alimentation saine.**
Dr André Passebecq : **L'Enfant. Guide pratique pour les parents et éducateurs.**
Dr André Passebecq : **Psychothérapie par les méthodes naturelles.**
Dr André Passebecq : **Qui ? Découvrez qui vous êtes et qui sont réellement les autres par la grapho-morphopsychologie.**
Marcel Rouet : **Relaxation psychosomatique.**
Marcel Rouet : **Maigrir et vaincre la cellulite par la détente nerveuse.**
Marcel Rouet : **Chassez la fatigue en retrouvant la forme !**
Marcel Rouet : **La Maîtrise de votre subconscient.**
Alain Saury : **Régénération par le jeûne.**
Yvonne Sendowski : **Gymnastique douce.**
Jean Spinetta : **Le Visage, reflet de l'âme.**
Pr Robert Tocquet : **La Biodynamique du cerveau.**
Pr Robert Tocquet : **Votre mémoire : comment l'acquérir, la développer et la conserver.**

relaxation psychosomatique

collection "Psycho-soma"

(le corps et l'esprit)

OUVRAGES ET MÉTHODES DE L'AUTEUR

Livres disponibles :

Relaxation psychosomatique (Éditions Dangles).
Maigrir par la détente nerveuse (Éditions Dangles).
Chassez la fatigue en retrouvant la forme ! (Éditions Dangles).
La maîtrise de votre subconscient (Éditions Dangles).
L'esthétique corporelle (Éditions Dangles).
Psychosomatique de la cellulite (Éditions Maloine).
Toute la culture physique (Éditions Amphora).
Virilité et puissance sexuelle (Éditions B.P. Livres).

Livres épuisés :

Le dictionnaire de la culture physique (Éditions Casterman).
Le guide des plantes médicinales (Éditions Belfond).
Le comportement sexuel de la femme (Éditions Belfond).
La vie recommence à 40 ans (Presses-Pocket).
Techniques et pratiques de l'hypnose (Éditions Belfond).
La magie de l'amour (Éditions J'ai Lu).
Techniques de l'acte sexuel (Éditions J'ai Lu).
Santé et beauté plastique de votre enfant (La Pensée Moderne).
Lire dans votre main (Éditions Balland).
Dormir enfin sans problèmes (Éditions Balland).
La santé dans votre assiette (Éditions Balland).
Maigrir par la gymnastique (Éditions Balland).
Les stimulants de l'amour (Éditions Balland).

Cassettes « Self-méthodes » (pour les particuliers) et **cours** et **méthodes** (pour les professionnels), s'adresser à :

Service M. Rouet - Commercial Club de Paris - 12, rue Saint-Florentin - 75001 Paris.

Marcel ROUET

relaxation psychosomatique

De la conscience du corps à la maîtrise du mental

Préface du Dr Jean Leininger

69e mille

Editions Dangles
18, rue Lavoisier
45800 ST-JEAN-DE-BRAYE

ISSN : 0397-4294
ISBN : 2-7033-0161-8

Marcel ROUET (1909-1982)

Marcel Rouet est l'un des auteurs qui a le plus prospecté la gamme étendue des disciplines d'épanouissement personnel. Athlète complet, chef de file de la culture physique en France, ses recherches se sont étendues à l'hypnose, à la psychomorphopsychologie, à la sexologie, à la diététique, à l'esthétique corporelle, à la relaxation, etc., avec un égal succès car nombreux sont ceux qui, ayant découvert l'un de ses quelque 30 ouvrages, recherchent ensuite avec avidité chacun de ses autres titres, entre autres *Relaxation psychosomatique,* best-seller qui a fait connaître ses méthodes au monde entier. Marcel Rouet est le créateur de la relaxologie ; il a formé des spécialistes relaxologues dirigeant des *Psycho-center* qui accueillent une clientèle de plus en plus nombreuse et enthousiasmée par ses méthodes.

Il crée la « méthode d'amaigrissement psychosomatique », attirant l'attention du corps médical et de ses lecteurs sur le traitement psychique des cellulites et des obésités dont la plupart se développent sous l'effet de la tension nerveuse. Enfin, il poursuit ses travaux par la publication d'œuvres concernant la pratique de l'hypnose ; il compose des enregistrements en cassettes qui rendent ses méthodes plus vivantes et plus accessibles encore.

Marcel Rouet se range donc parmi ceux qui — hélas ! encore trop peu nombreux — ont lutté avec toute leur énergie contre la dégradation de la nature et des conditions de vie, et œuvré pour qu'une nouvelle forme de « qualité de la vie » puisse se développer à la faveur de la formation d'une nouvelle conscience collective, plus portée à rechercher le bonheur intrinsèque que les valeurs factices.

Préface de la première édition

Près de vingt-cinq ans se sont écoulés depuis la dernière édition américaine de L'Homme cet inconnu. *L'esprit du livre est toujours vrai, déséquilibre entre la physique et la biologie, entre la connaissance des structures nucléaires et l'inconnaissance des structures psychophysiologiques. Si la science est entrée dans l'ère atomique, la médecine est à l'ère des antibiotiques et des hormones. Le champ des maladies « inguérissables » s'est considérablement réduit — le cancer — les affections cardio-vasculaires, voilà les problèmes de vie et de mort pour l'homme de la seconde moitié du XX*e *siècle. Pourtant, il semble que l'homme, en particulier l'homme de la rue, ou l'homme de ma consultation quotidienne n'est guère heureux. Déséquilibre, insomnie, névroses sont le lot de la moitié des habitants des centres urbains.*

Devant ce tableau assez sombre, voici l'ouvrage de Marcel Rouet consacré à la relaxation psychosomatique et à l'auto-hypnose.

Marcel Rouet, c'est d'abord pour moi l'auteur de Santé et Beauté plastique *dont on me permettra de dire qu'il reste la Bible du culturiste moyen, de celui qui veut continuer à vivre avec l'usage normal de son corps et de ses organes. Déjà un court paragraphe de ce livre décrivait l'isolement.*

Puis, Marcel Rouet, dans son évolution naturelle, s'est attaché à la relaxation, à l'hypnose, bref à la culture de l'homme total et, après bien d'autres ouvrages, voici le guide pratique qui va permettre à chacun de nous, un tant soit peu évolué, de descendre en soi-même, d'aboutir à cette connaissance et à ce contrôle dont on parle depuis des millénaires et qui ne reste pourtant que le fait de quelques-uns.

Comme un nombre encore limité de mes confrères français et après les Anglo-Saxons, j'ai moi aussi redécouvert l'hypnose : son domaine d'action embrasse toute la médecine psychosomatique et une grande partie du traitement des maladies organiques, de l'ulcère gastro-duodénal et même du cancer. Mais elle n'entre que lentement dans la pratique médicale quotidienne et le public français n'y est pas encore préparé.

Marcel Rouet reprend pas à pas le mécanisme de l'auto-hypnose, il insiste sur la respiration complète. C'est ici un ouvrage tout différent de ceux qui traitent du yoga ou du training autogène de Schultz. Les questions de l'amaigrissement et de la cellulite sont exposées avec précision.

En conclusion, il y a ici plus qu'un guide de relaxation écrit par « un homme de bonne volonté » : il y a le résultat d'une longue approche de l'homme total, un effort de synthèse qui n'échappera pas au lecteur averti. Quelques idées très originales sont émises, surtout celle qui fait de la relaxation, un troisième état, *à côté de la veille et du sommeil.*

Je pense que le médecin tirera profit de la lecture et de l'application de ce livre d'un non-médecin. Le problème est clair, la médecine actuelle se doit de devenir psychosomatique ; à l'âge du spécialiste, succède l'âge du psychosomaticien. C'est l'heure de la synthèse et je rejoins ici la pensée de Carrel.

Marcel Rouet nous aide à faire ou à refaire en nous le plus beau de tous les voyages ; il nous faut être bien réveillés, « le Matin des Magiciens » est tout de même un très beau matin.

Dr Jean Leininger,
novembre 1962.

Préface de la cinquième édition

J'écrivais dans la dernière édition de cet ouvrage : « *A en juger par l'abondant courrier que je reçois, l'enthousiasme que manifestent lecteurs et lectrices qui le font connaître à leur entourage, et en dépit du mur de silence élevé contre ceux qui n'hésitent pas à " sortir des sentiers battus ", je pense que* Relaxation psychosomatique, *dont certains " ouvriers de la dernière heure " ne se sont pas fait faute de s'inspirer sans indiquer leurs sources, ne peut qu'accroître une audience qui va sans cesse en s'amplifiant.* »

Cette nouvelle édition — la cinquième — montre qu'il n'était rien d'exagéré dans mes propos en ce qui concerne l'intérêt porté à ce livre ; d'autre part, alors que j'ai inauguré depuis plus de vingt années la relaxation et l'amaigrissement par la suggestion enregistrée sur fond musical, on assiste à une floraison de plagiats de mes méthodes, antérieurement qualifiées de « gadgets » par ceux-là mêmes qui n'hésitent pas à s'en inspirer très largement, souvent en recouvrant ces essais de dénominations aussi obscures qu'incompréhensibles ; elles sont destinées à leur donner une apparence scientifique, alors que ces « nouvelles techniques » ne sont aucunement un progrès ou une découverte, mais existent depuis la nuit des temps, par exemple la suggestion et l'hypnose.

Parler de persuasion au lieu de suggestion ou d'état sophronique ne change rien à la technique des suggestionneurs qui savaient aussi suggérer d'une voix monotone et persuasive, ni à celle des précurseurs de l'hypnose dont l'hypnose fruste — au seuil de l'endormissement — n'est autre que le soi-disant « état sophronique »... Quant aux états de conscience, il est bien prétentieux de vouloir les découper en tranches, tant est insensible le processus d'effacement du conscient. L'élargissement du champ de la conscience s'obtient autrement rapidement par post-suggestion que par la recherche concentrative, particulièrement chez les sujets dont les facultés d'attention sont émoussées. Les « nouveaux états de conscience » ont donné lieu à une littérature de science-fiction très éloignée de la réalité objective, pour ne pas dire délirante. N'avons-nous pas lu qu'on « *voyageait dans le cosmos à cheval sur un petit globule rouge* » ! Nous n'engagerons pas nos lecteurs dans cette voie pleine de menaces pour la santé mentale.

Cependant, nous ne prétendons pas posséder la panacée, ni avoir rien inventé, ni avoir rien découvert ; et malgré les attestations qui nous parviennent sur l'efficacité de nos méthodes, affirmant qu'elles sont supérieures à beaucoup d'autres, nous savons bien qu'aucun moyen n'est efficace à coup sûr ; il n'y a pas un médecin qui puisse affirmer que son traitement n'a jamais échoué...

Notre objectif — comme en culture physique — a été la recherche d'une plus grande efficacité et d'un perfectionnement incessant de nos méthodes enregistrées, et cela depuis plusieurs décennies.

Mais surtout, à partir de **la relaxation psychosomatique,** nous avons sans cesse élaboré d'autres méthodes, afin de répondre aux problèmes fondamentaux — qu'ils soient physiques, psychologiques ou psychiques — des hommes et des femmes qui suivaient nos efforts et les soutenaient.

Cette recherche nous a conduit à reprendre les concepts qui avaient — dès 1942 — présidé à l'écriture de *Obésité et Cellulite d'origine psychique* (1) qui ne fut pas compris, mais dont un quart de siècle après les médecins « redécouvrent » les principes en s'intéressant *enfin* au psychisme des sujets qui ne perdent aucun poids par le régime... ou en prennent, concepts que nous avons largement développés dans *Maigrir par la détente nerveuse* (2).

Toute une méthode a été élaborée que nous avons intitulée « **Le reconditionnement psychophagique** » ; agissant sur le psychisme, elle a permis à des milliers d'hommes et de femmes de perdre leurs kilos en excès et de se défaire de la cellulite, et cela, sans fatigue ni frustration. C'est la première fois que se trouvaient associés les effets physiques et psychiques, et cela nous l'obtenions en l'état hypnoïde. Nous interdisions de parler de régime et de basses calories, et nous préconisions de ne pas se priver de mets cuisinés. Malgré cela, non seulement nos correspondants perdaient du poids et se défaisaient de leur cellulite, mais ensuite, le poids normal rapidement retrouvé restait stable. C'était révolutionner les données, jusqu'ici admises sans discernement, des régimes amaigrissants.

---

(1) Éditions Maloine.
(2) Éditions Dangles.

Ces résultats spectaculaires, ainsi que ceux obtenus en de nombreux autres domaines, nous les devons à notre méthode initiale de relaxation psychosomatique, dont elle est le creuset. Précisons qu'elle participe depuis toujours — de par notre formation — de la psychologie, de la suggestion, de l'hypnose, de la culture physique et de l'esthétique corporelle. Enfin, les moyens modernes auxquels nous avons maintenant recours — dont les techniques d'audiovisuel — situent bien nos méthodes à l'avant-garde de la psychosomatique contemporaine.

Marcel Rouet

Références

Par notre intermédiaire, l'auteur reçoit chaque jour de nombreuses lettres de remerciement de la part de ses lecteurs et lectrices. Elles sont autant d'attestations concernant l'efficacité de ses méthodes. Nous n'hésitons pas à en publier certains extraits, en ayant auparavant vérifié l'authenticité.

Nous pensons que ces extraits sont un encouragement et un stimulant dans l'application de méthodes qui ont largement fait leurs preuves et que, dans ce sens, ils ne peuvent que rendre service à notre clientèle intéressée par nos livres de culture humaine (1).

L'ÉDITEUR

M. M. P., NANTES. — « *Laissez-moi vous dire tout le bien que je pense de votre méthode : " Relaxation psychosomatique ". Après quelques séances de relaxation prises auprès d'un spécialiste, votre livre m'est arrivé très à propos : les résultats sont spectaculaires...* »

M. A. C., PAU. — « *Je tiens à vous écrire pour vous dire tout le bien que je pense de votre livre " Maigrir par la détente nerveuse " ; en effet, votre méthode a été un vrai " miracle ". Mesurant 1,68 m, je pesais en août 78, exactement 78 kg. En juin 79, je ne pèse plus que 62 kg, sans pour cela avoir un visage fatigué et maladif ; bien au contraire, votre méthodologie est un " pur chef-d'œuvre " et je ne peux trouver les mots pour vous remercier d'avoir trouvé une méthode aussi naturelle, et où l'effort est proscrit... Parmi mes collègues de travail, je ne reçois que compliments et* envie. »

M. M. E., YAOUNDÉ. — « *Je viens de découvrir " Chassez la fatigue en retrouvant la forme ". Cet ouvrage merveilleux a ouvert devant moi des horizons d'une vie nouvelle...* »

M. S. C., SAVIGNY. — « *Je tiens à vous féliciter pour vos ouvrages concernant la culture physique et celui de " L'Esthétique corporelle ".* »

M. G. M., PARIS. — « *A 70 ans, je suis hémiplégique depuis 11 ans et l'appoint de la respiration rythmique m'aide beaucoup dans*

---

1. Catalogue gratuit sur simple demande.

mon équilibre... A deux reprises, je me suis endormi, tellement je me sentais bien. Ma femme voit ses lenteurs digestives disparaître... »

Dr J. Q., LYON. — « *Je vous serais reconnaissant de m'adresser une cassette " Comment maigrir ". De nombreux patients et patientes auraient intérêt à suivre cette méthode.* »

Mme P., VÉNISSIEUX. — « *J'ai acheté votre livre : " L'Esthétique corporelle " et je me félicite chaque jour de cet achat. Je vous adresse toutes mes félicitations pour cet ouvrage remarquable.* »

M. Y. L., SAINT-ÉTIENNE. — « *J'ai en ma possession les deux cassettes " Sex Control " et " Relaxation ". Après une première audition, je note l'effet suggestif et réconfortant de votre méthode.* »

M. R. S., ARLON. — « *Depuis plus d'un an, je pratique la relaxation psychosomatique telle que vous l'enseignez. L'asthénie dont je souffrais a disparu... J'ai dû subir dernièrement une intervention chirurgicale assez pénible ; médecins et infirmières furent charmés par mon état de détente. C'est à votre méthode que je dois ces résultats.* »

Mlle M. D., MARSEILLE. — « *Je viens de lire avec un intérêt immense votre livre " Maigrir par la détente nerveuse ". Cet ouvrage correspond à ce que je cherche en ce moment, après avoir été déçue par des séances de... peu convaincantes.* »

Mme F. S., ALBI. — « *Je suis lectrice de " L'Esthétique corporelle " et suis ravie de pouvoir, grâce à vous, me retrouver en forme.* »

M. G. J. — « *Je suis un lecteur assidu de vos productions ; vous m'avez rendu le plus grand service : celui de me procurer la santé et de la conserver ; mieux, la grande forme. Soyez-en ici remercié.* »

Mme L. C., ÉTRÉCHY. — « *Je me suis mise à grossir à 45 ans. J'ai refusé cette fatalité... J'ai maigri de 11 kg et surtout j'ai éliminé la cellulite. C'est un résultat que ni la marche ni le vélo n'avaient réussi... Je voudrais aussi vous féliciter de la présentation de ce livre...* »

Mme F. D., SAINT-MAIXENT. — « *J'ai lu récemment votre ouvrage " L'Esthétique corporelle ", et je peux vous dire que je l'ai trouvé formidable.* »

Mme P. B., MARTIGUES. — « *Je tiens avant tout à vous remercier pour vos écrits et pour votre méthode de reconditionnement psychophagique et aussi, pour votre façon de considérer la femme.* »

Mme M. B., BESANÇON. — « *Je tiens à vous exprimer ma reconnaissance pour le bienfait et la détente que m'apportent vos cassettes...* »

Mme R. G., SAINT-MAMERT. — « *J'ai été satisfaite de votre méthode... j'ai perdu 3 kg et me trouve, en suivant vos conseils diététiques, dans une forme morale et physique extraordinaire.* »

Mlle A. P., AIX-en-PROVENCE. — « *Je vous dis toute mon admiration devant un ouvrage tel que celui de " Maigrir par la détente nerveuse ". Quelle précision ! et quelle approche du problème ! Rien n'est laissé dans l'ombre. Il est bon de lire, surtout dans ce domaine, un livre qui sort des sentiers battus et re-battus par des charlatans, bien souvent !* »

Mme J. V., ANTHERON. — « *Je m'intéressai de plus près à la relaxation en général, et je découvris votre ouvrage. Fort intéressant, il m'a passionnée, étonnée de découvrir la diversité des sujets traités avec la relaxation.* »

Mme G. B., MARSEILLE. — « *Pouvez-vous m'envoyer les cassettes " Maigrir " et " Restructuration du Ventre ". Je vous en remercie à l'avance et vous dis l'intérêt énorme que je prends à lire votre livre " L'Esthétique corporelle ".* »

M. R. T., MEYTHET. — « *J'ai commencé la lecture de " Relaxation psychosomatique ". Votre livre est vraiment très intéressant et votre méthode très en avance sur tout ce que je connais.* »

M. J. K., POISSY. — « *Tout d'abord, je voudrais vous remercier et vous féliciter pour la qualité et le sérieux de vos conseils. Une écoute régulière ces trois dernières semaines a commencé à donner de l'effet. D'autre part, je voudrais avoir l'adresse de votre PSYCHO-CENTER le plus proche.* »

M. R. D., BORDEAUX. — « *J'ai lu vos ouvrages avec un grand intérêt et je crois aussi avec un réel profit. En effet, atteint de troubles nerveux (névrose d'angoisse), je pratiquais depuis deux ans le... Après avoir lu la " Relaxation psychosomatique ", je l'ai pratiquée et en 1 mois les résultats sont bien meilleurs que par la méthode précitée.* »

Mme G. M., CHEMILLE. — « *En mains vos livres " Chassez la fatigue " et " Relaxation psychosomatique " ; je les ai d'abord lus avec attention, et puis j'ai commencé seule il y a environ un an. Je dois vous dire que j'ai perdu 15 kg. Cela n'a pas été très difficile, vos livres sont très bien expliqués... ce qui n'est pas toujours le cas. Veuve depuis 4 ans, je me suis reprise à vivre...* »

M. J. M., CANET d'AUDE. — « *Fervent adepte de vos méthodes depuis 13 ans et qui m'ont apporté dans une très large mesure la santé et le bonheur, je viens vous demander d'avoir la bonté de m'envoyer la liste de vos enregistrements qui ont pour moi une très grande valeur.* »

PRÉAMBULE

L'agression

A

Les agressions qui nous menacent

Si la notion de relaxation prend une place de plus en plus grande dans la conscience collective du monde civilisé, c'est qu'elle s'oppose aux agressions de toute sorte, à la fatigue, au surmenage, au désarroi moral que connaissent la majorité des femmes et des hommes de notre temps. Ils sont en effet confrontés avec des problèmes dont la multiplicité et l'ampleur croissantes les accablent d'une angoisse d'autant plus difficilement supportable, que la pluralité des causes qui la développe est imbriquée en un amalgame disparate.

Dans les grands centres urbains, l'être humain est soumis physiquement, moralement, émotionnellement à des épreuves dont il ne peut sortir victorieux **que par la vigilante application de certaines disciplines.** Encore faut-il qu'il ait une notion précise des facteurs de déséquilibre qui le menacent et des moyens à employer pour conjurer le danger.

Avant de montrer comment l'hygiène mentale et physique peut s'orchestrer autour de cette discipline — répondant le plus strictement aux préoccupations de l'époque — qu'est la relaxation, nous examinerons les causes qui nous semblent justifier un tel postulat. Nous ferons une tentative de ségrégation, mais nous savons bien que leurs interférences, qui apparaîtront tout au long de cet ouvrage, se rejoignent dans la perspective psychosomatique qui devient celle de la médecine contemporaine remontant aux sources hippocratiques de la connaissance, **considérant l'homme total à la fois psychique et somatique.** Cela implique d'inventorier les agressions dont l'environnement est responsable, et qui retentissent sur l'équilibre psychique, et celles, intrinsèques, qui participent des structures mentales dont l'atteinte peut déboucher pathologiquement sur la sommation des affects.

1. Les agressions physiques

Il est hors de notre propos de dénoncer tous les méfaits de la vie moderne ; nombre d'hygiénistes qualifiés l'ont fait mieux que nous et notre intention est davantage de montrer comment s'en prémunir, que de définir une politique de combat pour modifier l'environnement. Il semble qu'il y ait une certaine facilité à jeter des cris d'alarme en présence d'un état de fait aux développements irréversibles, plutôt que d'enseigner à l'individu des méthodes lui permettant d'affronter le danger à moindres risques. Cela ne veut pas dire qu'il ne faut pas lutter contre les nuisances, quelles qu'elles soient, mais que, parallèlement, **il faut apprendre à l'être humain à s'en défendre** ; c'est le but de cet ouvrage.

2. La pollution atmosphérique

Contrairement à l'idée reçue, l'oxygène de l'air est loin d'être aussi raréfié dans les grandes agglomérations qu'on le pense. **Le taux d'oxygène est presque aussi important en ville qu'en milieu rural** où il est de 21 %. C'est ce qu'affirme Jean Boyer qui répond d'avance aux objections tenant à la pollution : « *Certes, les foyers domestiques et industriels, les moteurs d'automobile et la respiration fixent de l'oxygène, mais l'action du vent explique pourquoi l'atmosphère des villes a une composition à peu près constante* (1). » Pour l'auteur, davantage que la raréfaction de l'oxygène ou l'excès de gaz carbonique, serait nuisible la pollution de l'atmosphère par l'oxyde de carbone provenant des moteurs d'automobile et, surtout, celle produite par le gaz sulfureux dégagé des foyers domestiques brûlant du charbon de mauvaise qualité et des foyers industriels consommant du fuel.

Donnant l'exemple d'une centrale électrique de puissance moyenne comme à Saint-Ouen désignée par un autre auteur, Jean Boyer cite des chiffres impressionnants : « *...elle brûle par heure 100 tonnes de fuel à 3 % de soufre au moins. La combustion du fuel produit donc 6 tonnes de gaz sulfureux par heure, qui après oxydation pourraient donner 9 tonnes d'acide sulfurique par heure. Si on veut rapporter la pollution non à l'heure mais à la seconde, le calcul montre que 600 litres de gaz sulfureux sont produits chaque seconde*

1. *Hygiène de la vie quotidienne* (P.U.F.).

par cette centrale (Harispe). Or d'assez nombreuses centrales thermiques analogues entourent la région parisienne, ainsi que de vastes usines brûlant le même mazout. »

Des mesures ont été prises, mais elles n'ont donné que des résultats partiels contrebalançant difficilement le taux de croissance du parc automobile et des installations industrielles. Quant aux dispositifs antipollution, leur efficacité est illusoire : « *Les fumées d'origine domestique étant devenues de plus en plus nombreuses, on a vu se multiplier aux faîtes des immeubles d'innombrables " capte-suies " inesthétiques, fatalement plus mal surveillés que dans l'industrie, donc rapidement engorgés. La fumée qui s'en échappe est alors presque aussi abondante qu'avant leur installation.* » D'autres produits plus ou moins nocifs sont déversés dans l'atmosphère qui, selon Truhaut, forment dans les villes de véritables « *soupes polluantes dont les effets peuvent être, à la longue, cancérigènes* ». C'est ainsi que les hydrocarbures légers rejetés dans l'atmosphère par les gaz d'échappement des moteurs à essence et aussi éventuellement par les raffineries de produits pétroliers implantés dans les banlieues de certaines cités industrielles, jouent le rôle de solvants et d'éluants à l'égard des hydrocarbures aromatiques, polycycliques, cancérigènes absorbés par les particules de suies, favorisant ainsi la manifestation de leur nocivité.

Cette pollution atmosphérique n'épargne plus maintenant nos campagnes. La décentralisation qui s'opère à proximité de villes d'importance secondaire pour des impératifs de main-d'œuvre fera autant de satellites qui se rejoindront bientôt dans le même système de pollution qui étendra ses tentacules vers les espaces verts. L'utilisation massive des pesticides commence à polluer dangereusement l'atmosphère des campagnes jusqu'ici épargnées : nous voyons des plantes et des fleurs brûlées par les pesticides déversés sur les cultures par hélicoptères, cela non loin de Paris, ce qui nous conduit à aller périodiquement en altitude malgré notre situation privilégiée en pleinc nature.

Les dangers de la pollution atmosphérique sont singulièrement accrus par les conditions de vie défectueuses de l'homme civilisé. Le métro, les trains de banlieue bondés aux heures d'affluence sont le lot de nombreux travailleurs contraints d'utiliser ces moyens de transport, mais la tendance grégaire qui s'affirme de plus en plus dans notre société mécanisée, les incite à retrouver coûte que coûte la même pollution au milieu du flot des voitures bloquées le dimanche soir sur les autoroutes. C'est le même esprit moutonnier qui les fait se rendre au cinéma, pour faire « la queue », à une heure d'affluence où la salle est polluée par des milliers de spectateurs, plutôt que d'y aller au sortir du travail à une heure où elle est presque vide. Les privilégiés, ou du moins ceux qui semblent l'être, sont encore plus inconséquents ; ils subissent chaque jour avec une longanimité qui n'a d'égal que leur conformisme, les encombrements des routes menant à leurs H.L.M. améliorées ou à des résidences où leur premier soin pour se reposer de deux heures de trajet à allure de tortue, donc éprouvant, sera de tondre la pelouse dans le bruit encore plus percutant de la tondeuse à moteur. Nous ne ferons qu'évoquer les atmosphères enfumées, les bureaux et magasins mal ventilés, les appartements insalubres ou calfeutrés, ce qui revient au même, qui sont autant de circonstances aggravantes. Parallèlement à la pollution atmosphérique, on voit se réduire chaque année les espaces verts.

Selon un rapporteur du District de la région de Paris, M. Baud : « *En un siècle, la forêt de Saint-Germain a vu disparaître 1 000 ha de ses bois, la forêt de Bondy 2 000 ; cette dernière a pratiquement entièrement disparu, au plus grand dommage des populations de la banlieue est ; au total 15 000 ha de forêts ont été coupés, soit l'équivalent en surface d'une fois et demie la ville de Paris qui en couvre 10 000.* » Parlant de la situation de Paris par rapport aux espaces verts, cet ingénieur jette un cri d'alarme, mais sa voix ne sera-t-elle pas couverte par celle des intérêts particuliers : « *Si donc l'on ne veille énergiquement à leur protection, les espaces verts encore existants disparaîtront pour laisser la place à des constructions de groupes d'immeubles de plusieurs centaines, voire plusieurs milliers de logements, sans souci de conservation d'un minimum de verdure.* »

Dans la conjoncture présente, le Parisien ne dispose que de 1 m^2 d'espace vert alors que la surface disponible est de 9 m^2 à Londres et 25 m^2 à Vienne ; les récentes dispositions qui ont été prises, la Villette, Montparnasse, les Halles, montrent que cette situation ne fait qu'empirer dans la collusion de la pollution et du laisser-aller qui fait s'amenuiser chaque année les espaces verts.

Mais hélas, ces problèmes sont déjà ceux d'une époque révolue, il s'en profile d'autres à l'horizon qui sont encore plus redoutables ! Ils tiennent à l'accroissement de la population, à sa concentration en des agglomérations gigantesques, puis, à la pollution de la radioactivité.

La population de la France a presque doublé depuis la Révolution, elle a augmenté d'un quart depuis un demi-siècle. Dans cinquante ans, la population de la Terre atteindra le chiffre de 6 milliards. Cela veut dire que 3 milliards d'individus de plus se grouperont en des métropoles auprès desquelles le Paris d'aujourd'hui apparaîtra dérisoire ; cela se fera à la faveur de la disparition totale des espaces verts qui séparent les villes, Cergy-Pontoise rejoindra Paris... Les prodromes de ce développement sont de notre temps ; ils donnent déjà la mesure des problèmes qu'auront à résoudre les générations montantes, ils justifient l'angoisse des hommes d'aujourd'hui.

3. La corruption de la nature

L'amélioration du niveau de vie, l'accroissement des populations, la lutte compétitive pour l'abaissement des prix de revient ont exigé une augmentation considérable de la production qui devait inéluctablement déboucher sur l'usage d'engrais chimiques à dose massive pouvant accélérer la pousse des végétaux et des fruits, la levée des céréales. Le processus qui corrompt la terre nourricière est engagé. Les pesticides qui permettent la destruction des insectes, qui servent à désinfecter les étables, les désherbants **détruisent l'équilibre biologique** mais accroissent la production. Les produits du sol, ceux des arbres fruitiers sont standardisés, ont belle apparence, mais poussés à coups d'engrais chimiques, protégés par la pulvérisation d'autres produits aussi nocifs, ils sont adultérés au point de perdre leur saveur originelle.

Citant le doyen Fabre, Jean Boyer, professeur d'hygiène et de médecine préventive relève que « *lorsque les fourrages ont été traités par des insecticides stables, ces corps peuvent être retrouvés en quantité considérable dans la viande et la graisse des animaux. En outre, des vaches nourries avec une luzerne contenant 7 à 8 mg de D.D.T. au kilogramme sécrétaient un lait renfermant près de 3 mg de D.D.T. au litre. Le beurre préparé avec ce lait, contenait 63 mg de D.D.T. au kilogramme. Le chlordane, l'aldrine, le toxaphène, se comportent comme le D.D.T. Ces corps, ainsi que les dérivés organo-phosphatés, souillent aussi certains légumes et fruits. Sur les fraises, des proportions de 2 mg/kg ont été constatées 11 jours après le traitement.* »

La viande que nous consommons contient de ces produits traitants dont on vient de découvrir la stabilité jusque dans la chair des animaux de l'Alaska. Nous retrouvons dans le steak, dans notre assiette, le D.D.T. du fourrage mangé par le bovin. La volaille, exceptionnellement nourrie au grain, en contient également ; mais le plus souvent ses nutriments sont artificiels, elle reçoit des extraits antithyroïdiens, des antibiotiques, qu'on retrouve dans la chair ; des sulfamides, destinés à lutter contre certaines infections dont la propagation dans un grand élevage est catastrophique, se retrouvent dans les œufs. Ces volailles provenant déjà de couveuses artificielles, biologiquement diminuées dès la naissance, sont ensuite accélérées dans leur croissance par l'éclairage artificiel, engraissées par l'immobilisation ; la chair en est molle et insipide, les tendons et cartilages peu développés ne sont guère plus résistants que celle-ci qui se détache des os d'une manière suspecte ; chez la volaille, comme chez l'homme, la fermeté est un label de qualité. De nombreux citadins ne connaissent pas la vraie saveur d'un œuf et d'une volaille ; que ce soit au marché ou au restaurant, **ils ne mangent que des produits frelatés,** croyant en toute bonne foi que la qualité garantie par le prix élevé est synonyme de naturel, ce qui est loin d'être le cas. Les aliments industrialisés composés avec des produits déjà équivoques ne sont pas moins sujets à suspicion, les procédés de fabrication, colorants, conservateurs, etc., justifiés par le goût aberrant de la clientèle pour l'aspect et la présentation, ne pouvant que nuire à la qualité qui tient même à ces impondérables que seuls les aliments préservés de l'artifice conservent intacts.

L'homme ravage la terre, détruit ses forêts, substitue la chimie à l'humus, surproduit pour, en Occident, développer son obésité et l'artériosclérose par la suralimentation sans s'apercevoir, ou du moins en feignant de l'ignorer, qu'il est en train d'ensevelir ses espoirs d'un monde meilleur. Les fertilisants à base de nitrates ont pour effet de réduire la production normale des composants azotés du sol. Si bien que plus on les utilise, plus il faut en employer à doses massives pour maintenir la productivité agricole ; c'est ainsi qu'on en est venu à les déverser par hélicoptères, comme dans les immenses plaines de l'Ouest américain. Ce n'est cependant que depuis quelques années qu'on a pris conscience de l'ampleur du problème de la pollution chimique, à la faveur de la corruption de cet autre élément naturel à son tour menacé : l'eau.

4. La pollution des eaux

L'accroissement considérable du nombre d'habitants dans les grandes villes multiplie nécessairement les causes et les volumes de la pollution. Le nombre et la capacité des égouts augmentent en proportion, cependant que les besoins en eau progressent parallèlement. Le problème est angoissant et sans vouloir nous y attarder, nous relevons cette déclaration de René Colas, hélas ! trop éloquente : « ...*Dans*

Paris même, le débit de la Seine, dérivé presque totalement en été par les prises d'eau et par les égouts, tombe parfois à quelques mètres cubes à la seconde... La seule agglomération de Genève déverse par jour près de 100 000 m³ d'eaux usées dans le Rhône et dans son affluent, l'Arve, qui véhiculent déjà, en outre, par jour, 10 tonnes de déchets. Le débit du fleuve tombe en été au-dessous de 200 m³/s et devient incapable de supporter une telle charge polluante... »

Notons que l'épuration bactérienne qui détruit certains germes pathogènes épargne les virus intestinaux responsables de graves affections, telles la poliomyélite, l'hépatite infectieuse, etc. Par ailleurs, des dizaines de tonnes de produits, nocifs car non biodégradables, les poudres détergentes par exemple, les produits de traitement de l'industrie dont on a vu récemment qu'ils pouvaient être l'objet d'accidents des systèmes d'épuration, sont déversés dans les cours d'eaux. Ces produits toxiques s'ajoutent aux nitrates artificiels dont nous avons souligné la nocivité, qui se trouvent entraînés par les pluies dans les rivières. Celles-ci, se déversant dans la mer, polluent à leur tour le milieu marin déjà corrompu par les hydrocarbures. Les algues dont la prolifération et la croissance sont stimulées par ces produits **déséquilibrent le milieu marin en mobilisant l'oxygène qui est dans l'eau** au détriment des poissons et animaux aquatiques ; on sait que les crustacés n'échappent pas non plus aux ravages exercés par la pollution. Les poissons de rivière sont encore plus menacés et les protestations des Sociétés de pêche nous dispensent de nous appesantir sur cet aspect de la pollution largement décrit dans la presse périodique. Quant au gibier, il est en voie de disparition.

5. Le bruit

Un récent congrès de spécialistes a révélé que le nombre de cas de surdité **a doublé en 20 ans.** L'accroissement angoissant des maladies mentales peut être attribué partiellement au bruit ; elles frappent particulièrement la jeunesse autrefois épargnée, le déséquilibre mental affectant alors les adultes alcooliques. Il ne fait pas de doute que la motorisation, la « sono » des discothèques, cette intoxication par le son dont nous reparlerons, sont en grande partie responsables des états prédémentiels (goût de la violence) qu'on observe chez de nombreux jeunes, ainsi que de la progression inquiétante des névroses et psychoses chez les adolescents des deux sexes.

Au-dessus de 40 décibels la nuit et de 45 décibels le jour, le repos devient difficile. Déjà, une conversation animée atteint près de 60 décibels. Le véritable danger commence à 80 décibels ; c'est le bruit des tours en usine, d'un vélomoteur. Mais une moto à échappement libre, une télévision qui hurle, une « sono » diffusant des danses agitées atteignent ou dépassent 115 décibels qui représentent la cote d'alerte pouvant provoquer des lésions de l'oreille interne, hélas, souvent irréversibles !

En réalité, ces statistiques ne signifient plus grand-chose. Il y a, d'une part, une adaptation au bruit sans laquelle les citadins seraient déjà tous internés et, d'autre part, il semble **que ce soit le cumul du bruit** qui exerce maintenant davantage ses ravages que la stridence. L'artisan de mon temps, j'étais tourneur, subissait le bruit pendant 9 ou 10 heures, mais trouvait, même en ville, une certaine quiétude hors de son travail ; il prenait ses repas dans une ambiance détendue, les transports, l'environnement, étaient moins bruyants, les trajets moins longs étaient moins éprouvants que les encombrements d'aujourd'hui, les déplacements qui exigent une tension de tous les instants. La radio dont c'était le balbutiement, était moins percutante que ne l'est le son du poste de télévision ; les programmes moins accaparants incitaient davantage à la promenade, encore possible quand la circulation était insignifiante. Même inconfortablement logé, le travailleur trouvait le plus souvent le calme nécessaire pour pouvoir dormir d'un sommeil réparateur.

Ce n'est plus le cas aujourd'hui dans les cités-dortoirs où le bruit des parkings voisins est relayé par la ronde des motos et le vacarme de bandes de jeunes sanctionné périodiquement par l'acte de violence d'un adulte dont les nerfs ont fini par craquer. **La femme qui travaille n'est pas moins agressée par le bruit** ; l'ambiance dans laquelle vivent les téléphonistes et les mécanographes est inhumaine ; trop de bureaux donnent sur des rues bruyantes qui accroissent les bruits de l'environnement ; Jean Boyer note que « *dans un secrétariat, une atténuation des bruits de 20 décibels a entraîné une augmentation du rendement de 9 %, et une diminution des fautes de dactylographie de 29 %* ». Les vendeuses des grands magasins, celles qui travaillent en boutique dans des rues à circulation intense, les coiffeuses, les femmes qui travaillent en usine, etc., sont aussi victimes du bruit et de ses cumuls. Elles consacrent en sus la majorité de leurs loisirs à subir les cris des enfants, le bruit de la machine à laver et celui, strident, de l'aspirateur.

Les distractions qui devraient être une détente deviennent de plus en plus agressives. L'accès aux cinémas de Montparnasse ou de Pigalle s'accomplit dans un hallucinant rodéo de voitures pour trouver un emplacement ; les grandes salles d'exclusivité cédant au goût morbide du public poussent le son à un niveau de décibels qui frise le danger pour l'appareil auditif qui le supporte pendant deux ou trois heures. Le succès des appareils à sous dans les cafés paraît subordonné à l'intensité de leur bruit. Habitant la campagne, nous avons constaté, cependant loin de toute agglomération, que l'atmosphère le dimanche en est corrompue par un ensemble de bruits plus ou moins indéfinissables qui contraste avec le silence de la semaine. Le citadin, **toxicomane du bruit,** ne manque pas d'emprunter les autoroutes pour rejoindre en fin de semaine les endroits les plus fréquentés ; il recherche les distractions bruyantes : ball-trap, aviation, canot automobile, tondeuse à gazon, etc., qui empoisonnent la vie des plus paisibles.

Le cumul des bruits qui va toujours en progressant produit chez l'individu une diminution progressive de ses facultés auditives. Nous nous acheminons vers une humanité dont les oreilles devront être pourvues d'appareils, comme les yeux le sont déjà de lunettes du fait de nos horizons limités et du travail que nous leur imposons sans contrepartie d'espace vert.

Parallèlement à ces atteintes organiques qu'il provoque, le bruit exerce ses ravages sur le système nerveux. Par les ébranlements répétés du psychisme, **il déséquilibre la commande sympathique** et de nombreux troubles du système neurovégétatif peuvent lui être imputés. Le dysfonctionnement hypothalamique retentissant sur l'hypophyse, perturbe les autres glandes à sécrétion interne. Mais le bruit s'oppose surtout au repos, à la récupération des énergies, au sommeil. Ainsi, il accumule la fatigue en entravant le travail d'élimination toxémique de l'organisme. Nous verrons que la fatigue, que des médecins ont qualifiée d'imprégnée, perturbe le fonctionnement hypothalamique et, par ce cheminement, devient la cause de nombreuses affections psychosomatiques. Le bruit se trouve fréquemment à l'origine d'un syndrome qui se développe sous l'effet des interférences entre la fatigue et la commande nerveuse sous-corticale. C'est la raison pour laquelle les hygiénistes **considèrent le bruit comme un véritable fléau.**

6. L'intoxication cumulative

Les facteurs précédemment énoncés sont convergents ; ils créent un état d'intoxication par des influences extrinsèques auxquelles nous ne pouvons pas entièrement nous soustraire. Par exemple, si nous avons la latitude de choisir le silence d'une promenade à pied en forêt, plutôt que le vacarme d'un grand prix automobile de formule I, cela ne veut pas dire que nous puissions nous préserver totalement du bruit qui nous environne et que nous sommes obligé de subir, bruit inhérent au travail, bruit de la circulation en ville, etc. Nous ne pourrons qu'envisager un mode de vie plus rationnel pour limiter les effets des agressions que nous sommes contraint de supporter. Mais cela n'implique aucunement que nous devions nous priver de plaisirs qui constituent une détente, sous le prétexte qu'ils sont vecteurs de bruit ; nous verrons comment il est possible de concilier l'un et l'autre, ce qui apparaît comme un paradoxe.

Les facteurs intrinsèques auxquels nous pouvons opposer notre veto sont un autre aspect de ce que nous appelons l'intoxication cumulative par suite de l'intrication des causes qui en sont responsables. Nous ne ferons que les résumer, en ayant largement traité par ailleurs (2) et développant dans les chapitres qui suivent toutes les possibilités de les dominer.

La sédentarité, le manque de contraction musculaire suffisante, sont généralement associés à une alimentation pléthorique. Cela provient de ce que la privation d'effort physique entraîne le ralentissement de toutes les fonctions vitales et le gauchissement des mécanismes de la commande nerveuse. Il s'ensuit une désaffection envers les motivations incitatrices de l'activité physique : besoin de se dépenser musculairement, sexuellement. Parallèlement, l'inertie des émonctoires ne permet pas aux toxines accumulées de s'éliminer normalement. Cette dualité causale ajoutant ses effets aux autres sources d'intoxication, accroît encore la fatigue. C'est pour lutter contre cette fatigue et, par compensation de ses frustrations, que le sujet entraîné sur cette pente mange avec excès des aliments pouvant relever ses énergies et satisfaire sa gourmandise.

La description succincte des effets de l'exercice fait bien comprendre le processus qui favorise l'intoxication, donc la fatigue et la dégénérescence, quand les muscles ne sont pas systématiquement cultivés. « *L'exercice évite les stases. L'estomac, le foie, les intestins ne peuvent pas être embarrassés lorsqu'il se fait en permanence un puissant appel de matériaux nutritifs dans les muscles. Si vous entassez du charbon dans votre calorifère au point qu'il ne puisse le brûler, il arrive un moment où il déborde de partout. Il en est de même pour l'organisme ; l'estomac, le foie, les intestins ne tardent pas à être*

2. *La vie recommence à 40 ans* (épuisé).

encombrés, ils sont dilatés en permanence par les éléments nutritionnels mal assimilés et les déchets de la digestion qui empoisonnent l'organisme. » Pour schématique qu'il soit, cet extrait n'en attire pas moins l'attention sur la nécessité d'une reprise progressive de l'exercice pour épauler la relaxation qui poursuit un but identique, à savoir : l'élimination de la fatigue et la récupération des énergies. L'alimentation non toxique, équilibrée, vitalisante, doit aller de pair avec la musculation et l'activité sportive dans la désintoxication organique dont la cellule nerveuse bénéficie au premier chef.

Le tabagisme contribue à l'intoxication par les éléments nocifs qu'il contient ; il est à l'origine de nombreux troubles tant physiologiques que psychiques. C'est le poison spécifique de la cellule nerveuse. La tolérance individuelle ne permet pas de définir le seuil de haute toxicité de la cigarette, mais on peut penser que trois cigarettes par jour sont un maximum à ne pas dépasser et il est évidemment mieux de s'en abstenir ; la cigarette que l'on fume à jeun est particulièrement nocive. Nous verrons comment la cure de relaxation psychosomatique supprime l'envie de fumer (chapitre VII, 2e partie).

L'abus et la consommation de **boissons alcoolisées** détériorent la fonction nerveuse, délabrent l'organisme ; un demi-litre de vin par jour est un maximum à ne pas dépasser. Le principe de compensation que nous appliquons à la discipline hygiéniste permet de se livrer sans dommage à des excès exceptionnels ; elle donne le moyen de ne pas se singulariser, quand l'occasion se présente de profiter pleinement des plaisirs de l'existence ; le défoulement fait aussi partie de la relaxation. Nous traiterons ultérieurement des intoxications par l'usage inconsidéré des médicaments et la toxicomanie.

Il semble que le **café** et le **thé** ne peuvent nuire à l'intégrité du système nerveux à la dose de deux tasses quotidiennes. Certaines personnes font de l'insomnie, alors qu'elles n'ont bu qu'une tasse de café à midi. Elles devront s'en abstenir, mais dans de nombreux cas il s'agit d'un effet analogue à ceux de placebos. Peut-être aussi y a-t-il un certain snobisme à affirmer « moi, une seule tasse de café m'empêche de dormir ! » pour se distinguer du commun.

7. L'intoxication psychologique

La radio, la télévision, le cinéma ont donné naissance à un climat sonore qui est devenu une véritable drogue dont le civilisé ne peut plus se passer. Les chanteurs dont certains ont du talent mais qui, pour la majorité d'entre eux, ne sont que des agités qui hurlent plus qu'ils ne chantent et sont inconscients de leur ridicule, proposent à la jeunesse un idéal morbide qui ruine ses aspirations les plus nobles, exemple de faux dynamisme **où le cri est confondu avec le chant, où la violence du son fait figure d'énergie, où l'extravagance, le délabrement physique se sont substitués au talent et à la prestance.** L'exploitation commerciale du disque a développé chez les jeunes une **toxicomanie du bruit** qui, pour être plus souterraine que celle de la drogue, n'en est pas moins nocive : sur le plan moral par l'exemple de réussites matérielles que ne vient justifier aucune qualité authentique, sur le plan physique par l'agression que représentent des rythmes frénétiques crétinisants écoutés à longueur de journée et créant, comme la drogue, l'assuétude, c'est-à-dire un besoin tyrannique de sons de plus en plus stridents.

C'est cette toxicomanie du bruit, entretenue à dessein, qui explique la vente phénoménale des disques, cette consommation impliquant l'édition des chanteurs non les plus talentueux, mais les plus percutants ; peu importe qu'ils ne sachent pas chanter, du moment qu'ils savent crier. Ces cris sont, parfois heureusement, couverts par des formations musicales excellentes, mais que la technique utilise pour satisfaire le besoin morbide du bruit, en superposant et en élevant les sons syncopés au plus haut niveau ; les juke-boxes illustrent bien ce qui précède ; les disques choisis sont en majorité les plus « terribles » et les appareils sont réglés pour un vacarme infernal répondant à cette nouvelle psychose. Il ne fait pour nous aucun doute que la toxicomanie du bruit **a une large part de responsabilité dans l'inquiétante progression des maladies mentales** chez les jeunes, dans leur désaffection pour des pratiques exhaustives.

Le développement prodigieux des moyens d'information, leurs outrances, gros titres de journaux démentis et minimisés le lendemain, informations de radio et de télévision faisant apparaître sur l'instant de redoutables complications qui, dans la plupart des cas, expirent dans l'œuf, relation de drames sordides, quelquefois révoltants, de hold-up, de crimes, d'accidents, etc., entretiennent un état de tension morale et physique éprouvant (3). Là aussi se développe un état toxicomane. Nombreux sont ceux qui écoutent à chaque heure du jour le même bulletin d'information par un besoin maladif d'inédit et de sensationnel, qui ne se couchent pas avant les dernières informations de fin de programme.

---

3. Voir l'ouvrage de Georges Barbarin : *Comment vaincre peurs et angoisses* (Éditions Dangles).

Les affrontements politiques plus ou moins orchestrés dans la coulisse, les controverses téléguidées des « tables rondes » développent et entretiennent un climat passionnel et conflictuel éloigné de la définition de la politique qui est, comme on ne devrait pas l'oublier, l'art de gouverner. L'intérêt de la multitude pour les choses de la politique sordide, pour le nationalisme et la grandeur de l'armée est savamment entretenu par l'information qui déguise en réalité **un lavage de cerveau systématique** destiné à masquer les failles des régimes politiques et économiques au profit de la soumission de l'individu aux structures traditionnelles et contraignantes.

Les revendications sociales, les grèves, les menaces de troubles révolutionnaires, les affrontements de rue, l'incertitude économique développent chez l'individu mal armé pour s'en défendre **une anxiété latente,** la hantise de lendemains difficiles.

Une fiscalité écrasante et tracassière, une autorité omniprésente, une administration tentaculaire **émargeant toujours davantage sur la liberté de l'individu,** la substitution du crédit bancaire à l'autonomie financière du particulier font que chaque citoyen se sent ligoté dans un réseau de contraintes sociales qui l'étouffent et dont il ne peut se libérer ; ce sentiment d'impuissance confine à l'angoisse qui étreint tout être qui ne voit pas d'issue à une situation insécurisante.

Le progrès social a apporté aux hommes une certaine quiétude concernant le devenir. Mais en même temps, il l'a soumis à de nouvelles contraintes et lui a ôté toute liberté. Les assurances se sont multipliées (voitures, responsabilité civile, vol, vacances, etc.) ; il faut payer très cher le droit de dormir tranquille. La Sécurité sociale écarte le spectre de l'incapacité, les allocations familiales facilitent l'élevage des enfants, mais les biens portants et ceux qui trouvent qu'il y a trop de monde sur terre (ce que démontrent les statistiques) doivent payer des sommes de plus en plus lourdes pour prolonger des vies misérables et encourager l'alcoolisme. Aux incertitudes d'autrefois, a succédé l'angoisse des fins de mois difficiles ; le confort et une relative sécurité ne s'obtiennent qu'au prix de sacrifices quotidiens auxquels se superpose l'angoisse de ne pouvoir faire face. Ces préoccupations, ces inquiétudes, par leur permanence, développent des tensions tonico-émotionnelles qui menacent de rupture l'équilibre somato-psychique.

Si nous extrapolons ce terme, **l'incomplétude,** qui désigne un sentiment d'inachevé et d'insatisfaction profonde dont le dépistage des causes est du ressort psychanalytique, aux états d'âme qui affectent l'individu dont le comportement ne peut être, *a priori,* considéré comme anormal, c'est que nous prendrons l'incomplétude dans le sens d'aspirations et de désirs impossibles à satisfaire, mais ne débouchant pas inéluctablement sur des états psychopathes ; ce qui nous conduira à examiner bientôt les mécanismes par lesquels les tensions se libèrent. Toutefois, l'incomplétude est caractéristique d'une époque où sont confrontées l'abondance des biens matériels, les facilités que procure l'argent dans un monde matérialiste, et l'impuissance partielle ou totale à en bénéficier ; cela pose **le problème des besoins inassouvis et des frustrations qui forment la genèse de l'inadaptation.**

Les états conflictuels qui résultent de l'inaccessible ne sont pas forcément liés aux disponibilités financières et à la position sociale. Tel travailleur de situation modeste, mais ayant planifié et limité ses objectifs en regard de ses aptitudes, trouvant le délassement dans de saines activités sportives, artistiques et culturelles réalisera un meilleur équilibre que le cadre fasciné par la promotion et qui, à chaque échelon laborieusement gravi regarde le sommet de l'échelle qu'il n'atteindra peut-être jamais, convoitant toujours une plus belle femme, une plus belle voiture, davantage de considération, avec le sentiment de ne pas être à la place qui, selon la valeur qu'il s'octroie, devrait lui être dévolue. Il ne s'agit aucunement de renoncer à des ambitions légitimes, de se limiter au sein de la société à un rôle subalterne, mais de ne franchir les étapes que dans la mesure des forces disponibles et après avoir fortement consolidé les positions acquises pour ne pas hypothéquer l'avenir. C'est en ce sens que François Cloutier écrit : « *Le sujet en bonne santé mentale se prend comme il est. Il connaît ses limites et n'en éprouve pas de regrets exagérés. Il se situe par rapport au monde extérieur. Il s'ensuit que ses désirs restent proportionnés à ses possibilités. Son comportement, parce qu'il n'est pas en conflit avec lui-même, est une source de satisfaction et non de tensions. Acceptation ne signifie pas démission devant l'effort à réaliser. Une évaluation réaliste n'exclut pas les changements, bien au contraire, mais elle en mesure le prix et elle permet de ne s'engager qu'à bon escient* (4). »

L'ambition effrénée, l'amour immodéré des biens matériels, des honneurs et distinctions, tous hochets de la vanité, ne procurent ni la quiétude ni le bonheur qui se trouvent dans une vie où l'agitation du monde se considère de haut et avec un certain mépris. Il faut une bonne dose de philosophie pour échapper aux contraintes de la vie sociale, ne s'en préoccuper que médiocrement, et rester imperturbable au milieu des agitations de l'environnement ; c'est à cela que tend

---

4. *La Santé mentale* (P.U.F.).

la relaxation sans toutefois négliger, comme le fait le yoga, les exigences de la vie quotidienne et les responsabilités qu'il faut assumer. C'est dans cette optiquc **qui conjugue décontraction et efficience dans la poursuite d'un but bien défini** adapté à ses possibilités, qu'il est possible d'éviter les tensions inhérentes aux conditions de vie démentielles que dénoncent les hygiénistes les plus notoires.

L'incomplétude sexuelle est à l'origine de nombreux conflits. La satisfaction des sens est aussi importante pour l'équilibre que l'harmonie affective. Les rapports sexuels normalement érotisés (5), déclenchant l'orgasme simultané des partenaires, sont sédatifs ; **ils libèrent des tensions qui résultent de l'accumulation des forces libidinales.** Sur le plan affectif, le besoin de complémentarisme avec un autre être demande à être satisfait, faute de quoi l'inquiétude sexuelle et sentimentale finit par détériorer l'équilibre psychique. La copieuse rubrique « mariage » d'un mensuel au titre cynégétique est symptomatique de cette frustration.

8. Face à l'agression

Les agressions dont nous n'avons fait qu'esquisser le danger se traduisent par la fragilisation de la race humaine. Les performances sportives, toujours plus extraordinaires, sont dues en partie à l'amélioration des techniques, pistes en tartan, perches en fibre de verre, etc., à la spécialisation, à l'association des connaissances médicales en matière de sport et à la compétence des entraîneurs, aux crédits et facilités dont bénéficient les athlètes porte-flambeaux de l'orgueil national dans tous les pays. Ces athlètes dont il est juste qu'ils recueillent le fruit de leurs efforts, ne fut-ce que par des conditions de vie plus agréables, masquent en réalité la déficience de la majorité des jeunes **qui a perdu le sens de la beauté physique et de l'équilibre.** Le format s'amenuise et les garçons de la précédente génération ne pourraient entrer dans les vestes étriquées que portent ceux d'aujourd'hui ; en revanche, les filles libérées de contraintes séculaires, faisant davantage d'exercice, se sont remarquablement épanouies.

Les femmes et les hommes vivent plus longtemps qu'autrefois, mais ils sont, si on en excepte les épidémies jugulées par les antibiotiques, beaucoup plus souvent malades ; **d'une fragilité extrême,** ils

---

5. Self-méthodes : *Sex control* (hommes) et *Épanouissement sensuel de la femme.*

souffrent de nombreuses affections et troubles mineurs, ce qui explique que les médecins soient encore en nombre insuffisant pour répondre à la demande, et qu'il y ait 30 000 kinésithérapeutes collaborateurs médicaux et près de 40 000 guérisseurs...

La maladie n'est pas démantelée, **elle a changé de visage.** Les affections cardiaques dont l'accroissement tient aux états tensionnels et à l'obésité sont plus menaçantes que le cancer dont on pense que les conditions actuelles de vie sont responsables, en grande partie par affaiblissement du terrain. Quant aux maladies mentales, elles s'accroissent à un rythme hallucinant que la drogue ne peut qu'accélérer. La chimiothérapie répond aux besoins d'une humanité friable, dévitalisée, qui a besoin de calmants pour réduire son excitation et de stimulants pour l'aider à vivre. Des tonnes de médicaments absorbés sans avis médical accélèrent son anéantissement progressif.

Les enfants prématurés, ceux qui viennent au monde avec des malformations, **contribuent à l'abâtardissement de la race.** La recherche médicale porte davantage sur les moyens de maintenir la vie coûte que coûte, que sur ceux qui feraient une sélection rigoureuse avant la naissance. Des sommes énormes sont consacrées aux greffes d'organes, qu'il serait préférable d'investir dans la formation athlétique pour améliorer la santé des procréateurs, fortifier par l'exercice des organes comme le cœur, plutôt que de promouvoir un monde peuplé de robots ; **vivre diminué n'est plus vivre.**

Engagée sur le chemin du progrès scientifique, l'humanité ne pourra plus reculer. Les mesures qui seront prises pour pallier les agressions dont seront encore plus menacées les générations montantes, resteront inopérantes tant qu'elles seront incohérentes : augmentation des allocations familiales aux familles nombreuses en face de la poussée démographique dans le monde, besoin d'accroissement de la population en certains pays pour pouvoir faire face à une guerre possible, alors que le facteur humain devient négligeable avec la force atomique de dissuasion, construction de l'Europe favorisant la politique des blocs, alors qu'il eût fallu s'efforcer de construire le monde, exaltation de l'esprit patriotique entretenant la rancune séculaire, parallèlement aux protestations antiraciales hypocrites et que démentent les faits, abolition des frontières douanières, mais obstructions concernant la création d'un langage universel, lutte antipollution, mais projets et lancements d'avions supersoniques, et de pétroliers géants qui feront un jour un million de tonnes, défense des sites, et autorisation parallèle d'exploitations polluantes à proximité ou de constructions immobilières les masquant ou les condamnant. Nous pourrions allonger cette liste avec documents à l'appui, elle tiendrait un volume.

Nous ne pensons pas qu'il soit possible de faire machine arrière. Il faudrait réduire la natalité, donner à chaque être la citoyenneté universelle, unifier le langage et la monnaie, **instaurer un gouvernement mondial dans une optique différente de la démocratie actuelle.** Cela n'est plus possible si on considère combien, dans la perspective de l'éthique de notre temps, il est déjà difficile de construire l'Europe **dont le concept est aberrant en face de la menace qui pèse sur l'humanité.**

En ce qui concerne les agressions que nous subissons, la situation n'ira qu'en empirant. On construit des parkings souterrains, mais les gaz d'échappement débouchent dans les rues et à proximité des squares ; on replante des arbres qui seront toujours faméliques ; avant que les voitures soient munies de dispositifs antipolluants ou électrifiées, il s'écoulera de nombreuses années et la pollution de l'air des villes ne pourra aller qu'en progressant. A chaque remède se substitueront des maux pires que ceux qui les précédaient, non seulement **à cause de la courte vue de nos technocrates apprentis sorciers,** mais parce que le moloch qu'est le progrès dévorera toujours davantage et de plus en plus vite les maigres ressources dont l'humanité dispose pour sa protection. Selon R. Colas (6) : « *Pour la France seule, si l'on voulait " nettoyer " les rivières, bâtir des stations d'épuration, assurer l'alimentation en eau vraiment saine de toutes les collectivités, de tous les individus, satisfaire aux besoins industriels, il faudrait dépenser à peu de choses près 2 milliards par an pendant trente ou quarante ans, soit plus de 60 milliards au total : cela correspond aux deux tiers du revenu national annuel.* » Il ne s'agit là que de résoudre le problème de l'eau que Jean Boyer pose en ces termes : « *Qu'arrivera-t-il, à la fin du siècle, lorsque les besoins en eau de la région parisienne auront sextuplé ?* »

Qu'adviendra-t-il aussi des 35 800 poubelles de déchets radioactifs immergées dans l'Atlantique en 1967 par 5 000 mètres de fond ? Pas dangereuses ? Alors pourquoi les dockers chargés de les manipuler étaient-ils revêtus de vêtements de protection, en cas de fuites ! La pollution radioactive sera plus dangereuse que celle que nous connaissons actuellement et la cupidité des hommes alliée à leur imprévision endémique les empêchera de prendre à temps les mesures antipolluantes qui s'imposent. A-t-on construit des abris à la dimension de la puissance d'une bombe H de 20 mégatonnes capable de rayer de la carte une ville comme Paris et de détruire toute vie dans un rayon de 120 kilomètres ? Non. Peut-on raisonnablement penser

---

6. *La Pollution des eaux* (P.U.F.).

qu'on pourra encore circuler en ville dans seulement une décennie à la cadence de production des véhicules automobiles qui correspond à la lapinerie galopante qu'encouragent des institutions sociales qui semblent ignorer que dans un demi-siècle la population du globe aura encore doublé ? Croit-on qu'il sera encore possible de partir en week-end devant le coût toujours plus élevé du kilomètre d'autoroute et des infrastructures aériennes, qui rendra les problèmes de déplacement insolubles ? Il fallait cet été plus de deux heures pour aller le dimanche soir de Deauville à Pont-l'Évêque, soit 15 kilomètres ! Les lignes d'aérotrains ne se construiront pas à la cadence des chaînes de fabrication automobile et Concorde ne proliférera que pour une minorité de privilégiés. Quant à l'alimentation, elle sera de plus en plus nocive. Déjà certains fermiers élèvent pour eux et leur famille, **ne mangeant pas les mêmes légumes que ceux donnés à la consommation.** Dans le Var, d'immenses étendues de pinèdes sont décimées à la fois par le feu et la maladie qui affecte les conifères. Même dans les petites villes, le bruit devient intenable et les jeunes qui vivent actuellement à Paris ou Marseille sont appelés à devenir sourds, si un cancer ou un infarctus ne vient pas abréger leur existence.

9. Les menaces du nucléaire

La crise du pétrole a précipité l'avènement du nucléaire. Sous le prétexte fallacieux de l'essor économique, **qui tient surtout à la lutte compétitive entre les nations et les blocs,** les technocrates, les tenants de l'industrie, et aussi beaucoup de scientifiques éblouis par les conquêtes de la science, n'en apercevant que les avantages sans en voir les dangers, entérinent dans l'opinion la nécessité de l'énergie provenant de l'atome, alors que cet argument ne fait que recouvrir d'immenses intérêts et le but occulte de posséder **la plus grosse force de frappe que représente la bombe atomique,** cette force de frappe pudiquement appelée « force de dissuasion ».

Cette course à l'énergie nucléaire n'est spécifique à aucun pays. Tant que le nationalisme et le racisme subsisteront sur notre planète — et ils y sont plus que jamais entretenus et développés au profit de quelques-uns — les menaces de guerre nucléaire n'iront qu'en s'amplifiant jusqu'à la destruction totale de notre monde ; à moins que devant le danger, les hommes ne se sentent devenir plus solidaires, plus tolérants, **plus universels.**

Il n'empêche qu'actuellement l'être humain est angoissé devant le flot montant de la pollution et, dans son subconscient, épouvanté tel un apprenti sorcier, devant les conséquences du maniement — et non de la maîtrise — de l'énergie atomique qui implique dans un temps plus ou moins lointain **mais inéluctable,** la guerre atomique.

Nous ne ferons pas ici le procès du nucléaire. Des savants eux-mêmes physiciens nucléaires ont jeté des cris d'alarme qui n'ont pas été entendus ; tel John Gofman qui concluait après une enquête réalisée aux U.S.A. sur les risques que le développement des centrales ferait courir à l'humanité : « **L'industrie nucléaire est une industrie très dangereuse. Ceux qui prennent aujourd'hui des décisions dans ce domaine engagent le sort de l'humanité tout entière et cela, pour des millénaires.** »

Une industrie nucléaire ne peut pas être absolument non polluante. Ce danger est encore accru par les usines de traitement des déchets dont on ne sait encore actuellement comment se défaire, par les accidents qui peuvent résulter des transports et des attentats, qui seraient dramatiques dans un monde de violence où certains individus, le plus souvent dominés par l'appât de l'argent ne sont retenus par aucune considération humanitaire.

La radioactivité résultant du nucléaire **est autrement menaçante que celle résultant des autres formes de pollution** que nous connaissons maintenant. Elle s'ajoute déjà à celles-ci, et de surcroît **elle cumule ses effets et est irréversible** ; son action se prolongera pendant des siècles et même des millénaires si on considère que dès maintenant est prévue la construction de 1 000 centrales nucléaires en Amérique et le même nombre en Europe. Cela, sans qu'aucun homme politique, ni aucun responsable, n'ait proposé un référendum à l'échelle mondiale **pour une entreprise qui engage le sort de l'humanité** et pour laquelle déjà d'énormes capitaux sont investis pour des réalisations en cours.

*
* *

Certaines personnes mal informées pourront penser que nous brossons là un tableau pessimiste, mais nous sommes toujours resté en deçà de la vérité et n'avons pas dénoncé toutes les formes d'agressions ; cela nous eût entraîné trop loin et nous ne désirions qu'alerter le lecteur, d'abord, pour qu'il fût vigilant, ensuite, pour qu'il décide de réagir. S'il ne peut pas arrêter la marche du progrès, ni d'un coup de baguette magique changer la face du monde dans lequel il vit, **il peut néanmoins participer à la formation d'une nouvelle conscience collective qui permettrait une approche plus rationnelle des problè-**

mes qui se posent actuellement, il peut aussi préserver sa santé par l'observance de certaines disciplines physiques dont l'intérêt apparaîtra au cours de ces pages.

Enfin, et c'est surtout l'objet de notre propos, il est possible au sein de ce monde chaotique de trouver en soi une oasis de tranquillité, par la connaissance précise des modalités de l'agression, par celle des mécanismes de défense **et par les ressources que nous offre la relaxation.**

B

Les états de tension et les mécanismes de défense

Nous avons vu combien sont intriquées les causes responsables des états tensionnels. Une mauvaise hygiène alimentaire, la sédentarité, la pollution sous toutes ses formes, etc., en sapant les résistances organiques, rendent le système nerveux vulnérable, de même qu'inversement l'anxiété que développent les soucis de la vie quotidienne, l'incomplétude et les frustrations retentissent sur la santé organique par le canal de l'irritation sympathique et du dysfonctionnement des centres sous-corticaux.

Chez l'individu résistant, les agressions que nous avons montrées n'ont aucune incidence par suite des mécanismes de régulation qui tendent à normaliser la fonction nerveuse, **mais la cumulation des causes perturbatrices, lcur répétition extrêmement fréquente à notre époque, font craquer sous les coups d'épingle répétés ou de boutoirs les structures mentales les plus solides.** Avant de décrire le cheminement par lequel ces tensions désintègrent la personnalité et provoquent des troubles organiques plus ou moins graves, il nous paraît nécessaire de définir, au moins sommairement, ce que sont ces structures mentales et comment elles se défendent envers l'agression. C'est aborder l'étude de la personnalité à travers les concepts de la psychanalyse. Bien entendu, nous ne le ferons ici que sous une forme schématique, dans le seul but d'aider le lecteur à mieux comprendre son comportement.

1. La personnalité, ses structures

La personnalité est ce qui appartient en propre à un individu. Chacun ressemble aux individus d'un même groupe, mais est dissemblable par son vécu, son comportement, ses réactions. C'est sa singularité qui représente la fraction la plus originale de l'ego, qui constitue l'essentiel de la personnalité. La personnalité est à la fois biologique (hérédité, constitution) et acquise (éducation, influence du milieu familial et socioprofessionnel, contacts humains, etc.).

Un ensemble structuré se construit progressivement sous l'influence de l'évolution physiologique, de l'enfance à l'âge extrême, ainsi que des réactions personnelles à l'environnement. Pour les spécialistes, les conditions psychologiques jouent un rôle considérable dans la formation de la personnalité qui, tout en étant formée d'éléments stables, n'en subit pas moins des agressions permanentes contre lesquelles l'individu réagit plus ou moins favorablement selon les mécanismes de défense qui lui sont particuliers.

Avant d'aborder la structure proprement dite de la personnalité, il est important de posséder des notions précises de ce qu'est l'inconscient. Selon Freud, l'inconscient est la partie latente du psychisme. Il se distingue du conscient comme étant une sorte de réservoir où s'accumulent des processus psychologiques qui n'envahissent pas le champ de la conscience. **C'est dans l'inconscient que naissent les désirs et les fantasmes.** Alors qu'au niveau de la conscience figurent les phénomènes vécus, dans l'inconscient gisent des pensées (qui sont des actes en puissance), des tendances dont l'individu n'a pas connaissance, mais qui influencent cependant son comportement.

On donne fréquemment l'exemple suivant concernant la vie de l'inconscient : « *Quand une mère n'a pas désiré son enfant, cela peut susciter un sentiment naissant de culpabilité, qui est suivi d'un comportement de rachat également inconscient. L'attitude de la mère se manifeste alors par une tendresse exagérée, des soins inquiets et excessifs, une faiblesse coupable envers l'enfant, dont les désirs les plus tyranniques sont exaucés.* » Nous ne nous étendrons pas davantage sur les particularités de l'inconscient dont nous traiterons par rapport à la suggestion (chapitre V), mais ce qui précède permettra de mieux assimiler les données concernant les instances de l'appareil psychique ; elles sont au nombre de trois :

1. **Le Ça** correspond aux instincts ; il désigne ce qu'il y a de plus primitif chez l'homme. Les instincts se manifestent en pulsions biolo-

giques qui sont la somme de notre héritage ancestral inconscient. Ces pulsions tendent à la satisfaction de nos besoins fondamentaux par la libération explosive des énergies qui sont en nous. Le Ça est soumis *au principe de plaisir* qui ne tient pas compte des réalités de la vie. Selon Freud, une tension excessive est facteur d'angoisse et la résolution de cette angoisse produit du plaisir. D'instinct, l'homme cherche à éprouver du plaisir. Quand cette recherche est contrecarrée et ne peut être satisfaite, **il y a tension,** par conséquent privation et déplaisir. C'est alors que cette tension peut dégénérer en névrose, si elle n'est pas libérée par la satisfaction ou l'entrée en jeu des mécanismes de défense.

2. **Le Surmoi,** autre instance psychique, également inconsciente, apparaîtrait au moment de la liquidation du complexe d'Œdipe (attachement à la mère ou au père). Le Surmoi exerce une fonction de censure en s'opposant aux instincts. Il jugule par l'entremise du Moi les pulsions du Ça qui, plus ou moins fortes, influencent sans trêve notre comportement.

3. **Le Moi,** ou ego, se structure progressivement sous l'effet de la maturation, des conditions de vie culturelle, professionnelle, sociale, affective et sexuelle. Le Moi a donc pour mission d'adapter le comportement à la réalité, de l'appréhender rationnellement. Le Moi joue le rôle d'arbitre entre les instincts et la censure, autrement dit entre le Ça et le Surmoi. Le Moi exerce ses fonctions sur un double plan : conscient pour les décisions et les actes de la vie courante, inconscient dans la mobilisation des mécanismes de défense. Lorsque le Moi s'affaiblit, comme chez les névrotiques, le Ça l'emporte sur le Surmoi qui se trouve impuissant à exercer normalement sa censure. La conduite est alors en contradiction avec les réalités et la morale courante, d'où les conflits qui donnent lieu à des comportements jugés paradoxaux. Le psychisme se trouve alors perturbé par l'incapacité du moi à pouvoir arbitrer **ces états conflictuels qui dissocient la personnalité** en lui posant des problèmes en apparence insolubles.

2. Les états conflictuels

Le Moi effectue donc **un tri** entre les pulsions de l'instinct, pour ne retenir que celles qui peuvent trouver leur satisfaction en accord avec les lois et dans la limite où des sanctions morales ou physiques pourraient intervenir pour des actes anticonformistes. Mais quand le Ça, mal structuré, renonce à son rôle d'arbitre, des forces opposées s'affrontent ; d'un côté le Ça avec sa notion de plaisir, de l'autre le Surmoi et le Moi qui tiennent compte de la morale objective, voire de la situation sociale et familiale, de l'environnement. La personnalité se trouve donc **déchirée par des tendances contradictoires.** Ou les pulsions instinctuelles submergent la conscience et se donnent libre cours, quelles qu'en soient les conséquences, ou leur refoulement se traduit par des troubles de la personnalité.

Quand une ambivalence se prolonge, par exemple un homme marié qui veut quitter sa femme pour une maîtresse dont il est amoureux, mais qui, par faiblesse, ou par devoir, n'arrive pas à s'y résoudre, un état conflictuel se développe qui menace la santé mentale. Cet état de tension, d'inadaptation peut à la longue donner naissance à des maladies fonctionnelles et lésionnelles, algies, ulcères par exemple. Les conflits non résolus se manifestent d'abord par l'anxiété qui est la litière des névroses.

Cependant, quand la santé mentale est intacte, le psychisme bénéficie de mécanismes de défense régulateurs dont l'étude nous apporte un nouvel éclairage.

3. Les mécanismes de défense

Fort heureusement, l'homme dispose de mécanismes psychologiques pour lutter contre l'anxiété et l'angoisse. Ils lui permettent d'éviter les conflits intérieurs qui menacent la cohésion de sa personnalité ; ils diminuent les tensions ; ils participent souvent à l'édification des structures psychiques, à la construction du moi (1).

On distingue trois sortes de mécanismes de défense : ceux de **négation,** de **fuite** et de **substitution.**

— **Les phénomènes de négation** sont assimilables au refoulement. Le sujet, inconsciemment, refuse d'admettre un fait qui lui ferait appréhender la vérité : ainsi la femme qui ne peut se rendre à l'évidence que son mari la trompe ou que son fils, qu'elle croit être une lumière, est inintelligent.

— **Les phénomènes de fuite** sont évidents : le sujet ne fait pas face à une réalité ; il se réfugie dans le rêve et l'inaction ou se jette à corps perdu dans une activité éloignée de l'objet de ses préoccupations.

---

1. Voir, du même auteur : *La Maîtrise de votre subconscient* (Éditions Dangles).

— **Les phénomènes de substitution** participent d'un autre processus ; ils sont un transfert de conflit. Le but ne pouvant être atteint, un autre objectif lui est substitué qui diminue la tension. L'homme qui n'a pu défouler son agressivité sur un supérieur tyrannique et fait preuve chez lui d'autoritarisme, fait de la substitution. Celle-ci apaise sa tension.

La psychanalyse a établi la liste de ces mécanismes de défense. Elle en dénombre dix dont la connaissance va nous permettre de mieux appréhender les données de la vie psychique. Ce sont : *le refoulement, la sublimation, le déplacement, la régression, la projection, l'identification, la compensation, la substitution, la fantaisie, la dissociation.*

a) Le refoulement

Ce qui différencie la santé mentale de la névrose, c'est la possibilité qu'a l'homme sain de résister normalement par son Moi aux poussées des idées refoulées, sans subir de dommages pour son équilibre psychophysique. **Il n'en est pas de même chez le névrosé dont le Moi ne lutte pas à armes égales avec le refoulement.** Épuisé par l'affrontement, il ne tarde pas à succomber.

Précisons tout d'abord que le refoulement, phénomène de défense du Moi, est inconscient ; c'est-à-dire que les sensations, les souvenirs, le vécu pénible, les pulsions réprouvées par le Surmoi n'émergent pas dans le champ de la conscience. Ils en sont bannis, car en désaccord avec la personnalité morale et les lois sociales admises, avec les convictions religieuses et idéologiques.

Le Moi, d'après les psychanalystes, refuse la verbalisation des désirs et virtualités inconscientes. C'est le moyen, en les empêchant de s'exprimer par des mots, d'éviter la prise de conscience ; **ils n'en continuent pas moins d'exister** avec toutes leurs potentialités qui ne demandent qu'à s'exprimer. L'objet de l'analyse dans le traitement des névroses est justement de ramener dans le champ de la conscience les tendances refoulées. Le sujet peut alors apercevoir l'origine de ses troubles, en faire l'autocritique : c'est alors le défoulement qui libère le Moi de ses tensions. Il y a acceptation des tendances inconscientes qui peuvent s'intégrer au modus vivendi, ou si ces tendances paraissent inacceptables, leur prise de conscience permet de résoudre l'anxiété et les rend inoffensives à la faveur de certains autres mécanismes de défense.

b) La sublimation

C'est la transposition d'une énergie instinctuelle vers un but social élevé. Ainsi les conflits peuvent être résolus par la poursuite d'idéations accaparant l'activité cérébrale et physique. C'est ainsi que des instincts (pulsions) incompressibles, sont canalisés vers des buts acceptables pour le Moi. L'altruisme peut être la résultante de tendances sexuelles impossibles à satisfaire ; l'agressivité peut se transmuer en une activité sociale ou professionnelle conduisant le sujet à la réussite. **La sublimation est un phénomène d'adaptation au milieu** susceptible de résoudre des situations conflictuelles et même, d'utiliser leur potentiel dynamique dans la réalisation du Moi.

c) Le déplacement

C'est un mécanisme inconscient différent de la sublimation. Il n'est pas exhaustif comme la sublimation. Selon Freud, il s'agit d'un processus primaire du subconscient. Le bébé privé du sein maternel suce son pouce ; **l'instinct ne pouvant se satisfaire a déplacé son objet.** Le déplacement permet donc de se libérer des tensions provoquées par la censure (Surmoi) et le Moi, par rapport aux forces instinctuelles (le Ça).

d) La régression

C'est un phénomène de fuite dans le retour à un stade de la vie de moindre maturation. L'aliénation de la personne apparaît à la suite de frustration par le refuge à un stade antérieur de structuration du Moi. Par exemple, l'enfant ayant grandi, soudain confié à des mains étrangères, se sentant frustré sur le plan affectif, peut régresser au stade sadique-anal, devenir énurésique.

e) La projection

Le phénomène de projection s'observe fréquemment dans la vie courante. Le psychisme se libère de tendances obsédantes génératrices de conflits, **par la projection sur autrui des pulsions censurées.** C'est ainsi que l'homosexuel refoulé prête ses tendances pédérastes à une foule de personnages en vue qui ne le sont aucunement. Au niveau pathologique, les délires hallucinatoires, la paranoïa participent de ce phénomène. Il s'y mêle aussi le mécanisme de régression au stade sadique-anal (psychanalyse).

f) L'identification

C'est l'un des mécanismes les plus importants de la structuration de la personnalité. Dans la discipline hindoue, pour le yogi, l'identification (samâdhi) représente la fusion totale avec l'objet de la contemplation. En psychanalyse, c'est le processus d'attachement à un parent. Pour aimer, l'enfant doit admirer ; il lui faut un modèle dont il reconnaisse la supériorité, le rayonnement. Par une sorte de mimétisme, il s'approprie le rôle, la puissance d'un être proche, le père le plus souvent. Quand ce phénomène est contrarié, séparation des parents par exemple, cela peut provoquer des troubles caractériels ayant des incidences sur le développement de la personnalité.

Le mécanisme d'identification joue aux divers stades de la structuration psychologique. L'adolescent, souvent, veut ressembler, s'identifier à telle ou telle vedette. Cela peut influer sur son comportement, voire sur sa vocation dans un sens bénéfique ou défavorable, selon que cette identification va dans le sens des possibilités réalisatrices ou n'y correspond aucunement ; c'est l'un des tests de notre *Psycho-Morpho-Synthèse* que de confronter les traits idéaux de l'identification avec les virtualités du sujet, révélés par l'analyse caractérielle.

g) La compensation

La compensation revêt des formes différentes ; elle peut être inconsciente, mais alors elle participe des états névrotiques ; elle devient un phénomène de fuite. C'est le comportement de l'homme qui, ayant essuyé des échecs dans sa vie professionnelle, trouve la compensation dans une fantasmagorie où il tient le rôle gratifiant d'un conquérant ou d'un personnage aux exploits légendaires.

Mais la compensation reste un phénomène normal chez l'être équilibré ; **elle lui permet d'éviter la sanction morale de l'échec,** celui-ci étant inhérent à l'entreprise humaine, comme le succès. Il s'agit alors d'un comportement secondaire, d'une sorte de soupape de sécurité des tensions qui ne pourraient, tant les obstacles seraient grands, se libérer dans l'accomplissement. Parfois même, le besoin de se réaliser se heurte à des impératifs sans appel : ainsi Napoléon Bonaparte n'aurait cherché aussi ardemment la gloire que pour compenser sa petite taille et, aux dires de la petite histoire, ses piètres capacités en amour. On cite le cas de la gazelle noire Wilma Rudolp qui remporta 3 médailles d'or en athlétisme aux jeux Olympiques de

Rome en 1960. On sait qu'elle était atteinte de poliomyélite et qu'elle dut pendant des années se déplacer dans un fauteuil roulant. C'est un magnifique exemple de compensation ; ainsi la compensation **peut devenir l'instrument de la réussite,** un facteur sauvegardant la personnalité, ou la manifestation d'une névrose.

h) La substitution

C'est un mécanisme **qui entre en jeu pour libérer l'individu de ses tensions quand il y a frustration.** C'est le cas du garçon déçu qui ne peut satisfaire son désir sexuel avec la femme qui en est l'objet et qui substitue aux rapports hétérosexuels, l'auto-érotisme masturbatoire ; cet ersatz ne lui apporte pas la même satisfaction, mais libère une tension insupportable. L'homme coléreux ou vindicatif qui libère son agressivité en brisant un objet fait acte de substitution. Celui qui, à la suite d'une dispute conjugale préfère gagner l'autoroute pour doubler à grande vitesse toutes les voitures plutôt que d'administrer une correction à sa femme, fait aussi de la substitution.

i) La fantaisie

Ce mécanisme de défense participe de l'imagination ; c'est une sorte de rêve éveillé qui consiste en la résolution des tensions que font naître les états conflictuels. La pulsion, au lieu de trouver son exutoire dans l'action, le trouve **dans l'image mentale.** La fantaisie nourrit les rêveries et parfois les délires ; **c'est aussi une fuite devant les difficultés.** On peut la considérer comme normale chez l'enfant dont la personnalité n'est pas encore affirmée, mais aussi chez l'adulte puisqu'elle est partie intégrante des mécanismes de défense ; **elle lui permet d'échapper aux états névrotiques** qui peuvent s'instaurer à la suite d'échecs et de frustrations.

j) La dissociation

C'est la dislocation du moi. On observe ce mécanisme dans la **schizophrénie** dont nous traiterons ultérieurement. On constate une perturbation du mental, le sujet n'ayant qu'une attention intermittente et étant incapable de se concentrer sur un point déterminé. Les buts sont également mal définis, ce qui nuit à la promotion sociale ; le sujet passe par des états d'âme chaotiques, avec des périodes de rémission, qui se traduisent par des propos incohérents, des actions sporadiques et disparates. En réalité, il s'agit d'un mécanisme de défense **qui s'apparente aux phénomènes de fuite et de régression,** mais caractérisé par des ambivalences multiples qui donnent un comportement étrange et flottant, insaisissable pour l'entourage.

4. De l'auto-intoxication chronique aux situations « stressantes »

Comment des mécanismes de défense aussi bien structurés peuvent-ils se trouver gauchis ou paralysés ? La santé mentale se caractérise par la résistance aux agressions qui, nous l'avons vu, sont de deux ordres : physique et psychique. Il est évident que l'homme en contact avec la nature, à l'abri de la pollution, à l'écart du bruit et de l'agitation, ayant une alimentation saine et obligé à des efforts musculaires, ayant de surcroît des relations affectives et sexuelles satisfaisantes, des distractions saines se trouve placé dans des conditions d'existence propices au maintien de son équilibre.

Il en est tout autrement à notre époque où chaque individu, quels que soient sa position sociale et son mode d'existence, est confronté à l'accélération du rythme de vie, la diversité des relations interhumaines, la complexité des structures, le changement permanent de la conjoncture sociale, politique, économique, etc. Il en résulte que l'activité cérébrale doit se modeler sur des processus de différenciation, de conceptualisation et de réalisation de plus en plus rapides qui mettent le système nerveux à rude épreuve. **Cela pose le problème de l'adaptation de l'être humain qui se sent pris dans un engrenage dont l'accélération le dépasse, comme le progrès qui précède toujours davantage les possibilités d'adaptation des sociétés aux nouvelles conditions de vie qu'il implique.** C'est le propre d'un mécanisme d'être conçu en fonction de la fréquence dont on en use, et de l'intensité de l'effort qu'on lui impose ; vient-on à s'en servir avec excès, à lui demander un rendement au-dessus de la résistance pour laquelle il a été construit, qu'il s'use prématurément, se détraque **et finit par craquer.** C'est ce qui se produit avec la fonction nerveuse en dépit de facultés adaptatives qui font l'émerveillement du physiologiste, quand le service qu'on lui demande est poursuivi sans possibilités de repos et avec une intensité croissante.

A cette usure nerveuse dont l'accélération des rythmes inhumains de notre époque est potentiellement responsable, viennent se superposer les excitations sensorielles dues, non seulement aux causes que nous avons signalées précédemment, débauche de son et de vision, mais aussi à celles qui mettent en cause la sensualité : excitations sexuelles renouvelées par un conditionnement érotique commercialement orchestré, excitations appétitives par la variété et l'abondance des mets offerts à la gourmandise et dont l'abus produit la fatigue digestive et intoxique l'organisme.

Il existe heureusement **un signal d'alarme** avertissant que le seuil de résistance des systèmes défensifs, dont les mécanismes de défense, vient d'être franchi : **c'est la fatigue** (2). A ce moment, l'individu se trouve au carrefour de la détermination. En voulant passer outre à l'avertissement qui lui est donné, il risque d'obérer son devenir par l'atteinte psychosomatique dont nous décrirons le processus. Ou il a la faculté de récupérer ses forces en faisant se reposer les rouages de la fonction nerveuse, en apprenant comment il est possible d'en obtenir le rendement maximum sans les malmener ni les user. **Encore faut-il percevoir les prémices de la fatigue pour pouvoir y remédier.**

Pour Paul Chauchard (3) : « *C'est l'effort régulateur en réponse à tous les chocs qui nous épuise, qui contribue à l'intoxication générale de la fatigue et qui est la source du sentiment de fatigue.* » Ce même auteur brosse un tableau saisissant qui explique bien l'universalité de la fatigue qui affecte tous les milieux dans notre monde contemporain : « *Nous comprenons alors toute l'actualité de la fatigue, pourquoi le monde moderne semble si fatigué, si épuisé, symptôme commun à des gens qui n'ont aucune activité analogue ; quoi de semblable entre l'ouvrier astreint à sa tâche dure et monotone dans un contexte d'exploitation ouvrière capitaliste, l'intellectuel penché sur ses problèmes, l'homme d'affaires ou le patron industriel courant de rendez-vous en rendez-vous, de soucis en soucis, de cours de bourse en menaces de grèves, le politicien face à des problèmes insolubles, la mère au foyer se hâtant de la lessive à la cuisine dans le bruit des enfants et le regret de ce qu'elle ne peut pas faire, sinon les soucis, les inquiétudes, l'activité ininterrompue sans souffler, le repos insuffisant, le bruit, c'est-à-dire, des chocs qui déséquilibrent l'hypothalamus et sont ainsi source de fatigue...* »

C'est par l'intermédiaire du cortex dont l'activité ne parvient plus à se relâcher que se dérègle l'hypothalamus. Dans le cas de la fatigue accumulée, le dysfonctionnement s'établit progressivement sous l'action irritative des petites agressions de la vie quotidienne.

---

2. Du même auteur : *Chassez la fatigue en retrouvant la forme* (Éditions Dangles).
3. *La Fatigue* (P.U.F.).

Mais le déséquilibre hypothalamique peut survenir brusquement sous l'effet du « stress » émotionnel résultant d'un choc brutal qui déborde les mécanismes de défense. On conçoit que la fatigue, le surmenage qui exercent leur action corrosive sur la fonction nerveuse puissent préparer la litière de ce que les Américains ont appelé le « *break-down* » ; on dit en France que la personne a craqué. Le choc peut provenir d'une situation financière qui devient soudain inextricable, d'une faillite qui remet des années d'efforts en question, de la perte d'un être proche, de la rupture désespérante d'une liaison, de la révélation d'une infortune insoupçonnée, d'un divorce mal accepté, etc., mais aussi de l'impossibilité de s'adapter à de nouvelles conjonctures aux différentes étapes de l'existence. La période pubertaire est une crise qui est parfois responsable de la distorsion des structures mentales, le mariage, la grossesse, la responsabilité mal supportée de la maternité ou de la paternité, la ménopause, chez l'homme l'approche de la cinquantaine et la perspective du renoncement à ce qui pour certains était le sel de la vie, sont autant de situations qui peuvent devenir conflictuelles, **provoquer le soudain désarroi du mental chez des sujets mal structurés.**

Dans un monde en mutation, les cas d'inadaptation se multiplient à un rythme inquiétant. Le perfectionnement des techniques et des méthodes de vente a suivi l'ascension du progrès. L'homme vieillissant doit s'accrocher pour lutter contre la marée montante des jeunes dont les connaissances sont mieux adaptées à l'évolution ; il doit se recycler à un âge où après une vie consacrée au travail, il doit réviser des concepts qu'il pensait définitifs. Il n'a quelquefois plus le désir ni la force de s'y soumettre et mesure son échec sous l'éclairage de ses ambitions déçues. La promotion peut être stressante quand elle dépasse par les nouvelles responsabilités qu'elle implique les moyens adaptatifs de celui qui y est appelé, soit qu'il en conçoive un sentiment d'incapacité, soit que l'effort qu'elle exige mobilise trop d'énergie et que le sujet se sente débordé.

Ces situations ne sont pas particulières à un individu donné ; **chacun de nous est confronté à l'une ou à l'autre, ou à des circonstances dont le fond est dramatique à certaines périodes de son existence.** Peu de femmes et d'hommes échappent à cette angoisse, à cet effondrement de toutes les valeurs qui vous saisit à la rupture d'un grand amour ; personne n'est exempté de la perte d'une mère ou d'un père, hors l'orphelin frustré d'affectivité ; un couple heureux perd, quelquefois en des circonstances dramatiques, un enfant qu'il adorait.

Chez le sujet bien structuré, des mécanismes de défense entrent en jeu qui permettent d'assumer sans trop de dommage les stress les plus brutaux et les plus imprévisibles, par exemple ceux d'une maladie ou d'une incapacité qui oblige à réviser toutes les valeurs auxquelles on attachait le plus d'importance. Des exemples sublimes nous sont parfois donnés d'individus frappés par l'adversité qui libèrent des potentialités qu'ils n'eussent jamais autrement soupçonnées ; nous avons vu à la télévision un poliomyélitique devenir champion de force au développé couché, des sujets paralysés passer de difficiles concours auxquels, sans cela, ils n'eussent jamais accédé. **Ainsi le stress peut être exhaustif et permettre à l'individu dont les structures mentales sont intactes de transmuer les circonstances adverses en facteurs bénéfiques pour le développement de la personnalité** ; des individus qui paraissaient tarés à jamais ont découvert en prison les joies de l'intellectualité, obtenant une licence ou publiant des œuvres leur assurant la réussite.

Dans la normalité, le système nerveux est fait pour résister aux agressions répétées, comme aux stress dont l'intensité n'a d'égal que la soudaineté (la femme qui apprend par la radio que son enfant vient d'être tué dans un accident). Mais lorsque les instances psychiques sont déjà perturbées, qu'elles reposent sur des fondations physiques déjà désagrégées (travail harassant, alcoolisme, toxicomanie, etc.), le stress agit de plein fouet sur ce centre des activités réflexes chargé d'orchestrer l'économie humaine qu'est l'hypothalamus ; il se trouve alors déséquilibré dans son fonctionnement et c'est ainsi, nous le verrons, que surviennent les affections dites psychosomatiques. Voyons alors ce qui se produit.

L'irritation de l'hypothalamus situé à la base du cerveau est d'obédience sympathique ; elle retentit donc sur tout le fonctionnement organique, qui s'en trouve perturbé par les troubles neurovégétatifs qui en résultent. Le sujet dont l'hypothalamus est déséquilibré peut ne présenter que des troubles mineurs, mais qui iront le plus souvent en s'aggravant si on n'y porte pas remède. On remarque cependant des anomalies dans le comportement, qui sont significatives. Le sujet est instable ; il passe de la gaieté à l'humeur la plus morose sans raison apparente, il est excité soudainement et, peu après, ressent une fatigue extrême, est atteint de somnolence. Le potentiel nerveux se trouve alors entamé ; c'est l'épuisement progressif des forces vitales, la dépression. Le dramatique est **que le sujet dont l'hypothalamus est affecté n'arrive plus à se contrôler,** il devient incapable de se fixer une ligne de conduite, donc de se soigner ; sans être atteint organiquement, il est par le fait de la défaillance hypothalamique à la merci de la moindre attaque microbienne. Cet état rend le sujet pénible pour son entourage, d'autant plus que celui-ci ne peut comprendre des réactions inattendues et imprévisibles ; c'est le cas de la femme comblée qui se dit, et se croit « la plus malheureuse des femmes », de l'homme qui, alors que rien ne le laissait prévoir, se trouve soudainement inadapté, désinséré de son milieu, alors que ses conditions d'existence restent les mêmes que celles qui lui permettaient de vivre, sinon heureux, du moins sans une excessive inquiétude.

Nous reviendrons sur ce déséquilibre hypothalamique à propos de la maladie psychosomatique (chapitre VIII) mais, auparavant, nous voudrions souligner le rôle que jouent les excitations dans les états de tension tonico-émotionnels qui perturbent le fonctionnement cortical, c'est-à-dire les fonctions supérieures du cerveau, et par leurs connexions avec l'hypothalamus, les centres de la commande réflexe.

Nos émotions retentissent sur le fonctionnement de nos organes par l'entremise du cortex et des systèmes régulateurs sympathiques qu'il serait trop long de décrire, mais dont on peut dire qu'ils réalisent l'équilibre par des actions **inhibitrices** ou **stimulantes.** Ainsi les émotions peuvent avoir un effet freinateur ou paralysant (la peur qui cloue sur place), ou stimulant (la joie qui donne des ailes). Georges Dumas a relaté que le taux d'urée augmente dans l'exaltation et on a observé que la température d'adolescents qui était en moyenne de 36,9° montait à 38,2° après avoir vu un film « excitant ». Les excitations répétées entretiennent donc les états de tension dont la permanence finit par déséquilibrer l'hypothalamus ; **c'est toute l'harmonie organique qui est alors compromise.**

5. L'anarchie neuro-endocrinienne

L'harmonie organique, autrement dit la santé, est tributaire d'un parfait équilibre réalisé entre le contrôle émotionnel, l'intégrité du système végétatif et le fonctionnement normal des endocrines. L'un de ces facteurs vient-il à être perturbé, c'est l'équilibre des autres qui se trouve compromis. Notons dès l'abord, que l'équilibre émotionnel n'est pas sous l'entière dépendance du cerveau conscient. L'être humain est animé de besoins et de désirs que la fougue du tempérament parvient souvent difficilement à juguler ; c'est « *l'élan vital* », de Bergson, qui nous incite à y céder, tant les instincts ont leurs exigences. On aperçoit alors le processus par lequel un stress peut retentir sur le fonctionnement organique par le truchement de nos émotions qui ne sont pas toujours contrôlées par la conscience claire. Or l'hypothalamus est intimement lié à l'hypophyse qui va ainsi, sous l'incitation de nos émotions, commander à notre économie en stimulant ou en modérant nos organes par le jeu hormonal.

L'hypophyse, cette glande maîtresse suspendue à la base du cerveau et qui a la grosseur d'une cerise reçoit le stress par répercussion et exerce sa souveraineté sur les autres glandes à sécrétion interne : sur les surrénales le plus fréquemment (décharges d'adrénaline élevant la tension sous les effets de stress), sur les gonades (syndrome hyperfolliculinique, troubles menstruels, etc.), sur la thyroïde, le foie, la peau, etc. Ces actions sont intriquées et, par conséquent, les symptômes auxquels elles donnent lieu prennent des aspects multiformes que les analyses de laboratoire peuvent difficilement permettre de préciser. Dans cette perspective, Slaughter (4) explique comment les émotions peuvent exercer leur influence sur le diabète... « *Le diabète provient d'un trouble de glyco-régulation, c'est-à-dire d'un trouble du mécanisme réglant l'utilisation du sucre. La glyco-régulation dépend en grande partie de l'action de plusieurs glandes à sécrétion interne : l'hypophyse, les îlots de Langerhans (pancréas) et le foie, ce dernier étant lui-même une importante source d'hormones. Si l'un de ces trois systèmes faillit à sa fonction — et nous savons que les tensions émotionnelles influencent grandement les glandes endocrines — le diabète fait son apparition.* »

Il nous faut retenir de ce qui précède que des traumatismes physiques trop souvent répétés fragilisent le système nerveux par son ébranlement, de même que les stress psycho-affectifs mobilisant trop souvent les mécanismes régulateurs finissent par les rendre inopérants. **C'est la porte ouverte à la maladie par l'entremise de l'anarchie hypothalamique.** La plupart des troubles, dont beaucoup participent de l'affaiblissement des structures mentales, seront liquidés sous l'action rééquilibrante de la relaxation psychosomatique dont la maîtrise permet d'une part de réduire et de réguler les tensions tonico-émotionnelles et, d'autre part, de procéder à la prise de conscience des mécanismes de défense, afin de pouvoir accéder dans la conscience claire à une vigilante hygiène du mental.

---

4. *Votre corps et votre esprit* (Presses de la Cité).

C

Le comportement et la relaxation

Par les réflexes conditionnés que la relaxation développe, elle constitue un mode de pensée et une manière d'être. Cette discipline resterait fragmentaire, si elle ne devait s'extrapoler du contrôle statique au comportement dynamique. C'est une originalité de notre méthode d'avoir considéré le comportement de l'individu par rapport à son éducation traditionnelle. Cette extension à l'activité journalière ne peut que perfectionner le contrôle tonico-émotionnel acquis par l'entraînement systématique dont nous avons énoncé les principes.

La maîtrise de soi à laquelle aboutissent les disciplines de relaxation ne doit toutefois pas imposer une contrainte qui, par le mécanisme du refoulement des pulsions instinctuelles, déboucherait sur des processus tensionnels pouvant devenir plus menaçants pour l'équilibre psychosomatique que les agressions dont on veut se défendre. Chaque individualité, homme ou femme, a des aspirations, des goûts qui demandent à être satisfaits, des instincts teintés d'agressivité, dont l'instinct sexuel, censurés par le Surmoi **mais qui doivent trouver leur exutoire,** faute de quoi, les états tensionnels qui résultent de la compression des pulsions, s'ils ne sont pas sublimés (faute dè l'abbé Mouret, de Zola), se traduisent par des symptômes névrotiques.

Les mécanismes de défense, dont la sublimation, permettent d'échapper à la surcompression des tendances instinctives non satisfaites. Ces opérations, qui sont le plus souvent inconscientes, mais peuvent aussi résulter de la conscience claire dans la maîtrise du mental, ne sont pas sans développer un climat moral de frustration quand elles se renouvellent ou se poursuivent pendant de longues périodes. Si bien que ces pulsions trop jugulées peuvent être aussi dommageables pour la santé mentale que celles que le Surmoi ne vient pas censurer. Il nous faut donc trouver un *modus vivendi* **entre les explosions de l'instinct et une rigueur excessive** par son intransigeance.

1. La recherche de l'équilibre

L'introspection réalisée en état pré-hypnoïde permet de faire le point des attitudes mentales, ou prises de position, eu égard aux problèmes que posent l'existence et la vie en société, par rapport au comportement toléré par les lois en vigueur et les normes de la morale traditionnelle. L'individu peut alors mesurer l'intervalle qui sépare sa pensée profonde, ses goûts non formulés, ses instincts refoulés de son attitude de surface, de sa manière d'être et de réagir qui sont la résultante de l'éducation, du conformisme socioculturel et religieux. **Sans cette prise de conscience, la personne humaine se trouve déchirée entre des tendances contradictoires qui donnent lieu à un comportement ambivalent.** C'est à ce désordre et à cette incohérence que doit remédier l'hygiène du mental.

Pour nous, cette hygiène du mental repose sur trois piliers : **la philosophie, la relaxation, la libération des instincts.** Bien sûr, nous entendons ici par philosophie la vision extensive du monde et des problèmes de la vie, mise au service de notre discipline. Elle n'est pas en contradiction avec le défoulement des instincts, elle contribue à leur libération. Ainsi, dans l'action par le vide mental d'écarter les menaces qui peuvent peser sur nous, et qui sans cela se traduisent par la peur, nous rejoignons Cicéron, pour qui philosopher n'était autre chose que s'apprêter à la mort. Il ne s'agit pas là d'un renoncement, **mais d'une attitude.** On ne redoute que ce dont on a conscience et la négation du danger nous y rend indifférent.

En dehors de toute confession ou idéologie, l'attitude mentale qui caractérise l'initié à la relaxation est la suivante : tout ce qui constitue une menace est sans importance, puisque la mort est au bout du chemin. Encore le passage de vie à trépas est-il la dernière volupté terrestre (1). Cette conception libère de l'anxiété, de la crainte, de la peur du devenir qui sont le lot des individus dont les structures mentales manquent de solidité.

1. *Le Livre de la mort douce* par Georges Barbarin et *La Maîtrise de votre subconscient* (Éditions Dangles).

Pouvoir à volonté faire non seulement le vide de l'esprit, mais encore, avoir la faculté de substituer à une pensée déprimante une autre pensée, euphorique et dynamique, participe de la maîtrise de la relaxation. Reçoit-on une mauvaise nouvelle, voire une menace, aussitôt elles se trouvent balayées, elles n'ont aucune prise ; le contraste est saisissant avec l'anxiété qui submerge les sujets incapables de dominer leurs pensées. Sont-ils menacés de sanctions professionnelles, ou administratives, subissent-ils des tracasseries fiscales, ils vivent dans une crainte permanente ; doivent-ils quitter par force une résidence, ils se font du souci pendant des mois à l'avance ; un imprévu retarde-t-il la venue d'un être dont ils sont amoureux, ils ne vivent plus. Ces inquiétudes qu'ils ne peuvent chasser de leur esprit empoisonnent leur existence et celle de leur entourage ; elles les rendent irascibles et leur ôtent le sommeil. La faculté d'anéantir dans l'œuf les pensées importunes et déprimantes qui résultent des circonstances adverses doit, lorsqu'elle est exercée, permettre au condamné à mort de dormir tranquillement la veille de son exécution et de penser à autre chose au moment où elle a lieu, ou de faire le vide intégral. Que peut la justice des hommes ou leur vindicte, devant cet état d'esprit qui, sur le plan de la croyance qui opérait aussi la déconnexion du mental au profit de la foi, fut celui des martyrs chrétiens ?

Cette alliance de la philosophie et de la relaxation n'implique ni le laisser-aller, ni l'abandon des joies essentielles de la vie. La concentration acquise par l'exercice, comme un muscle qu'on développe, permet de considérer un problème épineux avec lucidité, de prendre une décision rapide quoique réfléchie, puis, de libérer aussitôt l'esprit des préoccupations qui l'obsédaient. On conçoit qu'elle soit une source précieuse d'énergie, puisqu'elle évite la dispersion des forces nerveuses ; c'est le mécanisme du robinet qui, étant resté ouvert, laisse couler en permanence un filet d'eau qui vide le réservoir, alors qu'une forte pression intermittente n'en aurait pas autant consommé.

L'hygiène mentale consiste donc en une attitude défensive et lucide. Elle doit considérer l'esprit comme un bureau aux dossiers bien rangés ; chaque idée est sélectionnée selon son contenu enrichissant ou maléfique ; dans ce dernier cas elle est impitoyablement rejetée. Si ce n'est pour un travail de synthèse devant faire appel à des connaissances multiples et sollicitant l'imagination, l'esprit doit se concentrer sur une seule idée à la fois et s'y absorber ; **l'efficience est à ce prix.** Cette idée ne doit pas encombrer le champ mental plus que nécessaire, afin de ménager des temps de récupération entre les diverses opérations concentratives. La libération des instincts résulte de cette discipline de la pensée. Chaque fois qu'une pulsion instinctuelle est incontrôlée, il se produit une dépense d'énergie et un affaiblissement de la volonté. Au contraire, quand une impulsion maîtrisée se trouve délibérément canalisée, il se produit une rétention d'énergie et un renforcement du moi. Prenons l'exemple d'un fumeur. Par la force de l'habitude, il finit par prendre une cigarette machinalement et par fumer de plus en plus ; c'est bientôt l'esclavage, il ne peut plus se passer de tabac, bien que quelquefois il jette sa cigarette à peine fumée ; son geste est devenu réflexe conditionné ; la seule vue de quelqu'un qui sort une cigarette le déclenche. Cependant, pour certains, fumer est un plaisir. Faut-il donc s'en passer et connaître l'anxiété ? Certes, non ! Mais il faut se limiter à quelques cigarettes par jour et, surtout, les sortir du paquet consciemment, avec le sentiment de ne pas obéir à un besoin auquel on ne pourrait résister ; il se produit à ce moment de décision lucide une contention d'énergie, un perfectionnement des mécanismes volitifs.

Nous verrons à propos de l'instinct sexuel, qu'il en est de même de toutes les pulsions dont le plaisir qu'elles procurent peut être décuplé par une satisfaction délibérée. Bien sûr, cette conduite ne doit pas constituer une règle rigoureuse qui ôterait toute spontanéité et interdirait toute fantaisie, ce qui apporterait une entrave à la libération normale des instincts. Exceptionnellement, il n'est pas mauvais de piétiner les tabous pour se jeter à corps perdu dans une saine animalité. Le défoulement qui en résulte ne peut que favoriser la cohésion des structures mentales au profit d'une meilleure maîtrise de soi. Le fossé qui sépare les tendances instinctives des ukases de la morale courante peut être comblé au moyen d'une vue à la fois plus idéaliste et plus réaliste du comportement humain (2). **C'est dans l'équilibre qui résulte de l'utilisation consciente des mécanismes de défense et l'exutoire des satisfactions instinctuelles, que le Moi peut être solidement structuré et éviter les conflits qui résultent de l'affrontement entre les exigences du Ça et les interdits du Surmoi.**

2. L'attitude physique

D'abord spécialisé en culture physique, j'ai pu observer que ce sont les athlètes les plus puissamment musclés qui sont dans la vie les plus détendus. Cela revient à dire que l'amenuisement du muscle qui

2. *Le Paradis sexuel des aphrodisiaques* (épuisé).

se produit en l'absence d'un exercice suffisant, donne la prédominance au système nerveux. Les personnes maigres sont sujettes au nervosisme et prêtent davantage le flanc à la névrose ; des obèses présentent des désordres nerveux par le même phénomène d'amenuisement musculaire, leur volume et quelquefois leur apparence de santé étant dus à la surcharge graisseuse. Il est dommage que les médecins n'aient pas compris qu'en faisant prendre plusieurs kilos de muscles à certains malades mentaux, ils les rééquilibreraient mieux qu'à coups d'insuline (ce qui en fait des gras) et d'électrochocs. Dès l'instant où un sujet tendu nerveusement « fait » du muscle, ses tensions s'atténuent, **d'où l'intérêt de réaliser l'équilibre du couple nerf-muscle et de ne pas laisser l'un des éléments empiéter sur l'autre.** La musculation est donc une discipline aussi importante que la relaxation.

Ces observations peuvent être extrapolées au comportement. L'individu musclé, femme ou homme, reste calme et détendu en toutes circonstances, ses gestes sont mesurés et précis, sa démarche est sereine et altière, à mi-chemin de la mollesse et de la précipitation. Cela contraste singulièrement avec l'avachissement, le laisser-aller et l'agitation stérile des hippies dont le délabrement physique n'est que trop évident.

A travers ces considérations, nous pouvons recueillir par rapport à la relaxation un précieux enseignement, à savoir qu'une éducation consistant à contrôler le comportement physique au cours de la vie journalière peut apporter une contribution importante aux disciplines de relaxation. Il s'agit, en quelque sorte, de dominer ses impulsivités et de réduire l'agitation pour lui substituer l'action réfléchie qui a comme corollaire la maîtrise de la pensée. Par ce moyen **le contrôle physique rejaillit sur la régulation des fonctions psychiques.**

Une telle discipline peut paraître contraignante au début puisqu'il s'agit de maîtriser l'impulsivité en exerçant la faculté de concentration, autrement dit, de mobiliser l'attention. Mais les réflexes conditionnés qui se développent rendent assez vite inutile ce contrôle ; la détente, intégrée, participe désormais des mécanismes inconscients.

L'éducation consiste à modérer le rythme de l'activité psychophysique, tout en la rendant plus efficiente. Il faut viser à rendre les gestes plus sobres, mais plus précis et moins rapides, à les réduire au minimum nécessaire dans une action plus efficace, enfin, à limiter le plus possible la dépense énergétique dans la recherche d'un rendement accru.

Ainsi, au cours de la toilette matinale, prêter attention au moindre geste pour la faire sciemment, calmement, sans relâcher une seule fois sa vigilance ; pour une ménagère, faire les lits avec des gestes sobres, précis, sans agitation ni distraction, mais dans le minimum de temps ; pour un homme, effectuer un travail de bricolage en mesurant chacun de ses gestes sans laisser un seul instant son attention s'éparpiller.

Réduire l'allure de la marche peut avoir des répercussions psychologiques considérables. Le nerveux marche à petits pas rapides ; s'habituer à marcher à grands pas lents comme le bilieux (3) réduit la tension nerveuse. Dans le même esprit, réduire le nombre et l'étendue des gestes, le débit verbal, la rapidité des opérations mentales favorise l'abaissement de la tension tonico-émotionnelle. Dans les circonstances où les réflexes doivent jouer avec le maximum de rapidité, ils ne s'en montreront que plus efficaces ; **l'athlète le plus détendu est aussi celui qui a le plus de détente.**

Le comportement à adopter a été mis en évidence dans un ouvrage que j'avais consacré à la conduite automobile. Nous en extrayons ce passage qui concrétise l'attitude à adopter par rapport aux tensions qui résultent de notre activité quotidienne : « *L'embrayage entre la vitesse et une attitude mentale agressive se fait facilement. C'est ce dont il faut se méfier. Il faut aborder la route avec sérénité. Beaucoup trop de conducteurs modifient leur attitude mentale habituelle dès l'instant où ils prennent le volant... le climat moral n'est pas moins perturbé par la conduite en ville, de nombreux facteurs d'énervement, feux rouges, encombrements, contraventions venant se superposer aux soucis de la vie journalière pour instaurer un état d'énervement préjudiciable à la santé physique et morale. Après avoir affirmé que* " la prise de conscience des tensions et des contractions auxquelles nous sommes soumis est nécessaire si nous voulons que la relaxation devienne un état permanent ", *nous donnons quelques conseils pour se détendre au volant* (4) *: il suffit de penser de temps à autre à des exercices de contrôle. Vous avez appris à vous relaxer, mais avant que vos réflexes de détente soient éduqués, vous devrez les observer à travers les gestes de votre vie quotidienne. La conduite automobile, par l'attention qu'elle requiert, est la pratique qui vous permet le mieux de mesurer vos progrès... exercez-vous d'abord à la domination absolue de votre mental. Vous vous trouvez dans un embouteillage et vous avez un rendez-vous important. Vous n'y pouvez rien. Mais il vous est possible de prendre une décision. D'abord, dites-vous que rien n'a d'importance, nous sommes tous mortels ; les choses n'ont que l'importance que nous y attachons.*

---

3. Voir l'ouvrage de Jean Chartier : *Vous et les autres. Cours pratique de caractérologie* (Éditions Dangles).

4. *Échec à l'accident* (Médicis). Épuisé.

L'automobiliste voisin qui s'impatiente pour des raisons différentes des vôtres, se moque éperdument de vos ennuis, il gravite dans son univers restreint. D'autre part, vous ne pouvez rien changer à la situation ; de vous énerver ne fera pas apparaître le feu vert et ne dissipera pas le flot des voitures. Que vous vous énerviez, ou que vous restiez souriant et détendu, la situation restera exactement la même ; mais dans la seconde alternative, vous ménagerez vos forces et remporterez une victoire sur vous-même... Alors la solution vous apparaîtra clairement. Peut-être irez-vous téléphoner pour prévenir que vous serez en retard, peut-être prendrez-vous un autre rendez-vous afin de ne pas manquer une autre démarche. Qu'importe ! L'essentiel est que vous ayez conservé votre flegme. »

Ce large extrait donne le ton de l'attitude à adopter face aux difficultés journalières et, d'autre part, il débouche sur un aspect très important du comportement : il s'agit de l'emploi du temps. La plupart des hommes de notre temps ne sont agités, débordés, que parce qu'ils veulent entreprendre trop de choses simultanément, au lieu de sérier leurs activités. Cela les contraint à un emploi du temps trop chargé qui, les obligeant à une perpétuelle fuite en avant, les conduit infailliblement au surmenage ; nous examinerons plus attentivement ce problème, important en notre temps, au cours d'un autre chapitre *(La relaxation dans l'entreprise)*.

3. L'attitude compensatrice

La loi des rythmes, appliquée à la conduite de la vie, apporte une intéressante contribution aux disciplines relaxantes. Nous ne pouvons en prospecter ici l'aspect ésotérique, mais nous en retiendrons certains enseignements qui complètent la maîtrise du comportement.

A cause de cette fatalité qui tient à l'impuissance endémique de l'humanité à prévoir les conséquences funestes de ses actes, nous avons la conviction que les agressions que multiplie le progrès ne feront que prendre de l'ampleur. Mais il y aura toujours une race d'hommes sachant échapper à l'uniformité crétinisante de la multitude, incapable de penser et d'agir autrement qu'en fonction des slogans et d'un conformisme grégaire habilement entretenu par des fonctionnaires technocrates.

Vivre en cet état de grâce qu'est la relaxation, **c'est donc prendre conscience de son originalité et de son unicité en tant qu'individu** par rapport à la foule anonyme et moutonnière, c'est réfuter les valeurs illusoires pour rechercher les valeurs authentiques de la vie antérieure et les joies saines que procure la satisfaction des élans instinctifs. En un mot, c'est au milieu d'un monde uniformisé, mécanisé, domestiqué, penser et ne pas être conditionné, se diriger et ne pas être dirigé, agir selon sa propre détermination en sachant se libérer des pressions de la propagande, de l'information orientée, de la publicité obsessionnelle. Pour cela, il faut prendre le contre-pied des comportements traditionnels et aveugles. Car lorsque l'homme a le sentiment d'être un robot, son équilibre intérieur se trouve gravement compromis. Cette inquiétude, fréquente à notre époque, forme la genèse de nombreuses névroses.

Les transhumances de l'été donnent la mesure du conditionnement de l'humanité. Le même jour, à la même heure, comme au coup de sifflet, des millions d'individus prennent la route ou le rail pour fuir l'enfer des villes et retrouver à des centaines ou des milliers de kilomètres les mêmes foules, d'autres pollutions, les mêmes bruits dans un confort souvent moindre que celui qu'ils ont habituellement. Pour ces plaisirs délirants, ils se bousculeront sur les autoroutes en jouant leur existence à pile ou face dans l'inconscience la plus absolue, ils s'arrêteront sagement tous ensemble, aux repas, pour manger à la même heure dans l'affolement du service, ou se grouper dans les clairières, quand ce n'est au bord de la route. Nous avons vu des automobilistes arrêtés en bordure de route, adossés à leur véhicule, côté route, pour manger des sandwiches en restant debout. Des itinéraires de dégagement comptaient 25 voitures à l'heure, pendant que des bouchons de 15 kilomètres se formaient sur la voie à grande circulation. Revenant une fois du Midi, fin août, un jour de grande rentrée, nous avons roulé sans difficulté jusqu'à Paris en passant par les monts du Beaujolais. Mais la majorité des automobilistes ne sait pas lire une carte.

Si nous avons donné cet exemple, c'est qu'il nous paraît typique et révélateur du conformisme qui continue à sévir, **malgré de trompeuses apparences.** Beaucoup de personnes vont déjeuner au restaurant le dimanche (même celles qui pourraient s'y rendre en semaine) n'en sortent pas avant 16 heures et retrouvent les embouteillages aux portes de Paris, au lieu de dîner et de rentrer, après, tranquillement, dans la capitale.

Nous pourrions multiplier les exemples, mais nous voulons seulement montrer que le comportement conformiste est incompatible avec la lutte contre les agressions du bruit, de la pollution et de l'agitation de l'environnement.

4. La loi du rythme

Le principe de compensation permet toutefois de céder à certaines sollicitations, de ne pas se singulariser par un comportement draconien. C'est l'application de la loi du rythme. Voici quelques exemples : séance de cinéma, le lendemain exercice de plein air, course, marche ; à la rigueur, 15 minutes de respiration complète (voir exercices). Repas gastronomique : la veille au soir, repas léger et le lendemain légumes et fruits. Veille et soirée mouvementée : le lendemain, oxygénation, sauna, relaxation. Vacances à Saint-Tropez au mois d'août ? Pourquoi pas ! A condition de les écourter, d'aller ensuite en Dordogne ou dans les Dolomites. Les courtes détentes prises épisodiquement sont préférables aux longues vacances, trois fois dix jours par an et quelques week-ends prolongés. Le week-end ne doit pas être une source de fatigue, l'avion ou les petites routes, le décalage par rapport aux heures de pointe, permettent d'en avoir tous les avantages sans en connaître les inconvénients. **L'organisation des loisirs dans une optique personnelle défensive est aussi importante que l'organisation du travail** ; peu savent le faire.

Le sport est un moyen de choix pour lutter contre les agressions ; mais là aussi, il faut se garder du conformisme. Le week-end à la neige avec aller et retour dans les trains bondés, l'effort épisodique, sont loin d'être bénéfiques pour la santé ; le ski pratiqué sans discernement et accompagné de soirées animées ne laisse que des séquelles de fatigue ; nous avons toujours vu ces skieurs occasionnels s'enrhumer ou connaître une dépression, aussitôt rentrés de vacances ; pour pratiquer un sport avec intensité, il faut s'y préparer longuement.

Chacun doit adapter le sport à son âge et à sa conformation, tenir compte également de l'hérédité et des facteurs physiologiques. Tel quinquagénaire faisant de la course à pied, mais atteint d'arthrose, devra l'abandonner au profit de la natation, à la rigueur de courtes randonnées à vélo. Les efforts physiques devront être relayés par le travail intellectuel ou les distractions culturelles, **mais on ne se consacrera jamais entièrement à une forme d'activité.** Il est difficile de mener de pair l'effort physique et cérébral, mais il faut s'y contraindre, sans oublier la récupération pour laquelle la relaxation psychosomatique est particulièrement indiquée.

Il reste à appliquer la relaxation dans toutes les circonstances usuelles. Une certaine vigilance devra être entretenue tant que l'état de relaxation ne sera pas devenu « une seconde nature ». Dans les prémices de cette éducation, fréquemment vous devrez vous demander, suis-je décontracté ? Accoutumé à la perception cœnesthésique, vous sentirez aussitôt si vous êtes tendu. Il faut alors vous demander pourquoi. Vous vous apercevrez, en vous analysant, que votre état de tension correspond à une préoccupation de l'esprit, qu'il est la manifestation d'une mise sur la défensive ou d'une intention d'agression. Vous rétablirez alors le calme intérieur par la surrespiration associée à une détente neuro-musculaire immédiate. Aussitôt, vous serez libéré de votre anxiété.

Il est une précieuse faculté particulière à l'être humain qui permet de se libérer des tensions, de rejeter les préoccupations, c'est **le rire.** Ne perdez jamais une occasion de rire et même, laissez-vous aller sans retenue au fou rire. Suscitez les occasions de joyeuses réunions entre amis, et ne manquez pas d'aller voir nos meilleurs amuseurs ; n'hésitez pas à passer un disque de Fernand Raynaud ou de Raymond Devos si vous êtes assailli par l'inquiétude. Ayez aussi une collection de maximes réconfortantes que vous utiliserez à bon escient. Par exemple cet axiome chinois, à la suite d'une mauvaise nouvelle : *« C'est au moment où le ciel est le plus noir, que le soleil se met soudain à briller. »*

Dans le travail, en voiture, pendant vos déplacements, au cours d'une conversation animée, etc., prenez l'habitude, en vous observant, de déceler vos tensions ; vous vous apercevrez que certains groupes de muscles restent contractés et que d'autres sont en repos ; en les détendant vous dissiperez la fatigue qui en résultait.

Bientôt, vous vivrez naturellement décontracté et n'aurez plus qu'à entretenir vos réflexes conditionnés par la répétition épisodique des exercices de la méthode. **C'est une nouvelle manière de vivre que vous découvrirez.**

LES SELF-MÉTHODES A L'USAGE DES PARTICULIERS
(utilisation professionnelle interdite)

Ce que sont les self-méthodes enregistrées : ce sont des cassettes enregistrées pour magnétophone C-60 (déposées) destinées aux particuliers qui, pour une raison quelconque, n'ont pas la possibilité de fréquenter les « Psycho-Center ». Différents des enregistrements à usage professionnel, les self-méthodes sont, en chaque domaine, un condensé qui est aussi très précieux pour tous ceux qui ont bénéficié des applications dans les centres appliquant nos méthodes. En effet, on trouve dans les « Psycho-Center » des soins et procédés divers, satellites, dont l'intervention renforce l'efficacité des méthodes enregistrées, et qui constituent en fait une authentique psychosomatique appliquée à la conquête et au maintien de la santé mentale et physique, ainsi qu'à celle de l'esthétique corporelle et de la vitalité qui conditionne la jeunesse.
Les self-méthodes ne sont pas de simples enregistrements ; chacune d'elles est délivrée avec des directives et des conseils d'utilisation qui en constituent l'originalité.

Panoramique des enregistrements :

La relaxation.
Mincir par la détente nerveuse.
Sex-control pour prolonger l'acte sexuel.
Épanouissement sensuel de la femme.
Art d'hypnotiser (entraînement de l'hypnotiseur).
Régulation intestinale (pour combattre la constipation).
3e âge, une nouvelle vie.
La ménopause.
Enfin dormir, sans aucune drogue.
Initiation respiratoire.
Exercices pour mincir.
Auto-hypnose et la maîtrise mentale.
Autosuggestion (initiation et entraînement).
Antitabagisme.
Antialcoolisme.
Euphorie (combattez efficacement la dépression).
La timidité, comment la vaincre.
Rajeunissement (psychosomatique du rajeunissement).
En beauté.
Seins (exercices pour la beauté de votre buste).
Varices.
La restructuration du ventre.
La culture physique féminine.
Le reconditionnement musculaire.
Grossesse et accouchement.
Après l'accouchement (culture physique de détente).
Spécial ligne, pour éliminer la cellulite.
Infra-hypnose et la maîtrise du subconscient.

LES MÉTHODES PROFESSIONNELLES
(pour cures de 12 à 15 séances)

Méthode de relaxation psychosomatique (1)
(7 enregistrements différents)

1. Introduction à la relaxation.
2. Recherche du contrôle respiratoire.
3. Relaxation topographique.
4. Relaxation intégrale accélérée.
5. Évasion psychique. Sommeil provoqué. Suggestion et post-suggestion.
6. Prise de conscience du corps. Autocontrôle organique.
7. Post-suggestions de détente et comportement post-cure.

En option : enregistrements pour applications professionnelles correspondants, à la suite du conditionnement préalablement obtenu par les cures, aux indications médicales et aux problèmes particuliers .

Méthode de reconditionnement psychophagique (1)
(7 enregistrements différents pour diminution pondérale)

1. Préparation psychologique.
2. Réactivation respiratoire comburante.
3. Déconditionnement et reconditionnement psychophagiques.
4. Développement des inhibitions alimentaires. Suggestions amaigrissantes.
5. Édification des barrières psychiques antiboulimiques. Suggestions dérivatives.
6. Suggestions anti-obésigènes (hommes). Stimulation des métabolismes par suggestion. Post-suggestion.
7. Suggestions anticellulitiques (femmes). Développement de nouvelles motivations. Post-suggestion.

En complément : enregistrements association Relaxation-Suggestion de transpir (hommes et femmes), pour conjugaison de sudation avec la relaxation. Post-sudation après sauna.

1. En cassettes internationales C-60 (méthodes déposées).

Pour obtenir ces méthodes professionnelles, écrire à : Service M. Rouet - Commercial Club de Paris - 12, rue Saint-Florentin - 75001 Paris.

Cure de relaxation et de reconditionnement psychophagique
(application en Psycho-Center)

Les méthodes enregistrées peuvent être appliquées, le corps reposant sur des supports diversifiés : tables de massage, fauteuils d'esthétique, coussins disposés selon certains impératifs, bains individuels de sudation, etc. Cependant, certaines normes doivent être strictement respectées (1) :

— Position du corps légèrement cassée pour détendre la paroi abdominale.
— Genoux au niveau du cœur.
— Encastrement de la nuque pour détendre la région cervicale.
— Soutien absolu du creux lombaire et des genoux (creux poplité).
— Accoudoirs soutenant avant-bras et mains sur toute leur longueur, les empêchant de glisser quand intervient la décontraction musculaire.
— Couche en matière souple et confortable, mais conçue en fonction de l'appui segmentaire.

---

1. Voir l'ouvrage : *Maigrir par la détente nerveuse* (Éditions Dangles).

PREMIÈRE PARTIE

Les techniques

CHAPITRE I

Les méthodes de relaxation

Pendant le cours de son existence quotidienne l'être humain passe par différentes phases : la vie active où l'esprit et le corps sont en mouvement, le repos pendant lequel les facultés et les muscles sont comme en veilleuse, enfin, le sommeil où les grandes fonctions sont ralenties, cependant que la conscience s'efface. Ces états sont nécessaires à l'entretien de la vie, tant par le mouvement qui assure la pérennité du corps et de l'esprit, que par le repos et le sommeil qui renouvellent les forces dépensées à l'état de veille. Ce sont ces états qui créent une confusion dans l'esprit des gens non avertis quand on parle de relaxation ; à tel point que nombre de personnes ne disent plus : je vais me reposer mais, je vais me relaxer. **Or, il existe la même différence entre le simple repos et la relaxation qu'il peut y avoir entre l'état de veille et le sommeil.**

C'est ce qu'explique le docteur J. Stuchlik de Prague (1) : « *La relaxation est un état de relâchement volontaire, dirigée intentionnellement et dans un but précis vers l'abaissement de la tension. Par conséquent n'est pas relaxation par exemple la paresse, lorsqu'elle conduit également au relâchement de la tension de la pensée ou de l'activité, car ce n'est pas un état activement créé et abaissant la tension présente. N'est pas non plus relaxation la frustration. Il s'agit là, il est vrai, d'un abaissement de la tension, mais d'un abaissement causé par l'épuisement, c'est-à-dire par l'exhaustion. Aucun repos, quel qu'il soit, n'est dans le sens précis du terme, une relaxation s'il lui manque justement l'élément d'intention active.* » C'est que dans le repos, comme dans le sommeil, les muscles ne sont pas nécessairement décontractés (voir les exercices avant le sommeil) : il subsiste des tensions neuro-musculaires, intra-organiques, qui ne permettent pas de récupérer rapidement les énergies, et surtout, les mécanismes céré-

---

1. *Revue de médecine psychosomatique,* n° 2.

braux continuent à fonctionner, souvent intensément, sans que la volonté puisse s'y opposer. La préoccupation, le songe, le rêve sont des manifestations de cette tension qui subsiste.

Cependant, depuis toujours, l'être humain a cherché à détendre les ressorts du corps et de l'esprit par l'observance de certaines disciplines. Les pratiques ascétiques des initiés dans les civilisations anciennes, sous Confucius, en Égypte, dans l'Inde et au Tibet, puis, plus près de nous, la méditation dans les ordres religieux, n'avaient pas d'autre but que de se rendre maître de l'esprit et du corps, soit pour le calmer, soit pour en aiguiser les facultés.

Ce n'est que depuis le début du siècle qu'intervint la notion de relaxation, le mot provenant du terme anglais : relax ; enfin, si insolite que cela soit, c'est la diffusion dans le grand public de fauteuils de relaxation qui a le plus contribué, mais hélas ! en la dévalorisant, à la prise de conscience collective de cette discipline ; **en réalité, nous verrons qu'il ne s'agit que de fauteuils de repos dont la plupart sont fort éloignés des impératifs positionnels d'une relaxation authentique** (voir chapitre II).

Avant d'exposer les principes de la méthode de relaxation psychosomatique et de résumer les diverses techniques de relaxation que nous confronterons, essayons de donner une définition aussi précise que possible de l'état de relaxation : *la relaxation est un état particulier voisin de l'inconscience pendant lequel l'activité des grandes fonctions est ralentie et les muscles relâchés, alors que l'activité cérébrale est extrêmement réduite, sans cependant échapper au contrôle volontaire. Dans cet état, le champ de la conscience étant réduit au minimum, le corps inerte semble devenir étranger à soi-même, l'esprit vide de pensée se trouve plongé dans une torpeur lénifiante.*

Comme on le voit, cet état n'a rien de commun avec la veille ou le sommeil. Il ne peut être davantage assimilé au simple repos, pendant lequel la conscience n'intervient pas pour décontracter les muscles ou pour arrêter le flux de la pensée. *La relaxation est donc bien un état dont la recherche nécessite des disciplines particulières.*

Avant d'aborder ces disciplines spécifiques de la relaxation, il nous faut remonter aux sources ; l'une des plus anciennes, encore hermétique dans l'esprit de la plupart des Occidentaux, est le **yoga.** D'après un ouvrage auquel nous nous référerons (2), ce mot signifie « mettre le corps sous le joug de l'esprit, mettre l'esprit lui-même sous le même joug que son premier principe ».

---

2. *Yoga* (Marabout).

1. Le yoga et la relaxation

Le yoga, contrairement à ce que pensent les profanes, n'est ni une philosophie, ni une religion ; il s'écarte des disciplines collectives, des structures sociales, des impératifs moraux pour constituer une ascèse physio-mentale individuelle dont la maîtrise est longue et difficile.

Le yogi, quoique parfois mêlé à la foule, s'en distingue par un esprit de secte indifférent à l'esprit de caste. Son objectif est, par une ascèse permanente, de réduire le Karma, c'est-à-dire ce qui représente la matérialité des choses, pour atteindre une délivrance et un détachement absolu qu'il trouve dans le Nirvâna. La liquidation du Karma par un entraînement constant conduit à un état qui, par sa pureté, dispense l'âme de renaître, car en Inde la mort n'est qu'une transition d'un état à un autre état.

Quelle que soit la réalité de la spiritualité hindouiste, il n'empêche que le yogi est, pour nous Occidentaux, un être d'exception. Par un entraînement rigoureux, il parvient à échapper aux contraintes du corps. Nous ne citerons que le passage du livre de Masson-Oursel concernant les pouvoirs que les yogis développent pour la maîtrise des grandes fonctions organiques (3) : *« Une élève du cardiologue Ch. Laubry, le docteur Thérèse Brosse, publie en 1936 (*Presse médicale, *n° 83) des observations obtenues sur un yogi par enregistrement simultané du pouls, de la respiration et de l'électrocardiogramme. Cet ascète réduisait à un tel degré les battements de son cœur qu'il paraissait les suspendre ; il les rétablissait avec virtuosité. D'autres ont établi devant le corps médical de Paris, que les deux voies d'évacuation dont dispose le corps humain peuvent être utilisées comme voies d'absorption. »*

Nous verrons que par la relaxation psychosomatique, dans la suggestion, **il est également possible d'influer sur le fonctionnement des organes.** C'est dans cette voie que le yogi parvient à obtenir cette maîtrise du corps qui nous paraît stupéfiante. C'est ainsi qu'un yogi peut rester aussi longtemps qu'il le veut en équilibre tête en bas en prenant appui sur ses mains, se priver de nourriture pendant des jours, s'insensibiliser pour n'éprouver aucune douleur, etc. Tout cela n'est que le résultat d'un entraînement progressif portant sur de longues années.

---

3. *Le Yoga* (P.U.F.).

Voici quelques rudiments de cette discipline, destinée à situer le yoga dans le concert des autres disciplines de l'esprit et du corps.

Le pratiquant de yoga apprend à détendre les diverses régions de son corps. Dans la pratique le yogi apprend à contrôler sa respiration (prâgânâmâ) pour emmagasiner l'énergie vitale (prâna) dans ses plexus (centres nerveux). Par le procédé de la respiration dirigée et contrôlée, il parvient à certaines maîtrises du corps et de la pensée sur lesquelles nous reviendrons : il suffit ici de savoir que dans le yoga la respiration s'effectue lentement, entièrement par le nez, parfois en bouchant l'une ou l'autre narine avec les doigts. L'air est introduit doucement ; il est ensuite retenu et rejeté avec lenteur. Ces exercices s'accompagnent d'une concentration intense favorisée par certaines postures (voir page 122).

Les postures sont des positions prises lentement et perfectionnées par l'entraînement. Au nombre de 85, elles donnent lieu à de multiples combinaisons (85 × 100 000). Il s'agit du hatha-yoga qui est la discipline physique du yoga (stade que ne dépassent pas les Occidentaux qui pensent de bonne foi faire du yoga). La posture prise est longuement maintenue. Chacune d'elle a un effet physiologique et mental particulier. C'est ainsi que la posture de l'arbre, bien connue, donne de l'équilibre et favorise la méditation. Elle consiste, étant en équilibre sur un pied, à faire remonter lentement la plante de l'autre pied le long de la face interne de la cuisse, la jambe ouverte le plus possible, jusqu'à ce que le talon touche la région de l'aine. Après s'être aidé des mains pour y parvenir, on se redresse et on les joint devant la poitrine, les doigts pointés vers le haut (la lumière) (4).

Une connaissance au moins sommaire des objectifs du yoga en donne une vue d'ensemble qui, pour être difficilement compatible avec la vie occidentale, n'en constitue pas moins un document intéressant. Ces disciplines se résument en huit points :

— **L'abstinence** (yama). C'est le refrènement et le contrôle des désirs.

— **La discipline** (niyâmâ). Elle canalise le mental vers l'unité de toutes choses.

— **Les postures** (asanas). Ce sont des positions particulières du corps ; elles servent également de base à la méditation.

— **La respiration** (prânayâma). C'est l'une des plus importantes disciplines du yoga ; elle donne accès à la maîtrise organique.

— **Le retrait** (pratyânâra). Les sens ne doivent plus être troublés : l'homme se retire des sensations extérieures et illusoires.

---

4. Voir l'ouvrage de Thierry Loussouarn : *Initiation au yoga* (Éditions Dangles).

— **La concentration** (drârânâ). La pensée parvient à se fixer en un point, sans le moindre effort. Le but de la concentration peut être un objet quelconque, une partie du corps ou l'absolu.

— **La contemplation** (dyânâ). Elle suit la concentration, elle « assimile » l'objet sur lequel on se concentre, pénétrant ainsi dans son essence profonde.

— **L'identification** (samâdhi). C'est la fusion totale avec l'objet contemplé, c'est l'unification de l'âme individuelle avec l'absolu. Il s'agit d'un stade mental très élevé.

Les auteurs déjà cités (5) décrivent ainsi les buts que poursuit le yogi : « *Le yogi oriental considère le yoga comme étant une discipline solitaire. Il parcourt son propre chemin, comme s'il était seul au monde, avec un détachement total de tous les biens matériels. Pour lui, le yoga est un ensemble de techniques ayant chacune un aspect et un but différents et il existe d'ailleurs un yoga pour chaque type d'activité ou d'existence. Le yogi vise à replier son âme sur elle-même (d'où la définition savante : yoga = technique de l'enstase* (6) *de l'âme), afin de réaliser sa perfection individuelle et d'atteindre son salut, car c'est en parvenant au cours de sa vie présente à la sérénité totale qu'il échappera au processus infernal des réincarnations successives.* »

Nous verrons bientôt comment l'esprit du yoga, ci-dessus magistralement défini, peut parfois **développer chez l'Occidental des états conflictuels** sous l'influence de l'inadaptation.

2. Le training autogène

Selon le docteur Schultz, le terme de « *training autogène* » (du grec *autos :* par soi-même et *gennân :* engendrer) désigne un exercice pratiqué par le sujet lui-même. Par cet entraînement qui doit être fréquent et prolongé dans le temps, le sujet doit pouvoir s'induire dans un état voisin de l'hypnose, dans lequel on retrouve l'état de pesanteur qui lui est caractéristique (résolution musculaire de l'état léthargique de l'hypnose en l'absence d'excitation) (7).

---

5. Julien Toudriau et Joseph Devondel : *Le Guide du yoga* (Marabout).
6. État en lequel l'âme se replie sur elle-même, avec maintien de la conscience.
7. J.-H. Schultz : *Le Training autogène* (P.U.F.).

L'auteur expose ainsi les principes de base qui ont présidé à l'élaboration du « *training autogène* » : « *Si, par exemple, on veut obtenir la décontraction des muscles d'un bras, il suffit de se concentrer intérieurement sur l'état de relaxation visé. La déconcentration musculaire se manifeste par une sensation de pesanteur. Dans le training autogène, nous nous concentrons donc intérieurement sur l'idée* » le bras est lourd. « *Il en résulte exactement comme pour l'expérience du pendule* (8), *une sensation subjective de pesanteur et une déconcentration musculaire objectivement constatable.* »

C'est à partir de la pesanteur obtenue sur un seul bras que J.-H. Schultz recommande d'extrapoler la sensation aux trois autres extrémités, puis de la laisser se généraliser.

Une deuxième étape est ensuite abordée qui a pour but d'obtenir la régulation vasculaire périphérique, toujours par voie concentrative et volontaire. Laissons l'auteur s'exprimer : « *La répartition du sang dans les vaisseaux se fait par le jeu de la vasodilatation et de la vasoconstriction ; cette régulation est assurée par le système nerveux qui réagit soit aux besoins de l'activité fonctionnelle, soit aux divers stimuli excitateurs ou inhibiteurs* (notamment les stimuli émotionnels). *Le système vasculaire (qu'on appelle aussi cœur périphérique) se présente donc comme un appareil à pression et à débit variables. Chaque réaction locale fonctionne en connexion avec l'ensemble.*

« *L'exercice de la pesanteur ayant fait l'objet d'un bon entraînement, on y ajoute l'exercice de la chaleur. La représentation mentale se concentrera sur une troisième formule qu'on ajoute aux deux dernières :*

1. — *Je suis tout à fait calme.*
2. — *Mes bras (et mes jambes) sont tout lourds.*
3. — *Mon bras droit (gauche pour les gauchers) est tout chaud.*

A mesure que l'on progressera, on abrégera ces formules de la manière suivante :

1. — *Calme.*
2. — *Lourdeur.*
3. — *Chaleur.*

« *Normalement, on ressent rapidement une onde de chaleur intérieure, le plus souvent dans la région du coude et de l'avant-bras. La décontraction musculaire, à l'origine de la sensation de la pesanteur, a pu être enregistrée objectivement par des méthodes électriques et*

---

8. Expérience de Bacon réalisée en 1826. Si on place une montre sous un pendule dont on tient l'extrémité du fil entre deux doigts, celui-ci se met à osciller dans l'axe où on regarde la montre, par exemple dans le sens 6-12 heures.

autres. Des enregistrements de la température cutanée ont permis de vérifier de même que la sensation subjective de chaleur provoquée par l'exercice correspondait bien à une modification organique objective. On a pu observer ainsi des augmentations de la température cutanée de plus de 1 °C. »

Un troisième exercice consiste à prendre conscience du cœur et de ses pulsations : « *Mon cœur bat calme et fort.* »

Le quatrième exercice implique la recherche du calme respiratoire : de nombreux sujets sont tentés d'imposer à leur respiration un rythme volontaire, comme par exemple les inspirations et les expirations que l'on fait en éducation physique. Dans le training autogène ce serait une erreur grossière ; la respiration doit au contraire s'intégrer harmonieusement dans l'ambiance de calme créée par les exercices précédents. Pour écarter toute ingérence de la volonté, on peut adopter une formule de concentration passive : « *Tout mon être respire* » ou « *ça respire* ».

Un cinquième exercice recherche la sensation de chaleur au niveau du plexus solaire (région épigastrique).

Enfin, un dernier exercice tend à la décongestion de la tête ; pour l'obtenir, il faut objectiver une sensation de fraîcheur de la région frontale : « *Mon front est bon et frais* » (Schultz).

Le docteur V. Charry, au cours d'une étude sur la méthode d'autodécontraction concentrative de Schultz (9), nous apporte en une formule lapidaire la définition des principes sur lesquels repose le training autogène : « *Le training autogène est donc avant tout une auto-hypnose provoquée par des modifications volontaires de l'état tonique associées à une concentration de la conscience et du travail imaginatif sur certaines cœnesthésies particulièrement choisies.* »

3. Les précurseurs

Les initiés ont, depuis la nuit des temps, maîtrisé les disciplines de relaxation, mais en les désignant d'un autre terme. A partir de l'état qu'ils obtenaient, ils allaient bien au-delà des effets des méthodes contemporaines de relaxation médicale, allant comme en hypnose jusqu'au dédoublement. Avant Schultz, Hector Durville fait état de ces disciplines qu'on intitulait « *isolement* » et dont nous allons voir

9. *La Cure psychothérapique de relaxation* (Société de médecine pratique).

qu'elles permettaient de mettre le corps en pesanteur par des moyens similaires à ceux d'aujourd'hui (10) : « *L'isolement peut être pratiqué partout ; chez soi comme dehors, le jour comme la nuit, assis ou couché. Mais pour le débutant, il vaut mieux se retirer dans une chambre à demi obscure, loin du bruit pour ne pas s'exposer à être dérangé. Il faut se placer confortablement, assis dans un fauteuil, ou, mieux encore, étendu sur une chaise longue ou sur un lit, les paupières abaissées sans effort sur les globes oculaires et les poings à demi-fermés. Là,* détendre complètement ses nerfs, relâcher ses muscles de la façon la plus absolue (11) ; *et, dans le plus grand calme, faire un effort mental, d'abord pour attirer à soi les forces du dehors, ensuite pour arrêter l'émission de ses pensées.*

« *La bouche doit être fermée sans que les lèvres soient serrées et la respiration doit se faire lentement par le nez seulement. Le champ de la conscience doit être entièrement fermé et il faut repousser,* dès qu'elle paraît, toute pensée quelle qu'elle soit, *en un mot, ne penser à rien.*

« *Cela est extrêmement difficile,* surtout au début, *mais lorsqu'on a vaincu toutes les difficultés, l'isolement est l'exercice le plus agréable que l'on puisse faire. Il est, donc, indispensable à ceux qui veulent acquérir de grands pouvoirs et goûter à la joie et à la satisfaction que procure le résultat du travail accompli, de se soumettre le plus régulièrement possible à des exercices rigoureux, deux à trois fois par jour, pendant quatre à cinq minutes d'abord, puis, ensuite, pendant un temps plus long, au fur et à mesure que la fatigue disparaît, jusqu'à ce que l'on soit parvenu à un entraînement suffisant. En continuant à développer cette faculté, on parvient à s'isoler assez du monde extérieur pour pouvoir se livrer à cet exercice au milieu du bruit et pendant que les siens vont et viennent autour de soi...* les membres s'alourdissent ; *il semble que vous auriez de la peine à les soulever, et vous restez là avec la plus grande satisfaction...* »

Comme on le voit il s'agit pour ce précurseur d'une discipline autoconcentrative, qui exige l'intervention de la volonté, ou au moins d'une attention vigilante.

Il en est de même dans le training autogène, et il apparaît qu'il existe dans cette méthode une contradiction entre ce qui doit être « *un état de recueillement intérieur absolu et persévérant (concentration)... n'utilisant pas la volonté active* (12) *et un abandon passif à certaines " représentations intérieures " spécialement étudiées* ».

10. *Magnétisme* (Perthuis).
11. Souligné par Marcel Rouet.
12. Une volonté passive ne serait-elle pas une antinomie ?

Dans la préface du *Training autogène,* le médecin allemand conclut : « *Le but de notre méthode est en effet de conduire à certains états par l'intermédiaire d'une authentique concentration.* » C'est une impasse, car ce sont justement les sujets pour lesquels se justifie le mieux l'initiation aux techniques de relaxation **qui sont incapables de fixer leur attention** (fût-elle flottante) et, par conséquent, de se concentrer.

Pour nous, ainsi que nous le verrons bientôt, la concentration (qui ne peut être efficace que si l'attention est soutenue ou assistée) ne doit intervenir **que lorsque des réflexes conditionnels de détente ont été développés dans une approche passive de la relaxation.**

4. Des autres méthodes

Nous passerons rapidement en revue les autres méthodes qui relèvent des moyens autoconcentratifs précédemment exposés. La méthode de Jacobson repose sur la prise de conscience de la contraction musculaire qu'elle provoque systématiquement pour rechercher, par contraste, le tonus normal ; pour Jacobson, à la relaxation neuromusculaire correspond le calme psychique.

D'autres étapes extrapolent la détente obtenue au comportement et aux états affectifs afin de résoudre les paratonies inconscientes et l'anxiété. Il s'agit en fait d'une prise de conscience du « *sens musculaire* » que nous obtenons d'une manière beaucoup plus gratifiante en culture physique localisée, plus facilement aussi, puisque le sujet par les résistances et certains exercices fait connaissance avec chacun de ses muscles et ceux qui lui sont antagonistes. Pour nous, culturistes, connaître un muscle, c'est savoir le contracter, **c'est aussi savoir le détendre** et de surcroît pouvoir lui donner sa plénitude tant en volume qu'en qualité ; en outre, la contraction préalable ne se faisant pas « *à vide* », l'influx nerveux, amoindri ou fluctuant chez les déprimés, ne se trouve pas trop fortement sollicité. C'est sans doute cet écueil que rencontrent les élèves du spécialiste américain, qui fait que la méthode exige de nombreuses séances pour être maîtrisée : séances d'une heure pendant six mois à un an, entraînement quotidien chez soi d'une à deux heures.

La méthode de Gerda Alexander, une rééducatrice danoise, recherche également la décontraction musculaire, un équilibre entre les états de contraction et de décontraction. Mais cette recherche s'effectue surtout dans le mouvement, à l'exclusion d'un idéal morphologique. Ainsi on apprend à relâcher les muscles de la cuisse étant couché et une jambe fléchie, pied reposant sur le sol. On étend alors la jambe, cherchant à réduire au minimum la contraction musculaire ; c'est l'exercice type. Cette méthode peut être valable dans le cadre de l'éducation physique, mais elle ne constitue pas une prospective approfondie des pouvoirs psychiques que doit développer la relaxation.

Le training compensé d'Aigenger fait état d'une déconnexion qui interviendrait par l'intermédiaire des centres sous-corticaux à la faveur de l'éducation et du contrôle respiratoire. Les efforts portent surtout, à la manière des yogis, sur le ralentissement du respir et sur sa retenue, puis, sur la recherche des sensations corporelles vécues au moment de l'endormissement. La méthode sollicite l'attention et, par cet impératif, s'assimile aux précédentes : elle est autoconcentrative.

Jarreau et Klotz, Stockvis ont repris les procédés du training autogène avec des variantes dans l'application. Seul Kretschmer s'est éloigné des méthodes autoconcentratives, réhabilitant l'hypnose en tant que facteur relaxant et déconnectant, utilisant la fixation d'un point par le sujet pour l'induction dans le sommeil. A partir d'une hypnose progressive sont entreprises la rééducation tonico-émotionnelle, l'analyse des conflits, puis celle du caractère afin de trouver un *modus vivendi* capable de résoudre les causes conflictuelles.

La méthode de J. Ajuriaguerra, professeur à l'Université de Genève, s'assimile également aux procédés du training autogène ; elle recherche la coopération du sujet pour le contrôle tonique. Ainsi que le résume le docteur J.-G. Lemaire, elle met l'accent sur la relation médecin-malade (13) : « *Elle exige de la part du médecin une compréhension profonde de la signification transférentielle des symptômes, des attitudes et des réactions toniques.* » Cette méthode s'apparente par de nombreux aspects à la psychanalyse dont on sait qu'elle exige la présence permanente du praticien pendant de nombreuses séances pour obtenir un résultat.

On ne peut nier la valeur des méthodes autoconcentratives dont témoignent de concordantes observations cliniques. Le docteur Schultz a le mérite d'avoir attiré l'attention du corps médical universel sur des pratiques **qui existaient depuis toujours,** mais qui, de surplus, par une ascèse plus exhaustive, permettaient à l'homme de se dépasser par l'accession à de hauts pouvoirs.

---

13. Docteur J.-G. Lemaire : *La Relaxation* (Petite Bibliothèque Payot).

Les méthodes que nous venons de décrire, empruntant le sillage de Schultz, se sont enfermées dans l'application médicale et par cela même, rejetant les enseignements du passé, n'en conservant que la substance matérielle **se sont privées de l'accession au monde spirituel** ; c'était amputer de ses meilleures perspectives une discipline à laquelle les initiés se sont soumis depuis la nuit des temps **et que les médecins contemporains n'ont que récemment découverte.**

Nous verrons que l'application médicale se heurte à de nombreux obstacles. Les résultats, souvent excellents, pour le traitement de certaines affections, sont longs à obtenir. Enfin, c'est là l'inconvénient majeur, la présence inconditionnelle du praticien, médecin ou assistant, rend difficile, sinon impossible, la création de centres spécialisés.

5. La sophrologie

La sophrologie a été fondée en 1960 par le docteur Caycedo, d'origine espagnole, et s'est ensuite développée en France sous l'initiative du docteur Jean-Paul Guyonnaud qui en fait état dans son ouvrage publié en 1968 : *Endormir par l'Hypnose* (14).

En réalité, la sophrologie est un amalgame de diverses méthodes et disciplines : « *La sophrologie médicale ne groupe pas seulement les phénomènes appelés hypnotiques, mais aussi les techniques de relaxation, l'hypnose active fractionnée de Kretchmer, l'entraînement autogène de Schultz, les techniques de Jacobson, Chertok, etc.,* ainsi que tous les états voisins tels que *les états yogas, les transes des médiums, les extases naturelles,* etc. » Cette citation que nous empruntons au préambule d'un ouvrage spécifique (15) montre **qu'il ne peut s'agir d'une méthode originale et structurée** ; ce qui explique la difficulté qu'il y a pour les médecins, d'abord à définir ce qu'est la sophrologie, ensuite à en préciser les modalités d'applications. S. Montserrat-Estève que nous venons de citer révèle comment les médecins, après avoir critiqué l'hypnotisme, se l'approprient en le débaptisant, de même que l'éducation physique s'était emparée de la culture physique en la dénommant musculation. « *Actuellement,* nous dit-il, *le mot " hypnotisme " sonne mal à de nombreuses oreilles et, pour cela, A. Caycedo, afin d'éliminer sa résonance magique, a proposé celui de* sophrologie, *terme qui a été largement accepté...* »

14. Perthuis.
15. B. Stokvis-S. Montserrat-Estève-J.-P. Guyonnaud : *Introduction à l'Hypnose et à la Sophrologie* (Librairie Maloine).

Examinant l'homme dans sa totalité, se penchant sur des disciplines disparates et mêmes ésotériques, **la sophrologie ne peut être considérée comme une méthode cohérente de relaxation** ; de même **elle n'apporte rien à l'hypnose des précurseurs** qui utilisait tous les moyens d'influence, dont ceux de Liébault et de Bernheim dont la sophrologie se réclame (suggestion). Toutefois, elle élargit l'horizon du médecin, jusqu'ici borné par le concept matérialiste et scientiste de notre société occidentale. Déjà, en novateur, le docteur J.-P. Guyonnaud inclut certaines données transcendantales du karaté dans la prospective sophrologique. Ainsi, le médecin sera plus apte à orienter son malade vers les disciplines qui lui seront les plus profitables, sans s'enfermer dans une déontologie limitative (16).

En résumé, les diverses méthodes de relaxation ou qui s'y apparentent **se heurtent au même écueil :** celui de l'impossibilité pour le médecin — ou tout autre praticien — de passer de l'exposé théorique à l'application pratique. La relaxation psychosomatique a résolu ce problème par le moyen de l'enregistrement de formules suggestionnantes adaptées aux résultats à obtenir, venant en surimpression sur un fond musical aux effets conditionnants, ou thérapeutiques dans l'application médicale.

---

16. Voir également, du même auteur : *La Maîtrise de votre subconscient* (Éditions Dangles).

Recommandation A

Vous ne pouvez pas toujours échapper aux agressions que nous avons dénoncées, mais vous pouvez en limiter les effets. Il y a autant d'oxygène dans l'air des grandes villes que dans celui de la campagne, mais beaucoup plus d'oxyde de carbone. Alors prenez l'habitude de respirer à fond et, surtout, d'expirer complètement pour chasser ce gaz carbonique qui empêche l'oxygène de se fixer dans votre sang. Ne vous contentez pas de sillonner les routes en voiture ; allez en forêt et courez à votre mesure.

Évitez le bruit et faites de temps à autre une cure de silence. Tous les aliments sont pollués ; ceux des maisons de régime sont plus sains. Aussi mangez moins et des produits garantis naturels, vous « réduirez les dégâts ». L'hygiène intégrale, s'aérer, s'ensoleiller, suer, se laver, se frictionner, lutte contre les effets de la pollution, en vous désintoxiquant.

Recommandation B

Réalisez l'équilibre psychosomatique en prenant conscience de vos mécanismes de défense. Faites-les jouer sciemment pour éviter les tensions et les frustrations. Apprenez à libérer vos instincts dans le plaisir et dans la joie, mais restez toujours maître de votre « Ça » ; n'acceptez la censure de votre « Surmoi » que dans la mesure où votre conscience en est d'accord, mais non si elle a sa source dans une morale désuète et inhumaine. Afin de trouver l'équilibre de votre MOI.

Recommandation C

Restez détendu en toutes circonstances et édifiez pour votre usage personnel une philosophie de la vie reposant sur la relaxation. Apprenez à faire le vide dans votre esprit en en chassant les soucis et préoccupations. Évitez les ambitions démesurées ainsi qu'un travail excessif qui vous priverait des joies simples de l'existence. Établissez un emploi de votre temps évitant l'énervement qui résulte de tâches trop nombreuses et d'activités improvisées trop souvent disparates et inutiles.

CHAPITRE II

La relaxation psychosomatique

La méthode de relaxation psychosomatique se différencie des méthodes autoconcentratives en ce sens qu'elle pose en postulat que les sujets qui ont le plus besoin d'être initiés à la relaxation **sont justement ceux qui ont le plus de difficulté à fixer leur attention,** ou en sont incapables ; en ne demandant, dans une approche, aucun effort de volonté de leur part pour assimiler cette discipline, on la leur rend accessible sans entraîner une fatigue cérébrale incompatible avec les états qui en constituent l'indication.

Comme le montre sa dénomination d'autoconcentrative, la méthode Schultz requiert la concentration. Or, nous allons voir qu'**il n'est pas de concentration sans attention, ni d'attention soutenue sans effort volitif et, par voie de conséquence, sans fatigue.**

Que dit Hector Durville : « *La concentration est la résultante de l'attention, de la persévérance et de la maîtrise de soi... Se concentrer, c'est ramener à leur centre les forces dispersées, rassembler son énergie, faire appel à toute son intelligence et à toute sa volonté...* » Un autre médecin, le docteur Géraud Bonnet, cité par Charles Baudouin (1), souligne la nécessité de faire intervenir l'attention dans les exercices de concentration : « *Procurez-vous un entonnoir en verre clair, de forme conique, de la contenance d'un demi-litre à un litre...*

« *Placez cet entonnoir au-dessus d'une bouteille vide après avoir garni la partie étroite du fond d'une bonne épaisseur de coton hydrophile qui, filtrant le liquide, fortement coloré, ne le laissera passer que très lentement, en un mince filet ou même goutte par goutte...*

« *Disposez le tout sur une table et placez-vous en face, bien assis et bien appuyé, dans une position qui ne vous fatigue pas et que vous pourrez conserver pendant longtemps.*

---

1. Charles Beaudouin : *Suggestion et autosuggestion.*

« *Regardez le niveau du liquide dans l'entonnoir,* ne vous laissez aller à aucune distraction, que toute votre attention soit bien concentrée sur la ligne de ce niveau. »

Nous-même avons établi un entraînement complet pour la pratique de l'hypnose (2) ; le développement de la faculté de concentration (fondamental en hypnose) y est minutieusement exposé, mais nous mettons en garde le débutant contre les dangers d'une éducation qui ne serait pas progressive ; nous ne le menons que prudemment à la maîtrise et encore, conseillons-nous de s'initier d'abord à la relaxation.

Tout effort d'attention, si minime qu'il soit, requiert une dépense d'énergie dont la répétition peut être préjudiciable. C'est une évidence sur laquelle il n'est pas besoin d'insister, que de souligner la difficulté qu'ont les personnes fatiguées pour fixer leur attention ; les entretient-on un peu longuement d'un problème sérieux ? Leur esprit, bientôt s'éparpille ; elles ne sont plus là. Lisent-elles un ouvrage technique, philosophique ou même un roman ? Leurs idées dérivent sur d'autres sujets. Annie Besant, dans le *Sentier du disciple* l'avait bien observé. Elle recommandait l'exercice suivant : « *En guise d'exercice pour l'éducation de votre mental, prenez l'habitude de lire chaque jour quelques pages d'un livre traitant des côtés importants de la vie, de ce qui est éternel plutôt que de ce qui est transitoire, et concentrez votre mental sur ce que vous lisez. Ne lui permettez pas d'errer et de se dépenser en pure perte ; s'il s'éloigne, rappelez-le, imposez-lui, de nouveau, la même idée et, de cette façon, vous le fortifierez et commencerez à vous en rendre maître.* »

Posons le problème en des données objectives. A qui s'adresse la relaxation ? En priorité à des personnes qui en ont besoin, c'est une lapalissade : donc à des sujets atteints de troubles somatiques et psychiques mineurs ou à des malades, que leur affection soit organique ou psychique, présentant des résonances psychosomatiques plus ou moins apparentes, c'est-à-dire, à des personnes diminuées, **chez lesquelles il faut éviter tout effort volitif qui aggraverait les états tensionnels.**

Pour obtenir la pesanteur d'un bras et, *a fortiori,* la sensation de chaleur en une partie du corps (méthode Schultz), il faut bien que l'attention se concentre sur ce point déterminé ; en raisonnant par l'absurde, disons que si le sujet pense à un troupeau de vaches, il

---

2. *Techniques et pratiques de l'hypnose* (N.O.E. ; épuisé). Voir également : P.-C. Jagot : *Méthode pratique de magnétisme, hypnotisme, suggestion* (Éditions Dangles), et Self-méthode : *L'art d'hypnotiser.*

n'obtiendra aucun effet, quoiqu'une sensation de calme pourrait apparaître à la suite de cette « *représentation intérieure bucolique* ». Mais encore faudrait-il qu'elle fût maintenue suffisamment dans le champ de la pensée pour qu'elle devienne agissante, ou qu'un facteur émotionnel intervînt (voir chapitre V). Le facteur émotionnel est presque inexistant en ce qui concerne l'exemple précité et on sait que l'attention est d'autant plus fortement sollicitée pour le maintien d'une image mentale, qu'elle est rudimentaire et vidée de contenu affectif ; **c'est le cas quand il s'agit d' « autoconcentrer » sa pensée sur l'alourdissement d'un membre.** C'est la raison pour laquelle la difficulté des exercices de concentration est, dans le crescendo, en raison inverse de leur complication ; il est plus ardu de maintenir longuement sa pensée sur l'image d'un crayon, que sur l'image d'un être aimé.

En résumé, parler de concentration, c'est solliciter l'attention qui ne peut se requérir chez les sujets diminués qu'au prix d'efforts volitifs renouvelés **qui entament un potentiel nerveux déjà insuffisant.**

En second lieu, la relaxation s'adresse à la masse des personnes fatiguées par la vie active, mais qui ne souffrent encore d'aucun trouble de santé, et à toutes celles qui considèrent la relaxation comme la meilleure prophylaxie concernant les agressions inhérentes à la vie qu'elles mènent, ou qui en attendent un concours sur le plan de leur évolution intérieure.

Mais, nous l'avons vu, tout effort d'attention est une dépense d'énergie. N'importe quel homme sain n'hésitera pas à conserver intact le capital qu'il possède, s'il peut se dispenser de l'entamer. Une autre raison nous incite à rejeter, *a priori,* les méthodes qui participent de la concentration mentale : c'est la difficulté qu'éprouve le néophyte à fixer longuement son attention quand il ne s'y est pas spécialement entraîné ; les connexions nerveuses sont longues à se structurer et c'est ce qui explique que les nouveaux conditionnements tonico-affectifs soient aussi lents à se développer et qu'il faille autant de séances pour les consolider.

La relaxation psychosomatique ne demande dès l'abord aucun effort de concentration ; **elle ne sollicite donc aucunement l'attention.** Ayant fait appel aux ressources de la technologie moderne, elle donne rapidement naissance à des réflexes conditionnels de détente neuro-musculaire par imprégnation du subconscient, à la faveur d'un effacement progressif du conscient. La prise de conscience n'intervient qu'après structuration des mécanismes de détente musculaire et psychique ; ils jouent alors spontanément sur simple rappel **sans que la volonté ait à intervenir.** Cependant les facultés volitives, ainsi que n'importe quelle aptitude physique ou psychique, peuvent être développées par suggestion en s'appuyant sur les structures ainsi constituées.

1. Les réflexes conditionnels de détente

L'expérience du chien de Pavlov est devenue un truisme ; il n'est pas besoin de s'y appesantir, nous la résumerons en quelques lignes. Le chien salive quand on lui introduit un morceau de viande dans la gueule : c'est un réflexe inconditionnel. Si on fait retentir fréquemment une sonnerie avant d'offrir la nourriture, le chien, après un certain nombre de séances (répétition), salive au bruit de la sonnerie sans qu'on ait besoin de lui présenter la viande : c'est un réflexe conditionnel.

Selon Chauchard (3) : « *Beaucoup de phénomènes de suggestion se rattachent aux réflexes conditionnés.* » Ainsi, d'après cet auteur, « *on a pu réaliser chez les mammifères et l'homme des réflexes conditionnés inconscients très curieux dans le domaine de la vie organique : après une série de piqûres faites pour injecter un corps actif, il suffit de piquer et d'injecter de l'eau distillée qui normalement serait sans effet, pour obtenir le phénomène, par exemple un abaissement du sucre sanguin si les premières injections avaient été de l'insuline. De même chez un toxicomane ; si, à son insu, on remplace la morphine par de l'eau distillée, il ressent les mêmes effets.* »

Ce sont ces mécanismes qui président aux techniques de notre méthode ; ils développent des réflexes conditionnés de détente nerveuse ; mais par quel truchement ? C'est ce que nous allons voir. A tout seigneur, tout honneur ; citons d'abord Pavlov qui dit ceci : « *Certes les mots sont pour l'homme un excitant conditionné aussi réel que tous ceux qu'il a en commun avec les animaux ; mais en même temps, c'est un excitant d'une telle ampleur qu'il ne peut être comparé ni quantitativement, ni qualitativement aux excitations conditionnelles des animaux.* » Évidemment, l'homme, par le langage, donne naissance à des connexions nerveuses dont l'animal est incapable. C'est ce qu'explique Chauchard : « ... *on peut dresser des enfants à faire un geste sous l'effet d'un excitant conditionné ou par ordre, ce qui est un excitant conditionné verbal... Quand on montre à un enfant une pomme et qu'on lui dit pomme, après quelques essais,*

3. P. Chauchard : *Le Système nerveux* (P.U.F.).

il se représentera la pomme quand on lui dira le mot : c'est un réflexe conditionné. »

Nous n'agissons pas autrement en relaxation psychosomatique si nous répétons à un sujet : « *Vous êtes détendu.* » Nous verrons ultérieurement que la répétition, condition *sine qua non* de la création des réflexes conditionnels, est ce qui fait la force de la suggestion. Dans cette perspective qui est la nôtre, elle parvient à créer des automatismes psychophysiologiques par le jeu des réflexes conditionnés.

Mais ces réflexes conditionnés seront d'autant plus facilement développés s'ils ne se heurtent pas à la barrière de la vigilance cérébrale, s'ils se créent au sein du subconscient. **C'est en cette optique que notre méthode diffère des méthodes autoconcentratives qui, elles, requièrent l'attention.** Nous recherchons par l'ensemble des moyens qui font l'originalité de la méthode, l'effacement aussi total et rapide qu'il soit possible du conscient. Par cette synthèse, **nous nous différençons absolument des méthodes jusqu'ici appliquées en relaxation** et en hypnose.

2. L'effacement du conscient

Nous reviendrons en traitant de la suggestion sur le phénomène de l'effacement du conscient pour ne considérer dans l'immédiat que le rôle assumé par la technique. Il est important, car il permet d'éviter les écueils des méthodes passives tout en les valorisant ; c'est à l'avance réfuter les arguments contradictoires qu'on voudrait nous opposer et que nous connaissons bien.

Très pertinemment le docteur Stuchlik (4) souligne le danger qu'il y aurait à ce que la relaxation élève le seuil de la réactivité et de l'action volontaire ; les réactions du sujet par rapport à la vie active seraient trop lentes et inadaptées. Aussi déclare-t-il : « *La relaxation ne doit pas parvenir à un tel degré que le patient devienne incapable de résistance.* » Mais alors nous ouvrons une parenthèse, quel degré ? Où faut-il s'arrêter dans l'approfondissement de la relaxation et comment le mesurer ? Ce médecin hongrois poursuit : « *Doivent être sauvegardés, du point de vue pensée, idée, teneur, la capacité de jugement et le don de critique ; du point de vue affectif, l'adaptation et la réactivité ; du point de vue volonté, la tendance à l'activité afin que le*

4. 1er Congrès de médecine psychosomatique.

malade n'acquière pas pour finir le caractère indésirable du héros de Tchekhov, Oblomov. »

La méthode de relaxation psychosomatique répond à ces préoccupations, de deux façons.

Par la **suggestion conditionnelle** qui renforce et développe les qualités positives du sujet en une sorte de balancier qui ne risque pas de faire pencher un plateau plus d'un côté que de l'autre, il y a, à la fois relaxation intégrale et renforcement des facultés actives volontaires, les deux aspects de ces structures mentales pouvant, ainsi que nous l'expliquerons, être concomitants ou alternants.

La prise de conscience intervient en élément directeur, **seulement après que les structures mentales développées sous l'action des réflexes conditionnés sont bien établies** et, surtout, apparaissent clairement à la conscience du sujet avec toutes les possibilités qu'elles lui offrent.

Nous voyons que nous sommes très éloignés d'une méthode d'abandon passif et qu'ainsi nous écartons le danger de pousser trop loin la relaxation, au détriment de structures établies et dont certaines représentent des valeurs positives.

L'utilisation d'une méthode passive serait dévalorisée par rapport aux méthodes sollicitant l'intelligence et l'activité volontaire. Les sujets un tant soit peu évolués y seraient réfractaires ; c'est, paraît-il, l'obstacle de la suggestion hypnotique. Nous avons fait litière dans notre ouvrage sur l'hypnose de cette assertion ; ce n'est pas, en cas d'échec, la personnalité du sujet qui est en cause, mais celle de l'hypnotiseur **qui est insuffisamment entraîné.**

En relaxation psychosomatique, l'argument ne tient pas. La particularité de la méthode est d'être progressive ; le sujet, quel qu'il soit, est amené à l'inconscience sans qu'il s'en aperçoive et voici comment : en un premier temps, la respiration dirigée, dont ne bénéficie pas par exemple la méthode Schultz, dérive l'attention du sujet sur ses mouvements thoraciques. Mais au cours de l'éducation, les directives sont émaillées de suggestions de détente qui en sont comme la toile de fond. Nous savons qu'il est possible d'intercaler des publicités dans un film cinématographique sans que le spectateur en ait conscience ; mais elles imprègnent par leur répétition et malgré leur brièveté, efficacement le subconscient. C'est un mécanisme analogue que nous utilisons ; il se trouve renforcé par l'ambiance sonore, dont nous reparlerons. Les mouvements du diaphragme qui précèdent la relaxation ont un effet sédatif sur le système nerveux central et favorisent, en une première étape (pendant 7 minutes), la détente, ils amorcent la déconnexion du mental (qui, comme nous le verrons, peut survenir encore plus rapidement par arrêt de la vibration quand elle est utilisée) spécifique de l'effacement de la conscience. **Ce n'est qu'à ce moment que la suggestion intervient,** mais, là encore, ce ne sont pas des suggestions de sommeil, mais une progression qui porte seulement sur la détente musculaire et nerveuse. Si bien que ce n'est qu'après 15 minutes, quand le sujet est proche de l'hypnose frustre, que les suggestions de sommeil se succèdent. Comment pourrait-il y résister ? Intégralement détendu musculairement, nerveusement et psychiquement, il se trouve dans un état torpide extrêmement agréable, voisin de la béatitude. **Le sujet n'a pas envie de réagir** et, quand même le voudrait-il, il lui faudrait faire un effort considérable pour bouger.

Par ce moyen, le sens critique se trouve momentanément complètement anesthésié ; ce n'est aucunement infériorisant pour le sujet qui ne s'en rend pas compte.

La position physiologique de relaxation, particulièrement étudiée dans notre méthode et dont nous nous sommes toujours étonné qu'on y attache si peu d'importance (voir chapitre II) fait également jouer des réflexes conditionnés. De même que le sommeil est en partie conditionné par l'horaire, la cessation de l'activité, ses conditions matérielles (literie), **la relaxation est rapidement conditionnée par l'adoption d'une position spécifique,** quelle qu'elle soit, du moment qu'elle est souvent répétée ; *a fortiori,* quand elle est prise selon des normes étudiées et sur un support qui favorise au plus haut point la détente (voir pages 65 et 176).

Le rythme est aussi un élément conditionnant qu'il ne faut pas sous-estimer : fréquence régulière des séances, si possible aux mêmes heures, dans le même lieu, la même ambiance.

3. L'ambiance sonore conditionnante

La relaxation psychosomatique constitue une synthèse originale de moyens, dont chacun concourt au but poursuivi : la détente intégrale des tensions neuro-musculaires et celle des ressorts de l'esprit. Mais aussi, en un deuxième temps, elle préside à la création de certains états d'âme, elle tend à substituer aux idées dépressives, voire angoissantes, des images toniques et libératrices de l'anxiété que manifestent les personnes justiciables de la relaxation.

Or quoi, mieux que la musique, pouvait devenir le support de cette action ?

La musique seule se fût privée des effets fondamentaux de la suggestion ; elle ne devait, en toile de fond, qu'impressionner le subconscient mais non tenir le premier rôle dévolu à la voix entraînée à manier la suggestion. Et c'eût été une erreur, nous semble-t-il, que de n'utiliser que la musique à des fins relaxantes. Les thérapeutiques musicales sont loin d'avoir des effets aussi rapides et profonds que la voix suggestionnante ; ces effets qu'on ne peut nier, et dont nous usons en association avec d'autres moyens, **sont aussi moins spécifiques par rapport à une action déterminée.** On ne guérira pas une constipation spasmodique avec des thèmes musicaux, comme on peut l'obtenir par la suggestion (enregistrée ou non) et une prise de conscience adéquate des viscères abdominaux et des muscles qui interviennent dans l'exonération intestinale (voir p. 188). Mais des thèmes musicaux bien adaptés peuvent apporter au traitement une utile contribution.

Cependant, des musiques trop connues des mélomanes peuvent inopportunément fixer leur attention et s'opposer à l'effacement de la conscience. C'est pourquoi nous nous gardons de faire un choix de morceaux pouvant leur faire goûter le plaisir musical au détriment des effets que nous recherchons. Nous avons écarté cette pierre d'achoppement par la recherche de musiques classiques et modernes à l'usage des particuliers, en ne prenant que des œuvres plus impersonnelles, mais que ne renieraient pas pour autant les mélomanes les plus avertis, et surtout, en ne faisant écouter que des fragments des compositions les mieux adaptées à la spécificité du traitement.

Ainsi, dans la plupart des œuvres des compositeurs classiques ou modernes, on observe des pianissimo et des crescendo, des adagio et andante ; le mouvement musical va du moderato au prestissimo, passant par le presto. Si bien que dans la même œuvre, les sentiments les plus opposés comme les plus divers peuvent se trouver dépeints. Faire le choix dans nos méthodes d'une œuvre dans son entier, comme cela se pratique dans les applications musicales à caractère thérapeutique, nous est toujours apparu comme une hérésie. C'est la phrase musicale correspondant à un effet déterminé, **de par son caractère,** qu'il convient de retenir seule ; elle peut ne durer que 15 secondes, et même moins, **mais c'est elle qu'il faut répéter inlassablement** ; car c'est sa répétition — comme en suggestion verbale — qui imprègne le subconscient, comme un leitmotiv semblable à la goutte d'eau qui creuse le roc, ce que n'eût pu faire un ruissellement plus ou moins intense et régulier (5).

---

5. *Musicopsychie,* terme déposé par l'auteur.

Par ce procédé, nous évitons l'anarchie des images qu'eussent suggérée des motifs musicaux allant, par exemple, de la mélancolie à l'allégresse, de l'apaisement à l'excitation au cours d'une seule audition **dont les effets se seraient alors contrariés.**

Mais aussi, nous avons renforcé ces effets par l'adjonction à la musique, en intercalaires ou en association, de fonds sonores dont les effets sont aussi spécifiques que les premiers et les intensifient : chants d'oiseaux, de ruisseau coulant doucement, de feu de cheminée dont le bois crépite, bruits de vagues venant mourir au bord du rivage, bruissement de cigales évocateur de plage méditerranéenne, donc de chaleur, pour accélérer la sudation dans les cures d'amaigrissement psychosomatique, etc. ; quelquefois le silence est utilisé à la suite d'un bruitage pour obtenir une sédation immédiate, avec une reprise progressive qui reconditionne ensuite le sujet à la vie active.

Nous avons constaté qu'avec nos techniques sonores les réflexes conditionnels jouent doublement : par rappel du thème musical dont l'association avec les formules de suggestion constitue un impact qu'on n'aurait pu obtenir autrement avec une telle efficacité et par la remémorisation inconsciente, ou quelquefois lucide des fragments sonores répétés qui accompagnent dans la même modalité d'expression des suggestions bien adaptées au cas considéré et aux effets psychophysiologiques recherchés en relaxation psychosomatique.

4. Les méthodes enregistrées

« *Relaxation psychosomatique* » et « *Amaigrissement psychosomatique* » participent de la même technologie en des modalités différentes. Par un jugement superficiel on pourrait reprocher à ces méthodes leur ritualisation. Mais nous avons déjà souligné qu'elles ne sont que la phase introductive à une prise de conscience que nous pensons objectiver suffisamment par les exercices que nous indiquons. La post-suggestion, à laquelle nous donnons une place importante dans les derniers enregistrements de la cure, jette un pont entre la suggestion en état de passivité et les exercices pratiques auquel le sujet est convié en dehors des séances éducatives de la cure. Ccpendant la ritualisation, élément structurel participant à l'efficacité de la méthode (répétition), n'en conserve pas moins une certaine souplesse qui en permet la personnalisation dans des limites définies : c'est ainsi que tel sujet renouvellera certaines séquences concernant la maîtrise respiratoire, avant d'aborder la relaxation, s'il éprouve quelque difficulté à en assimiler les techniques.

L'essor des cassettes enregistrées, en reléguant le disque au second plan, nous a permis d'adapter plus facilement l'évolution de notre méthode à ses possibilités de diffusion ; cela favorise une mise à jour quasi permanente, évitant les plagiats dont certains ne se sont pas privés et contre lesquels nous dûmes intervenir, notre avance en ce domaine garantissant aux applicateurs par nous habilités, de posséder, par cette mise à jour que nous leur offrons, des moyens d'application **constamment actualisés,** sans les dérouter par des bouleversements trop fréquents ou inopportuns.

La totalité de nos méthodes comporte 7 heures d'enregistrement de 30 minutes qui correspondent à l'application ; la méthode est normalement maîtrisée en 12 séances dont la fréquence peut varier de 2 à 3 applications par semaine ; mais il n'y a aucun inconvénient à faire 12 ou 20 séances consécutives journalières, comme ce peut être le cas en thermalisme. La répétition (effet d'ensemencement du subconscient), selon les sujets, de certaines séquences doit être poursuivie. Par exemple, la séquence destinée à promouvoir des mécanismes d'endormissement prendra le pas sur celles destinées à l'amaigrissement chez un sujet qui dort mal, mais qui n'a que peu de poids excédentaire. On peut dire que, en dehors des cas médicaux qui seraient justiciables de méthodes relationnelles à type psychanalytique, la relaxation psychosomatique, **sous réserve de la consultation médicale,** couvre plus de 80 % des besoins, tant les « cas légers » sont nombreux et se multiplient au fur et à mesure que l'environnement devient plus menaçant.

Les exercices que nous donnons nous dispensent d'entrer dans le détail de nos méthodes. Il n'est cependant pas superflu de préciser qu'une séance de relaxation psychosomatique ne signifie pas grand-chose ; **c'est une discipline qu'il faut acquérir en un certain nombre de séances** ; une leçon de conduite automobile ne suffit pas pour passer l'examen avec succès, mais après 15 leçons, quand on est doué, on sait conduire. La conduite de soi-même n'est pas moins ardue.

Le sujet qui a parfaitement opéré sa prise de conscience a acquis la faculté de se mettre en relaxation pour toute la durée de sa vie, à condition qu'il applique sans cesse les principes qui lui ont été inculqués ; cela devient une seconde nature qui lui permet de traverser sereinement l'existence en dépit des difficultés qu'il rencontre. Mais, de même qu'on perd l'habitude de conduire si on est privé de voiture, on perd l'habitude de la relaxation quand on néglige de mobiliser les mécanismes acquis ; ils se détériorent. Cependant, **trois cures annuelles permettent de les entretenir sans avoir à y prêter une attention particulière** ; nous conseillons de les faire avant les fêtes de fin d'année en préparation au ski ou pour contrebalancer les excès parfois inhérents à cette période, au printemps où la résistance est amoindrie, enfin, avant le départ en vacances pour pouvoir en profiter pleinement et récupérer facilement les énergies dépensées.

*

* *

Voici, dans ses grandes lignes, l'énoncé des principes de la « relaxation psychosomatique » :

— Dialogue préalable avec le praticien relaxologue.
— Recherche positionnelle sous les directives du praticien.
— Prânoxygéno-relaxation après pré-directives respiratoires.
— Début de l'audition de l'enregistrement ; injonctions préalables d'abandon (immobilité-occlusion des paupières, etc.).
— Respiration dirigée sous oxygène ou non ; initiation à la maîtrise respiratoire.
— Calme respiratoire ; détente du visage et des mains.
— Détente topographique des muscles.
— Développement de l'état torpide.
— Recherche du vide mental (suggestion).
— Suggestions de sommeil.
— Approfondissement du sommeil.
— Développement de l'état de suggestibilité.
— Recherche de la détente intégrale.
— Développement du sentiment de légèreté.
— Recherche d'évasion extra-corporelle.
— Restructuration dynamique du mental.
— Suggestions euphorisantes.
— Autocontrôle psychique et organique.
— Post-suggestion d'accélération des processus de relaxation et d'approfondissement du sommeil.
— Éveil progressif ; suggestions de mieux-être ; remise en circuit.

Bien entendu, il ne s'agit que d'un canevas. Certaines indications ressortissent du domaine médical et les applicateurs ont la latitude d'adapter la méthode à leur spécialisation (le psychologue a d'autres objectifs que le médecin ou le kinésithérapeute). **Des enregistrements complémentaires sont destinés aux cas particuliers.**

5. De l'automatisme à la prise de conscience

Il est bien évident que les méthodes dites autoconcentratives **qui utilisent une technologie sommaire** (allongement du patient sur un divan ou un fauteuil plus ou moins bien adapté à la relaxation) se devaient de légitimer la présence du praticien ; il n'était pas concevable qu'on pût laisser le sujet livré à lui-même ; il aurait eu le sentiment d'une application illusoire ne justifiant pas son déplacement.

Pour obvier aux inconvénients de la présence du praticien que nécessitait la méthode Schultz, il fallait trouver d'autres motivations qui paraîtraient moins inopportunes. La relaxation empruntait à la psychanalyse ses théories relationnelles et transférentielles : « *Les rapports affectifs mutuels médecin-malade... sont d'une importance spéciale dans les méthodes découvrantes. Ici, il s'agit de rapports de transfert et de contre-transfert. Dans la thérapeutique de décontraction, la relation effective entre le médecin et le malade est peut-être moins importante, mais ici encore il faut tenir compte des relations de transfert et de contre-transfert* » (Stokvis).

On sait que le transfert est la projection sur le praticien par le patient des affects qui lui étaient demeurés inconscients. Sans exposer le mécanisme du transfert, ce qui nous emmènerait trop loin, nous reprendrons une explication de J.-G. Lemaire (6) qui précise le rôle que joue la relation malade-médecin en ces méthodes relationnelles de relaxation médicale :

« ... le patient " vit " ses contractures en face de ce témoin privilégié que représente le thérapeute ; il ose peu à peu en prendre conscience comme d'une résistance à la relaxation désirée, soit spontanément, soit à l'aide des interprétations que ce dernier peut être amené à lui proposer. De lui-même, le malade voit l'analogie entre cette situation transférentielle et ce qu'il éprouvait ou manifestait jusque dans sa vie sociale par ses symptômes et son hypertonie. Il comprend peu à peu le caractère archaïque et inadapté de ses réactions défensives, en même temps qu'il ose y renoncer dans la situation à deux qu'il expérimente avec son médecin. Alors seulement il n'en a plus besoin pour se protéger d'autrui et il devient capable d'utiliser sa relaxation dans la vie quotidienne, même dans les circonstances psychologiquement difficiles ».

---

6. *La Relaxation* (Petite Bibliothèque Payot).

Malgré leur intérêt, **l'application des méthodes médicales est hérissée de difficultés.** L'interprétation qui en est faite, la disparité des codifications jettent le trouble dans l'esprit de ceux qui seraient tentés de les appliquer ou d'y avoir recours ; dans une communication relative à l'application en obstétrique, L. Chertok constate : « *L'application pratique comporte des techniques diverses. Certaines sont bien codifiées : celles de Jacobson, de Schultz, ou celles de relaxation hypnotique. Elles ont donné naissance en outre, à bien des succédanés. Les interprétations théoriques sont divergentes et une grande confusion règne en ce domaine.* » Mais même les méthodes précitées n'obtiennent pas toujours une adhésion non restrictive de la part des médecins. C'est J. Seabradinis qui déclare : « *Malgré quelques réussites thérapeutiques obtenues, les malades en suspendaient très souvent la pratique, qu'ils trouvaient trop longue et parfois complexe* », cependant que O. Meier, un médecin suisse, reconnaît : « *La technique de la méthode de Schultz est simple, mais la conduite en demande beaucoup de compréhension, de tact et de patience, soit du fait que beaucoup de collègues apprennent bien la méthode pour bientôt l'abandonner ensuite* (7). »

Une autre difficulté n'est pas la moindre : la formation du médecin. Dans une déclaration qui nous paraît contradictoire, un médecin déjà cité déclare : « *...on ne voit pas pourquoi le médecin refuserait de soulager — fut-ce par ce moyen* (8) *— le patient qui souffre. Pourquoi lui fermerait-il sa porte pour l'abandonner aux mains des guérisseurs et des charlatans qui font fortune des erreurs ou des méconnaissances psychologiques des médecins ?* »

Nous ne voulons pas encenser les guérisseurs, nous ne l'avons jamais fait, mais nous ne pouvons nous défendre de poser ainsi la question : le succès de certains « guérisseurs » ne provient-il pas de ce qu'ils sont — eux — de bons psychologues ?

Quant à la relation médecin-malade, elle est d'application difficile et semble réservée aux psychothérapeutes ayant, comme le médecin que nous venons de citer, de profondes connaissances psychologiques et psychanalytiques, c'est-à-dire, au spécialiste : « *Faire venir régulièrement un malade qui vient s'étendre pour se relaxer et auquel on va imposer des formules et des attitudes, pose le considérable problème de la relation médecin-malade* » (docteur J.-G. Lemaire).

Par ailleurs, la dépendance qui se développe à l'égard du thérapeute, la délicate technique du contre-transfert, exigent une for-

7. Extraits de la relation du 1er Congrès de médecine psychosomatique.
8. Il s'agit de la suggestion.

mation d'analyste qu'ont très peu de médecins ; ce problème n'a pas non plus échappé à cette sommité qui précise : « ... *que l'indication du traitement soit posée par lui-même ou par un autre, le psychothérapeute, qui aura à le réaliser, devra posséder d'abord des connaissances neurophysiologiques sérieuses concernant le tonus en particulier. Mais il lui faudra aussi, évidemment, posséder une formation psychothérapique solide, qui, en pratique, suppose une psychanalyse personnelle, et avoir subi lui-même un entraînement didactique à la rééducation psychotonique.* »

Quant à nous, l'obstacle qui nous paraît le plus irréductible concernant les possibilités d'application et de diffusion des méthodes de relaxation médicales, est que le médecin, **dont le temps est nécessairement limité,** ne peut qu'exceptionnellement se consacrer à la relaxation autoconcentrative. C'est ce qui préoccupe un médecin non psychiatre, le docteur Lowys, qui, au Congrès précité, posait le problème en ces termes : « *Mais le médecin trouvera-t-il le temps nécessaire à de telles séances, qui ne peuvent s'effectuer dans la hâte, nécessitant des explications, des encouragements et des conseils (notamment sur l'alimentation, l'aération, l'hydrothérapie ; la culture physique, les sports, sans parler de l'orientation générale du genre de vie)... Force est donc de faire appel à des auxiliaires médicaux, plus particulièrement des kinésithérapeutes, à condition qu'ils ne considèrent pas la relaxation comme dépendant en totalité du domaine physique, qu'ils soient donc prudents et collaborent réellement avec le médecin.* » Mais le kinésithérapeute est pris, lui aussi, par ses activités.

Une solution vient à l'esprit : celle de la relaxation de groupe. Mais elle pose le problème de la formation d'enseignants et le docteur Lemaire est le premier à la réfuter quand il s'agit d'applications spécifiquement médicales : « ... *la formation médicale et psychothérapique du moniteur chargé de l'entraînement reste souvent insuffisante... Quant aux méthodes de groupe, rappelons qu'elles sont utilisables sur le plan pédagogique grâce à leur rapidité et leur large diffusion ; mais elles sont nécessairement plus superficielles et plus suggestives, au détriment de l'aspect psychothérapeutique relationnel.* »

Pour nous l'application de la relaxation n'est pas un dilemme. Nous avons d'une part des cas strictement médicaux, dont la plupart relèvent déjà des traitements médicaux classiques ; il appartient aux médecins, et strictement à eux, de s'en occuper et, souvent, la relation médecin-malade se révélera indispensable : éventuellement, les paramédicaux peuvent être autorisés à s'en occuper, mais sous le contrôle du médecin spécialisé en ce domaine.

Mais, les non-malades, les cas légers postulant à la relaxation, de loin les plus nombreux, ressortissent de moyens prophylactiques destinés à lutter contre les agressions de la vie moderne. Ce sont toutes les personnes fatiguées, surmenées, atteintes de troubles mineurs, tous les petits nerveux qui encombrent les cabinets médicaux, les petits fonctionnels qui émargent inutilement à la Sécurité sociale qui ont besoin de trouver de nombreux centres spécialisés où une méthode de relaxation facilement accessible puisse être mise à leur disposition. Il faut aussi qu'en marge de son aspect hygiéniste, la relaxation puisse être, à l'image du yoga, pratiquée comme une discipline exhaustive. Bien mieux adaptée à l'éthique occidentale, conduisant **beaucoup plus vite à la conscience et à la maîtrise du corps,** à celle du mental, elle n'a pas, comme le yoga, l'inconvénient, par le renoncement et le détachement qu'il implique, de donner naissance à des états conflictuels, à des troubles du comportement qui peuvent résulter du déphasage ou de la confrontation des idéaux mystiques et des impératifs de la vie active socioprofessionnelle, voire affective et sexuelle.

C'est dans la prospection de tous les domaines où la relaxation peut être appliquée en vertu des méthodes que nous avons mises au point, qu'apparaîtra le bien-fondé de la ségrégation qui doit forcément s'établir entre les méthodes médicales **et la relaxation psychosomatique dont nous sommes le promoteur.** Nul doute que l'audience qui en résultera ne fasse apparaître de nombreux cas ayant échappé à l'observation, qui seront justiciables de la relaxation médicale.

*

* *

Nous allons maintenant montrer comment nos méthodes participent à une situation bien déterminée, l'état de relaxation pouvant être recréé quelles que soient les conditions de confort et d'environnement. Il ne faut donc pas que des contingences matérielles puissent être une entrave à l'obtention de cet état. **A partir de la prise de conscience, la relaxation doit devenir un état instantané auquel aucun obstacle ne peut s'opposer.** Il est donc exclu qu'on doive avoir besoin pour se placer en état de relaxation d'un fauteuil ou d'un lit, ou qu'encore, il faille avoir en permanence à disposition une cassette enregistrée.

Ce n'est que dans une première étape, celle de l'apprentissage, qu'il convient de rechercher les conditions les plus favorables à la relaxation, **de ne négliger aucun appoint qui puisse faire progresser plus rapidement dans la voie de l'initiation** et permettre l'accession à une relaxation authentique. Ensuite, la maîtrise absolue consistera à accroître les difficultés pour perfectionner les mécanismes de détente, en accélérer le fonctionnement.

Cette nécessité de rechercher une position corporelle adéquate à la relaxation n'a pas échappé à Schultz, de même qu'elle avait auparavant été recommandée par les précurseurs qui l'ont précédé. Mais il apparaît que ni les occultistes, ni Schultz n'ont attaché une attention suffisante à la position du corps dans la recherche de l'état de relaxation. Dans la tradition hermétique de l'isolement, on retrouve la position en décubitus dorsal, la tête soutenue, les bras le long du corps, mais les jambes restent allongées. Voyons ce que dit Schultz. Il recommande trois positions (nous verrons que d'autres sont aussi favorables) : la première est la position assise « *un fauteuil confortable peut très bien être utilisé. Il devra être adapté au sujet de telle façon que d'une part un bon appui des cuisses permette à la colonne vertébrale de s'adosser confortablement, et que d'autre part les jambes ne glissent pas vers l'avant. Les accoudoirs doivent être placés de telle sorte que les bras puissent reposer passivement...* ». La deuxième position recommandée est celle dite « *en cocher de fiacre* ». Dans cette position (voir exercices), la personne est assise, éventuellement sur un tabouret, buste penché en avant, tête inclinée sur la poitrine, avant-bras appuyés sur les cuisses, mains pendantes. La troisième position retiendra davantage notre attention ; c'est celle des applications professionnelles.

Voici ce que recommande l'auteur du *Training autogène :* « *Quand la position couchée est possible, c'est la position horizontale, la tête étant légèrement soutenue, que l'on choisira : elle correspond à celle du malade sur le lit d'examen. Il faut aussi veiller à ce que les bras soient correctement posés... les mains sont posées à plat et sans contrainte... Il faut donc chez ces patients, quand ils travaillent couchés sur le dos, soutenir les épaules par des coussins, des couvertures, etc., de façon à éviter la chute des épaules.* »

La position sur la table d'examen est à notre sens inadéquate ; le soutien de la tête et des épaules est insuffisant pour redresser l'ensellure lombaire chez les sujets dont le bassin est basculé et, d'autre part, les muscles abdominaux et ceux de la région antérieure des cuisses restent tendus ; dans cette situation, l'action psychique sur le contenu abdominal (regard organique intériorisé) est beaucoup plus difficile.

La conception positionnelle, **rudimentaire,** de Schultz, devait être paradoxalement améliorée par les fabricants de fauteuils. Nous fûmes voici une dizaine d'années convié par un grand hebdomadaire parisien à tester des « fauteuils de relaxation ». Il s'agissait de sièges repliables comme il en existe tant sur le marché, et dont aucun ne correspondait aux normes d'une parfaite position. **Disons qu'à une ou deux exceptions près, aucun progrès n'a été réalisé en ce domaine** et qu'aujourd'hui, comme pour le banc d'essai auquel nous avions procédé (9), on relève les défauts suivants qui résultent de l'ignorance de principes essentiels : nuque mal soutenue car non encastrée, la tête pouvant dodeliner d'un côté et de l'autre (10), reins insuffisamment appuyés, « cassure » insuffisante des membres inférieurs ou mauvais appui des creux poplités (jarrets), appuis insuffisants aux accoudoirs jamais situés au bon niveau du corps, insuffisants en longueur et largeur, non étudiés pour éviter que les bras glissent une fois décontractés. Cependant les marchands de sièges ne se firent pas faute de baptiser ces chaises longues améliorées « fauteuils de relaxation ». C'est ainsi que la confusion entre le repos et la relaxation s'établit et que le terme fut vulgarisé.

6. Les appuis du corps

Les appuis essentiels que doit avoir le corps en relaxation sont les suivants : la nuque, qui doit être bien encastrée, le dos et la partie postérieure des épaules, qu'il faut sentir bien soutenus, le creux lombaire, le creux poplité et les jumeaux externes (mollets), les avant-bras et les mains dans toute leur étendue. Les appuis ne doivent aucunement meurtrir (voir page 176).

Le sentiment du sujet, par l'impression de confort qu'il reçoit, doit être celui de la béatitude ; il participe de manière inductive aux disciplines de détente qui vont intervenir ; il est favorisant de l'abandon à l'effacement du conscient. Par lui-même, le dispositif invite le corps parfaitement soutenu en toutes ses régions à se détendre ; quand le relaxologue lui a donné par le mécanisme simple et robuste qu'il actionne pour varier les positions, celle idéale pour son sujet de la relaxation, il est exceptionnel qu'il ait à lui modifier sa position qui, automatiquement, est correcte. Dans l'attitude la plus favorable, le tronc est incliné en arrière à environ 40°. C'est alors la position du tronc qui conditionne celle des autres segments corporels. La tête est

9. Enquête de *L'Auto-journal*.

10. Un appui-tête encastrant parfaitement la tête, muni de bas-parleurs pour l'audition confidentielle des méthodes enregistrées de l'auteur, a été réalisé depuis (Relaxophone).

dans le prolongement du buste, mais se trouve en très légère flexion, les cuisses sont élevées et forment un angle avec le tronc de manière à ce que les genoux soient au niveau du cœur, c'est-à-dire que le haut de la poitrine et la tête sont au-dessus de ce niveau si on trace une ligne imaginaire horizontale, des genoux au cœur. A partir des genoux, la ligne horizontale se prolongeant, donne la position des jambes qui sont horizontales, parallèles au sol. La division du siège en trois segments indépendants permet d'obtenir cette position fonctionnelle par rapport à la relaxation.

Tout le corps pesant lourdement trouve spontanément ses appuis, **ce qui ne peut se réaliser dans un fauteuil mal adapté ou sur une table d'examen,** encore moins sur une chaise longue comme on en voit dans **les pseudo-services de relaxation !** Les mains et avant-bras s'abandonnent naturellement de chaque côté du corps, les paumes des mains, demi-ouvertes, reposent sur les appuis ; c'est un non-sens de faire la relaxation paumes en dessus, car alors les supinateurs restent contractés ; les jambes reposent naturellement légèrement écartées (jamais croisées) ce qui, dans la décontraction, tend à une rotation des membres vers l'extérieur ; dans cette position, les genoux sont plus écartés que les pieds, ces derniers tournant les pointes vers l'extérieur font que les jambes reposent davantage sur la partie externe des mollets.

Les expériences et observations que nous avons faites démontrent qu'il y a des différences considérables dans la détente musculaire, entre l'utilisation d'un siège quelconque et celle d'un fauteuil fonctionnel.

7. Les moyens adjuvants

De nombreuses méthodes se réclament de la relaxation : exercices physiques, mouvements sur rythmes musicaux, gymnastique quasi-immobile, etc. ; d'autres techniques utilisent le massage, l'hydrothérapie, l'électrothérapie, la vibration pour obtenir la sédation du système nerveux. Les résultats sont plus ou moins aléatoires et s'il ne s'agit que de faire appel à des moyens exclusivement physiques, nous n'en connaissons pas de meilleurs que la culture physique par groupes musculaires (qu'on a rebaptisée « musculation ») dont nous expliquons par ailleurs les effets sédatifs.

Pour nous, les seules méthodes de relaxation qui soient réellement valables, tant sur le plan de la rapidité des résultats que sur celui de l'authenticité des états, de leur profondeur, sont celles dont l'appartenance tient à la fois du physique et du psychisme. C'est cette dualité de recherche et d'application, les influences réciproques qui en découlent, qui justifie le terme de psychosomatique **que nous avons appliqué à notre méthode de relaxation** (12).

Cependant, si un fauteuil de relaxation, un sauna, un poste d'oxygénation, etc., ne sauraient exercer à eux seuls des effets profonds sur le psychisme, ils n'en constituent pas moins des moyens somato-psychiques dont l'action est loin d'être négligeable.

Ainsi, chez soi, le recours habituel à un fauteuil de relaxation, réalise une appréciable économie des forces et dissipe rapidement la fatigue. Cette habitude doit, finalement, conduire à la prolongation de la jeunesse et permettre d'augmenter la durée de la vie.

Le simple fait d'écouter la musique en position de relaxation apporte au mélomane un plaisir encore plus subtil, surtout quand elle est diffusée par l'appui-nuque qui favorise la détente (13).

Les progrès réalisés dans le confort et l'adaptation des sièges fonctionnels aux intérieurs les plus raffinés, permettent d'intégrer le fauteuil de relaxation à l'ambiance, tout en y ajoutant une note personnelle esthétique.

---

12. *Relaxation psychosomatique :* titre de la première édition de notre ouvrage qui définissait notre méthode, publié en 1962, et « emprunté » par certains dans le but évident de créer une confusion.

13. Relaxophone Marcel Rouet (marque déposée).

Comment vous installer pour votre séance de relaxation

Vous pouvez vous allonger sur une surface dure, mais ce n'est pas indispensable. Mais que vous soyez sur le sol ou sur un lit, voici comment vous préparer pour votre séance de relaxation. Si vous disposez d'un enregistrement, mettez à portée de main votre lecteur de cassette et réglez-en préalablement le son qui doit vous parvenir doucement, mais cependant audible. Vous pouvez écouter la cassette directement, ou avec un appui-tête muni de bas-parleurs, ce qui évite de gêner l'entourage.

Vous avez remis votre cassette à son point de départ et vous pourrez la mettre en marche étant en position allongée, pour ainsi dire sans bouger ; vous avez aussi la possibilité de régler préalablement sur 30 minutes (durée de la séance) un système intermédiaire de minuterie qui arrêtera votre lecteur en fin d'audition ; son tic-tac n'est aucunement gênant. Après quelques instants vous ne l'entendrez plus.

Si vous n'avez pas de siège fonctionnel de relaxation, disposez un coussin moyennement dur sous vos genoux, suffisamment grand pour que vos jambes et vos chevilles y reposent également. Vous encastrez ensuite votrè tête dans un oreiller que vous disposez pour qu'il soutienne bien votre nuque, à moins que vous n'ayez l'appui-tête spécial. Vous aurez pris soin de mettre un coussin mou, ou un oreiller de chaque côté de votre corps, afin que vous puissiez y reposer vos mains et vos avant-bras que vous décontracterez, paumes des mains en dessous.

Cherchez alors la meilleure position, car vous ne devrez plus bouger pendant toute la séance ; bien entendu vous avez pris soin de couper la sonnerie de la porte d'entrée (vous établissez une douce pénombre s'il fait jour), ainsi que le téléphone. Vous mettez alors votre appareil en marche. Vous avez environ une minute pour régler le son, plus ou moins fort si nécessaire, et pour rechercher en bougeant légèrement la meilleure position possible, tout le corps pesant lourdement et étant bien appuyé. Enfin, vous fermez les yeux et restez immobile pendant toute la séance.

Une recommandation importante : les vêtements ne doivent pas vous serrer car vous devez respirer librement ; attention aussi de ne pas prendre froid, pour cela mettez une couverture sur vous quand vous prenez la position de relaxation.

CHAPITRE III

La maîtrise de la respiration

Notre méthode, la relaxation psychosomatique, diffère essentiellement de la méthode de Schultz par l'attention que nous apportons à ce que nous intitulerons « *la maîtrise de la respiration* ».

Effectivement, J.-H. Schultz, dans *Le Training autogène* (1), écrit ceci : « *Le praticien, habitué à proposer aux patients certains exercices respiratoires, sait par expérience à quelle variété de réactions générales il peut s'attendre : allant de l'excitation généralisée aux états syncopaux* (2). *Toutes ces modifications corporelles violentes sont inconciliables avec les principes du training. Nous proposons à nos patients de s'abandonner à leur respiration,* sans vouloir l'influencer d'aucune manière. »

Le médecin allemand, en recherchant d'emblée « le calme respiratoire », nous paraît se priver d'un puissant auxiliaire dans la recherche de la détente neuro-musculaire ; en ignorant les effets organiques et psychiques de la surrespiration que nous décrirons en tant que spécialiste des disciplines physiques, il frustre les applicateurs des méthodes autoconcentratives d'un moyen d'action dont on peut dire que sans son utilisation les résultats obtenus ne peuvent être que fragmentaires et longs à se manifester. Nombre de médecins se référant à Schultz l'ont compris, qui se sont inspirés de nos méthodes en faisant précéder *Le Training autogène* de conseils relatifs à l'amplitude des mouvements respiratoires.

Quant au danger de ces méthodes, il nous paraît illusoire. Mais peut-être Schultz a-t-il voulu mettre en garde les applicateurs de sa

1. P.U.F.

2. Note de l'auteur : nous n'avons jamais vu de tels phénomènes se produire ; il faudrait alors, en permanence, une ambulance à la porte des stades et des salles de yoga !

méthode qui s'adresse à des malades, dont certains peuvent être des pulmonaires et des cardiaques. Nous pensons toutefois que sous un strict contrôle médical, ces derniers, dans la majorité des cas considérés, pourraient bénéficier largement d'une formation de maîtrise respiratoire ; sous directives médicales, les paramédicaux seraient habilités à traiter ces cas d'exception. Le problème ne se pose pas de la même manière chez l'individu sain, ou même ayant des troubles mineurs désirant s'initier à la relaxation ; faudra-t-il le priver des avantages d'une ascèse qu'il trouverait dans le yoga sans bénéficier des apports de la relaxation ? On ne peut raisonnablement le penser. De nombreux médecins nous rejoignent dans cette conception. Le *Training compensé* d'Aiginger n'est-il pas un plaidoyer en faveur de cette initiation respiratoire, puisqu'elle en constitue la structure ? Nous en emprunterons la définition à R. Durand de Bousingen (3) : « *Le training compensé est essentiellement une éducation ou une rééducation de la respiration, en vue, par réaction centrale, de mettre au repos les centres de contrôle sous-corticaux et corticaux de cette fonction et, par voie de conséquence, de toutes les autres fonctions végétatives et de tout le cortex cérébral contrôlant l'état affectif et thymique des patients. La rééducation respiratoire influerait sur l'état des centres cérébraux et médullaires et permettrait d'obtenir une sédation générale de l'irritation du système nerveux... La méthode insiste en premier lieu sur le contrôle de la respiration. Il s'agit là d'un contrôle actif et dynamique et l'attention est surtout portée sur le ralentissement de la respiration. On incite le malade à ralentir sa respiration, et, en même temps, à essayer d'obtenir une respiration aussi profonde et complète que possible.* »

C'est en considérant les effets de la maîtrise respiratoire que nous appréhenderons le mieux son importance par rapport aux disciplines de relaxation. Il apparaîtra aux moins avertis que la méconnaître équivaut à occulter un aspect capital des applications ; c'est se priver par ignorance, ou délibérément, d'un apport psychophysiologique qui est loin d'être négligeable. Il participe d'effets mécaniques, organiques et psychiques dont le survol nous permettra ensuite de préciser les techniques qui nous sont propres sans avoir à revenir sur les données scientifiques.

---

3. *La Relaxation* (P.U.F.).

1. La prise de conscience de la fonction respiratoire

La respiration, commandée par le centre respiratoire du bulbe rachidien, est inconsciente. Elle est réglée par la baisse de pression de l'oxygène, l'élévation de la pression du CO_2, l'activité musculaire ; d'autres facteurs entrent en jeu qui tiennent à l'émotivité. Les mouvements respiratoires sont donc plus ou moins amples et accélérés sans que pour autant nous en ayons conscience. Ce qui fait qu'un individu peut voir son existence se dérouler dans l'ignorance absolue de ses organes respiratoires, s'il n'est pas sportif et s'il ne s'intéresse à aucune discipline impliquant leur contrôle.

Dans des conditions de vie naturelle, l'être humain est amené à produire des efforts violents ou prolongés qui accélèrent les mouvements respiratoires, le contraignent à respirer amplement sans que la conscience y participe nécessairement, comme dans le jeu chez l'enfant. Mais dans nos sociétés policées où l'intelligence prime et prend le pas sur l'instinct, nombre d'adolescents qui ne savent plus jouer ont oublié ce qu'est l'essoufflement ; quant aux adultes, ils sont le plus souvent sédentaires (4).

Au cours des ans cela se traduit par la perte de la souplesse thoracique et **la diminution progressive de la capacité pulmonaire** ; la moins grande tolérance aux agressions prête le flanc aux accidents pulmonaires, à la sclérose qui réduisent parfois encore le champ respiratoire. P.-I. Boule relate que dans un asthme bronchique la capacité pulmonaire d'un malade n'était plus que de 2,1 l et l'ampliation thoracique de 1 cm. Après traitement, on trouvait respectivement 3,6 l et 5 cm. Ce n'est donc que par la prise de conscience de la fonction respiratoire qu'il est possible d'éviter cette dégénérescence pulmonaire lourde de conséquences graves pour la santé. Or, si dans l'exclusion d'un entraînement que nous exposerons, il n'est pas possible d'agir sur les organes placés sous la dominance du sympathique, les glandes endocrines, le foie, l'intestin, etc., l'action de la volonté sur la fonction respiratoire est à la portée du premier quidam venu. Cette possibilité ouvre à l'homme civilisé, dont les muscles sont atrophiés par l'inaction, des perspectives de restitution ou de perfectionnement de la santé dont la richesse est telle qu'il ne peut les apprécier qu'à la faveur de l'expérience.

La volonté et l'attention conjuguées nous permettent sans éducation particulière d'agir *ex abrupto* sur notre fonction respiratoire. Il

4. Voir l'ouvrage du docteur René Lacroix : *Savoir respirer pour mieux vivre* (Éditions Dangles).

nous est facile de rester sans respirer soit en conservant l'air dans les poumons, soit en bloquant la cage thoracique après avoir expiré.

Nous pouvons modifier la fréquence des mouvements respiratoires qui sont normalement de 12 à 16 respirations par minute ; même le néophyte peut les réduire à 5 ou 6 sans difficulté ou les porter au-delà de 20.

Nous avons la faculté d'en fixer le rythme, c'est-à-dire d'accroître le temps de l'inspiration ou de l'expiration ou de le réduire, d'y apporter toutes les modifications proportionnelles que nous voulons.

Enfin, **il nous est loisible de respirer superficiellement ou profondément,** ce que nous faisons d'instinct dans une atmosphère polluée ou lorsque nous respirons à pleins poumons un air vivifiant. Il est bien évident que ces modifications, lorsqu'elles deviennent volontaires et reposent sur des principes que l'expérience a validés, ne peuvent que retentir sur l'économie humaine. Nous avons toujours constaté que c'est dans un sens bénéfique.

2. Les effets mécaniques

Tout muscle inactif s'atrophie, toute articulation qui n'est pas mobilisée s'ankylose ; c'est la loi biologique, inéluctable. Mais si chacun sait que « la fonction crée l'organe », bien peu ont conscience du caractère inexorable de cette loi. Nous voulons dire que dès l'instant, **dans le jour même où une fonction n'est plus sollicitée,** elle se détériore. Cela est particulièrement vrai pour la respiration.

L'athlète, femme ou homme, au sommet de sa condition physique, respire amplement et sans difficulté. L'ampliation thoracique, qui se mesure au centimètre souple au niveau de la ligne pectorale, atteint 8 à 12 cm de différence entre l'inspiration et l'expiration forcées, selon la taille et le poids ; le spiromètre qui indique la capacité pulmonaire oscille entre 3,5 litres et 8 litres. Ces chiffres sont inférieurs de 20 à 25 % chez la femme. On relève couramment que l'homme sédentaire n'arrive péniblement qu'à 3 ou 4 cm d'ampliation et atteint parfois difficilement 2,8 l en soufflant à fond dans le spiromètre. Autrement dit, les poumons sont sclérosés, les articulations thoraciques sont soudées et ne peuvent plus être mobilisées par des muscles inspirateurs et expirateurs devenus déficients. Alors que chez l'athlète les grandes inspirations sont aisées, chez le sédentaire elles sont pénibles et exigent un effort de volonté qui n'est pas coutumier ; tous les éducateurs ont observé les quintes de toux, les constrictions désagréables de la trachée qu'éprouvent en particulier les fumeurs quand ils leur font faire de fortes inspirations auxquelles ils ne sont pas accoutumés par suite d'une longue inaction. Le sentiment qu'ils ont de ne pouvoir emplir totalement leurs poumons, leur fait toucher du doigt la déchéance physique qui les menace. **Fort heureusement elle n'est pas irréversible** ainsi que le démontre l'observation précédemment relevée d'une asthmatique bronchique ayant gagné 1,5 l au spiromètre ; nous pouvons relever des observations aussi encourageantes auprès de tous les professeurs de culture physique ayant des élèves de plus de quarante ans.

L'expansion thoracique s'obtient par des exercices de rééducation actifs et passifs qui sont du ressort du kinésithérapeute ; tous ces exercices figurant en des ouvrages différents, je ne vois pas l'utilité de les reproduire dans celui-ci (5). Cependant, j'ai indiqué des exercices qui peuvent accompagner les respirations profondes dont la maîtrise constitue le préambule de notre méthode de relaxation ; ils ne peuvent qu'en faciliter l'assimilation.

La pratique sportive adaptée à l'âge et au tempérament entraîne une suractivité respiratoire qui apporte une importante contribution à l'expansion thoracique ; l'essoufflement entrecoupé de repos judicieux ne peut que contribuer au perfectionnement de la fonction, ainsi qu'au renforcement de l'appareil cardio-vasculaire (exercice fractionné).

Ce sont les inspirations et expirations volontaires optimales qui retiendront ici toute notre attention.

Notons tout d'abord que dans la respiration inconsciente, les muscles qui y participent ne sont que peu ou pas sollicités, d'où leur rapide atrophie. Dans l'inspiration forcée, ils entrent énergiquement en jeu pour épanouir la cage thoracique dans ses trois dimensions : antéro-postérieure, transversale, verticale. Ce sont les surcostaux, les scalènes, les dentelés qui, amplifiant la cage thoracique, permettent aux poumons de se déplisser ; ils sont aidés en cela par le diaphragme dont la contraction agrandit verticalement le thorax en abaissant les organes abdominaux et en écartant les arcs costaux en bas et en dehors ; si bien que le diaphragme, ce muscle en coupole, agrandit le thorax dans ses trois dimensions.

L'expiration, dans la respiration habituelle, se fait sans effort, la cage thoracique revenant à sa position primitive, cependant que l'air est expulsé du fait de l'élasticité des poumons. Ce n'est donc que dans l'inspiration volontaire forcée que les muscles expirateurs se contrac-

5. *L'Esthétique corporelle* (Éditions Dangles), et *Le Dictionnaire de la culture physique* (épuisé).

tent. Après l'inspiration, les organes abdominaux comprimés refoulent le diaphragme vers le haut, ce qui a pour effet de réduire la dimension du thorax et de chasser l'air inspiré. Les muscles abdominaux : grands droits, transverses, obliques qui sanglent le ventre entrent activement en jeu dans les fortes expirations ; sans leur intervention, l'air vicié ne peut être complètement expulsé.

Nous reviendrons sur les effets physiologiques qu'entraîne cette mobilisation musculaire, mais nous soulignerons déjà trois effets généraux qui sont la résultante de l'action mécanique des respirations profondes :

— Les muscles dont la contraction active est sollicitée **se régénèrent et prennent de la tonicité.** Au fur et à mesure que celle-ci s'accroît, les inspirations deviennent plus étendues, facilitées qu'elles sont par la vigueur des muscles.

— L'amplitude des mouvements respiratoires, et particulièrement les inspirations forcées, exercent **un puissant massage des organes abdominaux.**

— Le plexus solaire (au niveau du « creux de l'estomac »), le plexus nerveux le plus important, bénéficie des mouvements amples et rythmés du diaphragme, **ce qui favorise la détente neuro-musculaire.**

3. Les effets physiologiques

Nous savons que c'est dans les alvéoles pulmonaires que le sang veineux se transforme en sang artériel. L'énoncé des chiffres que nous emprunterons au docteur René Lacroix fera mieux comprendre qu'un long exposé l'importance de la fonction respiratoire : « *...il y aurait dans un millimètre cube de tissus pulmonaire (selon Aeby) 250 alvéoles et dans tout le poumon 400 millions d'alvéoles. Dans l'inspiration forcée, ce chiffre d'alvéoles correspond à une surface de cent trente mètres carrés... Chaque inspiration fait entrer 500 centimètres cubes d'air dans les poumons, soit : 8 litres en une minute, 480 litres par heure, 11 520 litres en 24 heures. Nous consommons environ 500 litres d'oxygène par 24 heures. Un litre d'oxygène pèse 1,4 g. Nous absorbons dans les 24 heures 750 g d'oxygène. Nous perdons, à l'état de repos, un kilo d'eau par 24 heures : 400 g par la peau, 600 g à l'état de vapeur d'eau émise par la respiration. Pour accomplir son travail mécanique, le poumon développe en 24 heures une puissance qui pourrait élever trois hommes à 110 mètres de hauteur.* »

Nous sommes loin, dans la respiration inconsciente, d'utiliser nos 130 mètres carrés de nappe pulmonaire où s'accomplit le phénomène de l'hématose dont le rôle est d'oxygéner notre sang qui représente le treizième du poids de notre corps. **En réalité, nous n'inspirons qu'un demi-litre d'air à chaque respiration.** Pour accroître la ventilation pulmonaire, il nous faut faire une forte inspiration en introduisant dans nos poumons de l'air complémentaire et expirer à fond pour chasser l'air qui y reste autrement en réserve ; encore savons-nous qu'il reste toujours dans les poumons un air résiduel, alvéolaire, chargé d'acide carbonique.

Ainsi la respiration chez l'homme qui ne fait jamais d'exercice, ni d'inspirations et d'expirations forcées volontaires, **reste toujours en veilleuse.** Le sang partiellement chargé de ses déchets se trouve privé d'oxygène, d'autant plus que, selon l'auteur précédemment cité, « *c'est au moment de l'inspiration, c'est-à-dire au moment où il y a le plus d'air dans le poumon* » que la circulation du sang intra-pulmonaire est la plus active. Plus précisément encore : l'inspiration détermine dans le poumon un appel d'air et un afflux de sang, conditions physiologiques admirables pour l'hématose (fixation de l'oxygène sur l'hémoglobine des globules rouges).

L'oxygène qui représente 21 % de l'air inspiré est véhiculé aux confins de l'organisme par le sang qui baigne nos tissus ; nous avons toujours insisté sur la nécessité d'avoir **un volume musculaire suffisant** pour mieux fixer ce gaz vital, le tissu musculaire se gorgeant de sang sous l'action de l'exercice, et plus spécialement par la culture physique qui développe systématiquement les muscles par régions (6). Le professeur Léon Binet résume ainsi ces processus d'échange : « *...il existe un flux continu d'oxygène entre les alvéoles pulmonaires, l'hémoglobine des hématies, le plasma du sang et celui des tissus ; l'utilisation de l'oxygène dans l'organisme est possible en raison de sa diffusion constante, à l'état de simple solution dans le plasma (partie liquide) du sang et celui des tissus. Le degré de saturation de l'hémoglobine dépend en effet de la tension d'oxygène dans le plasma, déterminée elle-même par la pression partielle de l'oxygène alvéolaire.* »

Nous ne ferons que l'énoncé succinct des effets physiologiques des respirations profondes volontaires qui permettent d'élever à son maximum le degré de saturation du sang en oxygène, nous réservant d'y revenir par rapport aux applications de la relaxation psychosomatique.

---

6. *Exercices physiques,* par Lucien Demeillès (Éditions Amphora) ; Marcel Rouet, *L'Esthétique corporelle* (Éditions Dangles) et *Toute la culture physique* (Éditions Amphora).

a) Action sur la fatigue

Elle est considérable et nous nous étonnons qu'elle n'ait pas été mise davantage en exergue au cours du IIIe Congrès international de médecine psychosomatique consacré à la fatigue. L'un des facteurs essentiels de la fatigue est l'élimination imparfaite des déchets de la combustion musculaire, c'est-à-dire de l'acide lactique, produit de dégradation du glycogène. Or, les cellules des tissus fixant l'oxygène que dépose le sang oxygéné (oxyhémoglobine) le restituent au fur et à mesure des besoins de l'organisme. **C'est donc la richesse plus ou moins grande en ce gaz comburant qu'est l'oxygène qui conditionne la rapidité avec laquelle l'acide lactique peut être éliminé.** Que la capacité pulmonaire devienne insuffisante et c'est le lent empoisonnement de l'organisme par les déchets de la combustion ; le premier organe à en pâtir est le foie dont la fonction antitoxique se trouve débordée.

b) Action sur la glande hépatique

Les mouvements diaphragmatiques de grande amplitude en brassant le foie favorisent la chasse biliaire, donc le déversement de la cholestérine dans l'intestin. Par les mêmes effets se trouvent régularisées les fonctions du pancréas et du duodénum. Par cette stimulation et la combustion des graisses au niveau des poumons (on sait que le foie stocke les graisses), la glande hépatique se trouve soulagée. C'est ainsi que la respiration complète se révèle être **le remède le plus efficace de l'insuffisance hépatique.**

Mais les sucres sont également stockés dans le foie pour être restitués aux muscles sous forme de glucose ; cette fonction se trouve doublement améliorée par la stimulation de l'organe et l'appel de glucose que font les muscles qui entrent en jeu dans les respirations forcées.

c) Action dans la combustion des graisses

Reprenant les travaux de divers auteurs, le docteur René Lacroix attire l'attention sur l'importance du poumon dans la combustion des graisses : « *Le poumon remplit une importante fonction graisseuse. Les graisses issues de la digestion sont conduites, par les vaisseaux chylifères lymphatiques de l'intestin, dans le canal thoracique. Celui-ci, par la circulation veineuse, déverse une masse graisseuse dans les cavités droites du cœur. Ainsi, les graisses de la digestion abordent la vaste nappe circulatoire pulmonaire. Le professeur Gil-*

bert et M. Jomier ont décrit, dans les alvéoles pulmonaires, des cellules à graisse qui possèdent toutes les caractéristiques histologiques des cellules glandulaires. Au cours de sa traversée pulmonaire, le sang perd 10 ‰ de sa teneur en graisses (MM. Roger et Binet). Le poumon arrête les graisses lors de leur passage, les fixe (lipopexie) et les détruit par combustion (lipodiérèse) (7). » Nous reviendrons sur cette propriété quand nous aborderons l'amaigrissement psychosomatique (chapitre X).

d) Action sur l'appareil cardio-vasculaire

Le sang veineux recèle davantage de cholestérine que le sang artériel qui vient d'être oxygéné. La surrespiration agit au niveau du foie par les moyens précités et au niveau pulmonaire par oxydation des graisses ; elle régularise le métabolisme cholestérolémique. Cela a pour effet, en débarrassant le sang de ses déchets, de le fluidifier, d'en faciliter la circulation, de lutter contre l'athérosclérose qui durcit et obstrue les artères, par conséquent de prévenir l'artérite et les accidents vasculaires, dont le dramatique infarctus. D'autre part, les exercices de maîtrise respiratoire, loin de fatiguer le cœur, le fortifient et permettent de le contrôler ; ainsi, une forte inspiration suivie d'un blocage le ralentit et le régularise.

e) Autres effets physiologiques

Il serait facile d'allonger la liste des effets hygiéniques d'une suractivité respiratoire dirigée par la volonté, mais cela nous entraînerait trop loin de notre sujet. La maîtrise respiratoire perfectionne les voies respiratoires, évite et combat les affections pulmonaires ; cela est bien évident, le tissu pulmonaire et les bronches fortement oxygénés ne pouvant succomber à l'agression microbienne. La surrespiration régularise les fonctions de la rate dont on sait qu'elle préside à la formation des globules rouges, celles de l'intestin par les pressions rythmées du diaphragme et la contraction des muscles abdominaux pendant les expirs profonds, celles du système nerveux par les interférences qui résultent des connexions qui existent entre le centre respiratoire bulbaire et l'écorce cérébrale d'une part et, d'autre part, le sympathique et le parasympathique. Enfin, la stimulation organique qui résulte de l'oxygénation intensive et de l'accélération de la circula-

---

7. *Savoir respirer pour mieux vivre* (Éditions Dangles).

tion centrale et périphérique, l'action mécanique exercée sur le foie ayant lui-même une fonction glandulaire de même que la rate, sur les plexus nerveux, ne peut que réguler le fonctionnement des endocrines.

4. Les effets psychologiques

Ils sont quasi instantanés. L'intoxication qui résulte d'une respiration ralentie, celle de tous les sédentaires (le conducteur de poids lourd est aussi un sédentaire s'il ne fait que conduire son véhicule), donne naissance à la fatigue qui assombrit le climat moral, d'où le pessimisme, l'asthénie, le découragement. Nous voyons cela dans les salles de culture physique, quand à la fin de la journée un élève nous rend visite sans avoir l'intention de travailler ; il se dit fatigué, mais si nous insistons et le réconfortons, après sa séance il est revigoré et retrouve son enthousiasme ; **les toxines de fatigue ont été éliminées.** La métamorphose est encore plus spectaculaire après une séance de relaxation associée à la respiration dirigée sous oxygène.

Déjà dans la première édition de cet ouvrage, nous écrivions : « *La cellule nerveuse consomme 20 fois plus d'oxygène au repos que le muscle. C'est dire toute l'importance de la respiration complète en relaxation, lorsqu'il s'agit de tonifier, de régénérer un système nerveux défaillant.* » Un effort cérébral prolongé est également producteur de toxines et l'immobilité entrave l'élimination des poisons en ralentissant les mouvements respiratoires.

Une autre observation a été faite par nos applicateurs et nous-même. Un sujet hostile à tout effort musculaire, et particulièrement à la culture physique qui exclut l'attrait du jeu (et non de la compétition car il s'agit de se colleter avec soi-même !), **demande toujours à faire de l'exercice après une cure de relaxation.** Il semble qu'il y ait là plusieurs motivations. L'organisme est désintoxiqué par les séances renouvelées de respiration dirigée en oxygénation, d'où une profonde modification du climat psychologique, celle-ci étant favorisée par le mieux-être que ressent le sujet. La mobilisation active des muscles thoraciques et abdominaux a pour résultat, si nous pouvons nous exprimer ainsi, « *de mettre le pied à l'étrier* » pour entreprendre des efforts musculaires plus importants. C'est que cette mobilisation effectuée en relaxation n'exige pas des efforts volitifs aussi intenses que la culture physique active, ni même, ainsi que nous le verrons, que la recherche de la détente neuro-musculaire et du vide mental dans les méthodes de relaxation dites « autoconcentratives » dont pour cette raison, entre autres, nous sommes éloigné.

Devant l'énoncé de ces effets hygiéniques, tant sur le plan physique que moral, corroborés par les travaux de nombreux médecins, **il ne nous paraît pas raisonnable de négliger dans les disciplines de relaxation ce facteur essentiel** qu'est la maîtrise respiratoire. C'est d'elle, à cause de ses résonances sur tous les systèmes fonctionnels, que dépend, à notre avis, la facilité d'accès au contrôle émotionnel et organique. Mais nous allons voir que ces effets peuvent encore être intensifiés par la prânoxygéno-relaxation dirigée qui constitue la pierre angulaire de la relaxation psychosomatique.

5. La respiration dirigée en oxygénothérapie

Faisons d'abord litière des assertions selon lesquelles les cures d'oxygénothérapie pourraient se révéler dangereuses. C'est mal connaître les données du problème, car beaucoup de médecins sont partisans de l'oxygénothérapie et aucun, à notre connaissance, n'a critiqué les applications qui sont faites en de nombreux centres qui n'ont pas une destination médicale. Faisons cependant une réserve en ce qui concerne les pulmonaires et les cardiaques auxquels nous recommandons de consulter le médecin avant d'entreprendre ce genre de cure ; non pas que l'oxygène avec un débit moyen puisse être nocif, mais les mouvements respiratoires de grande amplitude peuvent fatiguer le malade s'ils ne sont pas progressifs ; en certaines affections, ils peuvent être contre-indiqués.

Cependant, Binet et Bochet relatent que « *parmi les promoteurs les plus convaincus de l'oxygénothérapie à haute concentration, Evans, Boothby, Fine aux U.S.A. ont obtenu, non seulement chez des malades atteints d'affections pulmonaires, mais à la suite d'interventions chirurgicales, une tolérance à l'oxygène administré au moyen de masque hermétique durant des périodes de quelques jours à une ou deux semaines. Reinhard a pu soumettre des malades atteints d'anémie pernicieuse à des inhalations prolongées d'oxygène à haute concentration, durant 8 à 20 jours, sans observer d'inconvénients* ». Les auteurs de *L'Oxygénothérapie* (8) ajoutent toutefois : « *...l'inhalation par les moyens usuels d'oxygène à cent pour cent ou à concen-*

8. Léon Binet et M. Buchet.

tration élevée est contre-indiquée dans certains cas de dépression respiratoire et particulièrement au stade de gravité de l'insuffisance respiratoire chronique et de l'emphysème hypercapnique. »

Mais il s'agit là d'oxygène à haute concentration, et L. Binet et M. Bochet reconnaissent l'innocuité d'un séjour prolongé dans l'air suroxygéné à un taux de 50 %. Nous verrons qu'avec nos techniques cette sécurité se trouve singulièrement renforcée.

Rappelons que chaque respiration correspond à une absorption d'oxygène (O_2) et à une élimination d'acide carbonique (CO_2). Le problème est facile à poser, puisqu'il s'agit d'introduire davantage d'oxygène dans les poumons et de rejeter le maximum d'acide carbonique. Pour cela, il faut saturer l'atmosphère en oxygène ou l'enrichir.

L'oxygène pur n'est utilisé que pour des cas médicaux dont nous n'avons pas à nous entretenir ici ; ce sont souvent des cas d'urgence. Dans les applications médicales courantes, l'air est enrichi à 50 ou 60 % en O_2. Ces inhalations sont souvent très prolongées (suites d'interventions chirurgicales). Le professeur Binet et ses collaborateurs ont fait à ce sujet l'observation suivante : « *Avec un taux de 60 % d'oxygène, nous observons encore les signes qui accompagnent l'inhalation d'une atmosphère suroxygénée : réduction de 60 % de la fréquence respiratoire, apathie et somnolence, mais des cobayes ont cette fois parfaitement toléré un séjour continu dans l'oxygène à 60 % durant plus de trente jours. Plusieurs d'entre eux ont présenté une augmentation de poids sensible (20 à 30 % de leur poids initial). Ils ont survécu normalement, sans manifester aucun trouble.* »

L'oxygénation au-delà de 60 % est obtenue à l'aide de masques hermétiques ; en deçà, elle fait appel au masque ou à la tente à oxygène, ce dernier moyen exigeant un débit élevé pour obtenir une saturation suffisante ; il est donc à éliminer hors des installations hospitalières.

Le masque emprisonnant le visage est pénible à supporter ; il est l'objet, en dépit d'une hygiène rigoureuse, de la suspicion du sujet concernant son aseptie, sa propreté. **Il est aberrant de constater qu'en certains établissements, il soit utilisé pendant des périodes de repos dénommées abusivement relaxation.** En réalité, le masque est incompatible avec une relaxation authentique ; il en est l'obstacle, tant sur le plan hygiénique que quiétude psychique.

En conséquence de ces observations, nous avons fait réaliser une coupole spéciale en plexi dont la transparence évite que ne se manifeste un sentiment de claustrophobie. L'intérieur du cockpit (cockpit d'oxygénation) se nettoie facilement après chaque application, aucun mécanisme ne pouvant échapper, comme pour le masque, à une asepsie rigoureuse. Un dispositif a été conçu qui permet une arrivée directe de l'oxygène au niveau des narines. Classiquement, le conduit d'oxygène est relié à un manodétendeur monobloc muni d'un cadran qui indique le débit/minute et le contenu de la bouteille (pour les applications en relaxation : bouteille française de 3 000 litres). Le manodétendeur, très robuste, se visse facilement sur la bouteille. A sa partie inférieure, il comporte un godet humidificateur, relais où le gaz s'hydrate pour éviter l'assèchement des voies respiratoires. On peut reproduire l'atmosphère sylvestre en mêlant à l'eau de ce récipient des essences naturelles qui ajoutent aux bienfaits de l'oxygène, ceux de l'aromathérapie : essences de thym, de romarin, de lavande, de serpolet, etc. Le cockpit est conçu pour permettre une diffusion suffisante du CO_2 ; elle s'opère par les ouvertures ménagées et par drainage sous l'action du débit en oxygène ; la petite coupole perforée sous-nasale assure une saturation supérieure à l'ambiance, qui permet d'atteindre le degré voulu, 40 à 60 % selon le débit qui doit être établi entre 6 et 8 litres/minute. Notons que « *le coefficient de diffusion du* CO_2 *est 25 fois plus élevé que celui de l'oxygène* » (Binet). Toutefois, notre méthode écourtant la séance d'oxygénothérapie, favorisant la ventilation, peut permettre un débit plus important sous contrôle médical. Un débit de 8 litres en des séances de 10 minutes (c'est ce que nous recommandons) permet de 35 à 40 séances d'oxygénothérapie par bouteille.

6. Notre méthode

Il nous est apparu comme un non-sens de placer un sujet sous le masque à oxygène (sauf en médical pour des cas particuliers) **sans lui apprendre à respirer,** c'est-à-dire, sans faire bénéficier toute sa nappe musculaire de l'oxygène inhalé. Effectivement, nous savons que dans la respiration habituelle nous n'inspirons et rejetons que 1/2 litre d'air (air courant). Dans la respiration complète, telle que nous la décrivons, c'est 3,500 litres d'air qui sont inspirés et expirés à chaque mouvement respiratoire. Même en tenant compte du temps d'expiration plus long, nous obtenons un pouvoir d'absorption de l'oxygène trois ou quatre fois plus élevé qu'on ne l'avait obtenu jusqu'à maintenant. Il ne fait pas de doute que sans cette technique l'oxygène diffusé est perdu en majeure partie dans l'ambiance ; pour un débit égal et même inférieur, une durée d'oxygénation de 7 à 10 minutes fixera davantage d'oxygène au sein de l'organisme que des séances de 20 à

30 minutes d'une respiration encore ralentie par rapport à la normale du fait de l'immobilité du sujet. Encore fallait-il que les sujets placés sous oxygène puissent accomplir sans s'arrêter des mouvements respiratoires de grande amplitude ? C'est alors que nous avons créé la *respiration dirigée sous oxygène.*

7. La respiration dirigée

Nous avons utilisé l'enregistrement sonore, sur bandes magnétiques et en cassettes. Sur un fond sonore euphorique, musiques évocatrices de nature, murmure de ruisseau, chants d'oiseaux, etc., **le sujet en relaxation reçoit à l'intérieur du cockpit toutes les directives nécessaires.**

L'initiation comporte différentes séquences que nous résumerons. Le sujet reçoit d'abord des recommandations de détente. Celle-ci étant obtenue : *« Vous êtes détendu, vous respirez calmement »*, etc., il lui est enseigné à respirer alternativement de la base et des sommets pulmonaires, puis à lier ces deux modes respiratoires ; il apprend ensuite à mobiliser son diaphragme. Enfin, l'éducation porte sur la durée des temps respiratoires, inspiration, rétention d'air, expiration longue ou rapide, etc. Il se rend ainsi maître de sa fonction respiratoire, c'est le prologue indispensable de la relaxation qu'il maîtrisera ensuite beaucoup plus vite.

Une séquence de la méthode peut être utilisée pour les séances d'oxygénothérapie. Le sujet, par cette initiation progressive, parvient au rythme suivant : Inspiration : 12 secondes — Rétention : 6 secondes — Expiration : 12 secondes. Nous conservons l'inspiration de 12 secondes et la rétention qui fixe l'oxygène et nous diminuons de moitié le temps d'expiration. Voyons ce qui en résulte.

Nous savons que le phénomène de l'hématose (oxygénation du sang) se produit dans sa plus grande intensité au moment où la dilatation pulmonaire est maximale. Donc, il s'agit de profiter de cette indication pour faire en sorte que la nappe sanguine reste déployée le plus longtemps possible au cours des mouvements respiratoires. Le prolongement du temps d'inspiration, la rétention d'air en inspiration optimale réalisent pleinement cet impératif. Mais si nous réduisons de moitié par rapport à l'inspir le temps d'expiration, nous chassons beaucoup plus vite l'acide carbonique et faisons bénéficier la phase positive d'oxygénation de cet écourtement. Ce n'est pas là le seul intérêt de cette technique. L'expiration plus rapide sollicite énergique-

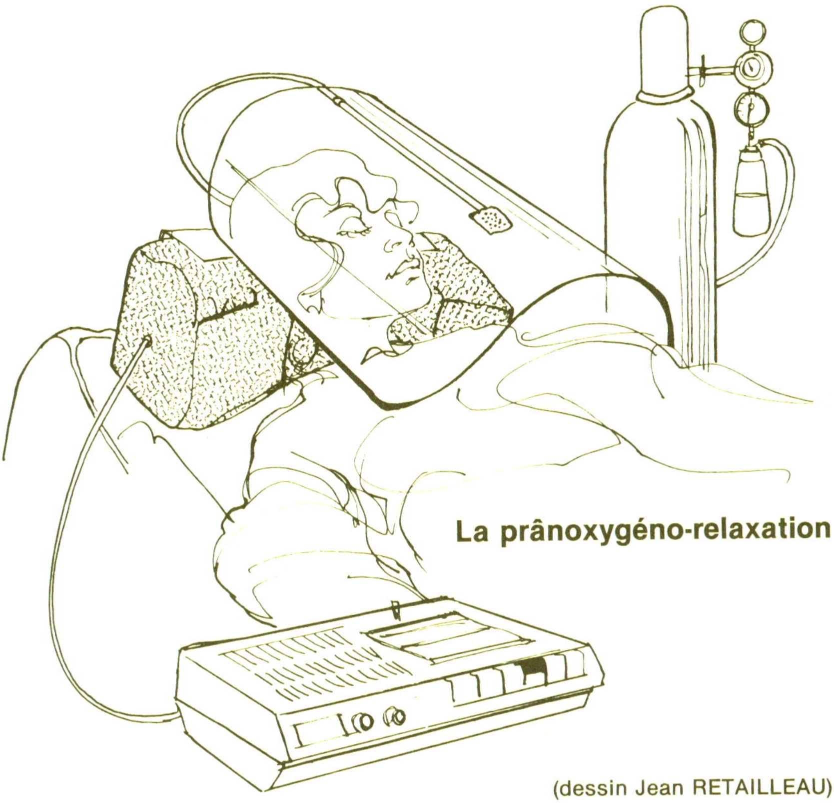

La prânoxygéno-relaxation

(dessin Jean RETAILLEAU)

En relaxation psychosomatique, la maîtrise respiratoire constitue une phase préambulaire d'un intérêt capital pour l'obtention de la détente neuro-musculaire. Les mouvements respiratoires sont guidés à l'intérieur du cockpit par la voix enregistrée que diffuse confidentiellement l'appui-nuque muni de bas-parleurs. Les temps d'inspir et d'expir sont marqués par le rythme du souffle dont le sujet suit l'enregistrement, cela dans une ambiance musicale évocatrice de l'environnement naturel... L'initiation est progressive et conduit à la maîtrise absolue de la fonction respiratoire, à l'image des disciplines yogies. L'oxygène, dont la fixation est assurée par l'ampleur des mouvements respiratoires, régénère l'élément sanguin, brûle les graisses et les déchets au niveau des poumons, et exerce des effets vivifiants sur tous les organes, en particulier sur la fonction nerveuse. En certains cas, sous surveillance médicale, l'oxygène est remplacé par le carbogène (1) qui favorise les grandes ventilations pulmonaires. Ce gaz est particulièrement précieux dans l'athérome et pour le traitement des artérites.
Beaucoup de chargés de responsabilités bénéficient ainsi, à titre préventif ou curatif, de cette conjugaison de la relaxation psychosomatique qui défend l'intégrité du système nerveux, avec la suroxygénation qui préserve des redoutables atteintes cardio-vasculaires. Des séances régulières, selon les principes de cette méthode propre à l'auteur, compensent en outre les méfaits de la pollution dans les grands centres urbains.

(1) Mélange de 93 % d'oxygène et de 7 % de gaz carbonique.

ment les muscles expirateurs dont nous savons que la contraction exerce d'importants effets hygiéniques sur le contenu abdominal et particulièrement sur la glande hépatique dont nous n'avons pu développer toutes les liaisons avec l'arbre respiratoire. Il nous reste à examiner le rôle que joue l'acide carbonique dans les mouvements respiratoires ; nous le ferons en traitant de la carboxygénothérapie réservée aux applications médicales.

8. La carboxygénothérapie

Le rejet de l'acide carbonique à l'intérieur du cockpit d'oxygène ne peut être nocif par suite de son haut pouvoir de diffusion. Il est même nécessaire que l'air en conserve une certaine proportion qui se situe aux alentours de 1 à 1,5 %. C'est que l'acide carbonique a la propriété d'exciter le centre respiratoire du bulbe, **donc de favoriser la ventilation pulmonaire.** En marge de cette stimulation, qui n'est pas indispensable avec la respiration dirigée, le CO_2 exerce une action bénéfique sur l'hypertension artérielle.

Le carbogène est un mélange de 93 % d'oxygène et de 7 % de gaz carbonique. Il a pour effet, par l'acide carbonique qu'il contient, en favorisant les grandes inspirations, de contrebalancer les effets de l'oxygène qui a tendance, quand il est pur, à ralentir les mouvements respiratoires par intoxication du bulbe et à provoquer une certaine torpeur ; mais nous avons vu comment notre méthode élimine ces inconvénients.

Le carbogène conserve cependant ses indications que nous résumerons : ses effets sont remarquables dans l'artérite, c'est véritablement « l'aliment des artères » auxquelles il tend à restituer leur lumière ; il est recommandé dans l'angine de poitrine et les séquelles d'hémiplégie ; en association avec la cure de relaxation psychosomatique, c'est un traitement de choix. Son action est remarquable dans les insuffisances respiratoires chroniques, c'est un adjuvant précieux des soins médicaux : asthme, emphysème, bronchite chronique, sclérose pulmonaire, silicose ; les sinusites et rhumes en bénéficient. Il semble que les paramédicaux devraient trouver **dans les cures de carboxygénation faites sous contrôle du médecin** le moyen d'ajouter une nouvelle branche à l'éventail de leurs activités.

9. La prânoxygéno-relaxation

L'introduction préambulaire de l'oxygénation en séance de relaxation a largement contribué à l'efficacité d'une méthode maintenant appliquée avec succès en de nombreux pays. Par définition, le sujet qui suit une cure de relaxation est soit un hypertendu, soit un asthénique ; de toute manière, il s'agit d'un fatigué avec parfois des sautes d'énergie, ou d'un sujet dont les réserves de vitalité sont épuisées.

Appliquant nos principes à l'établissement thermal de Vichy, le docteur M. Apperçé avait constaté les résultats suivants dès les premières séances (9) :

Le pouls accéléré se ralentit et se normalise.
La tension artérielle tend vers des chiffres moyens.
Les oscillations présentent une amplitude accrue.
La spirométrie est nettement améliorée et la capacité vitale, très diminuée, augmente.
Les signes fonctionnels respiratoires s'amendent.
L'état général se redresse.

Concernant la fatigue, le docteur Apperçé concluait en ces termes : « *L'anxiété, l'irritabilité et la dépression nerveuse, qui, associées à la fatigue physique, constituent certains de ces états qu'on appelle psychosomatiques, relèvent aussi des inhalations d'oxygène, combinées, de préférence, avec la relaxation psychosomatique (10).* »

Les indications de l'oxygénothérapie sont tellement nombreuses que nous ne pouvons toutes les énumérer, mais nous y reviendrons en examinant les modalités de son application tant sur le plan social que professionnel, ce qui nous amènera à compléter cet exposé par une étude de la relaxation psychosomatique en collectivité. L'oxygénothérapie, en étant partie intégrante, ne peut, pour le spécialiste, en être dissociée sans nuire à l'efficacité de la méthode.

---

9. *Bulletin de l'Académie nationale de médecine,* Tome 146, n°s 3 et 4, 1962.
10. Condensé diffusé par l'établissement thermal de Vichy.

3 Relaxation psychosomatique. PARTIE PRATIQUE

LA MAITRISE RESPIRATOIRE

Exercice 1 : **La dilatation des narines**

Vous ne savez pas bien respirer si vous ne savez pas dilater vos narines. Le muscle appelé *dilatateur des narines* écarte l'aile du nez de la ligne médiane ; il ouvre la narine. En vous regardant dans un miroir, exercez-vous d'abord à contracter et à relâcher rythmiquement les dilatateurs des narines ; vous devez voir vos narines se dilater et se refermer. Quand vous avez maîtrisé cet exercice, vous devez vous habituer à dilater les ailes du nez en inspirant ; vous aurez alors l'impression que l'air pénètre directement dans vos poumons et sans difficulté ; ne relâchez les dilatateurs que lorsque vous expirerez, afin de mieux contrôler l'air qui s'échappe doucement.

L'exercice est maîtrisé quand il est devenu automatique ; quand vous inspirez, vos narines se dilatent spontanément.

Exercice 2 : **La prise de conscience du respir**

Quand vous respirez normalement, vous ne vous en rendez pas compte et, cependant, vous respirez de 12 à 16 fois par minute. Pensez dès maintenant que vous respirez. Ainsi vous allez prendre conscience du peu d'air que vous introduisez dans vos poumons à chaque respiration.

Pensez ainsi à votre respir plusieurs fois dans la journée pour appréhender cette vérité : *vous n'utilisez qu'une petite partie seulement de vos poumons.*

Exercice 3 : **La prise de conscience des expirateurs**

Dans la position de relaxation, expirez à fond doucement par le nez en contractant énergiquement, puissamment mais lentement, les muscles abdominaux pour chasser complètement l'air vicié de vos poumons.

Pendant cet exercice, restez bien détendu, ne crispez pas votre visage.

Exercice 4 : **La respiration fragmentée (abdominale)**

En relaxation, inspirez doucement par le nez en soulevant lentement la paroi abdominale, mais sans dilater le haut de la poitrine. Expirez ensuite doucement comme dans l'exercice précédent.

Exercice 5 : **La respiration fragmentée (thoracique)**

En relaxation, inspirez doucement par le nez en soulevant lentement la cage thoracique, mais en rentrant le ventre. Quand la poitrine est dilatée, faites encore un effort d'inspiration pour faire monter l'air aux sommets pulmonaires.

Expirez ensuite doucement et à fond.

Exercice 6 : **La gymnastique et l'autocontrôle du diaphragme**

Inspirez comme dans l'exercice 4, mais conservez l'air. Sans relâcher l'air, rentrez le ventre assez rapidement mais sans brusquerie en dilatant le thorax au maximum, puis aussitôt, en conservant l'air, poussez à nouveau le ventre en avant en affaissant le thorax. Faites cet exercice, jusqu'à six fois de suite sans relâcher l'air quand vous y serez accoutumé. Terminez par la dilatation du ventre, thorax affaissé, et expirez comme dans l'exercice 4.

Exercice 7 : **La respiration complète**

Inspirez doucement par le nez comme dans l'exercice 4 (voir figure). Quand vous sentez que vous ne pouvez plus soulever l'abdomen, continuez à inspirer, mais sans rétracter le ventre ; soulevez les côtes, c'est la deuxième phase (B). Enfin en une troisième phase et toujours en continuant à inspirer, faites passer l'air aux sommets des poumons, en faisant un effort interne pour que l'air s'élève le plus possible à la région supérieure (C).

Ces trois temps dans la pratique sont indistincts, les trois phases devant se succéder sans saccade et sans interruption. Il faudra quelque temps pour que la respiration complète soit cou-

LA MAÎTRISE RESPIRATOIRE
Préambule de la relaxation psychosomatique

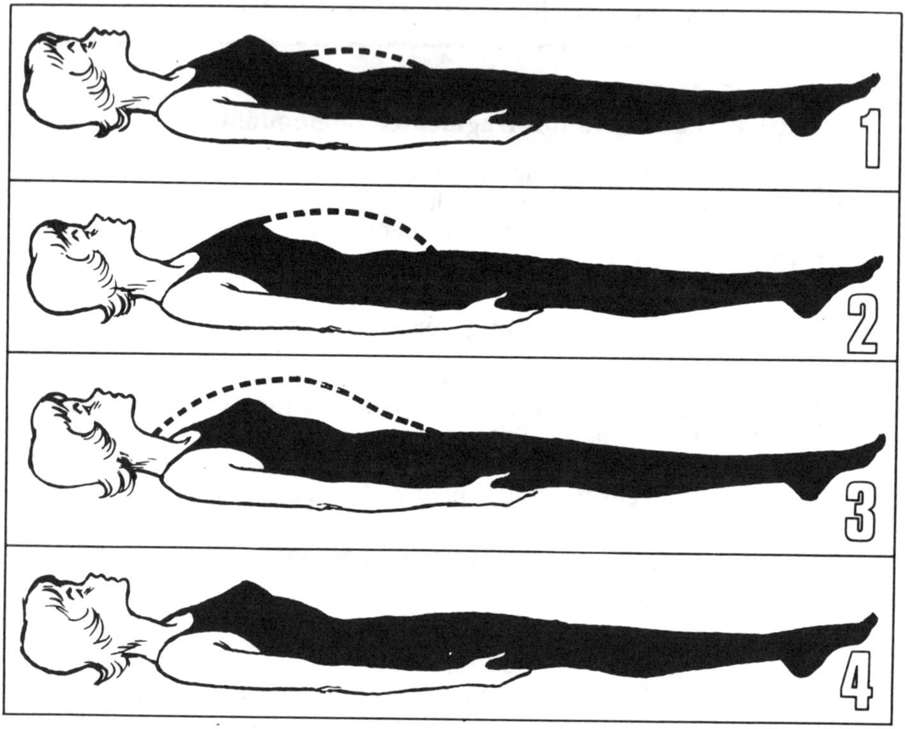

1er temps : inspirez doucement par le nez en soulevant le ventre.
2e temps : sans marquer d'arrêt, continuez à inspirer doucement par le nez en soulevant la région moyenne de la poitrine, sans rentrer le ventre.
3e temps : faites passer l'air au sommet des poumons en continuant à inspirer pour gonfler la poitrine au maximum et en rentrant le ventre.
4e temps : expirez doucement par le nez en faisant un effort en fin d'expiration afin de chasser complètement l'air des poumons. Enchaînez aussitôt.

Dessins extraits de *L'Esthétique corporelle* (Éditions Dangles).

lée, douce, uniforme, pour que vous la fassiez sans hâte et sans brusquerie. Quand vous y parviendrez, c'est que votre cage thoracique se sera assouplie ; vos poumons se dilateront avec facilité.

L'expiration se fait tout naturellement. Laissez votre cage thoracique s'affaisser d'elle-même, pendant que l'air s'échappe doucement par le nez. Ce n'est qu'à la fin de l'expiration que vous devrez faire un effort des muscles abdominaux pour pouvoir chasser encore plus complètement l'air vicié. Exercez-vous d'abord à respirer ainsi, lentement avec régularité et continuité avant d'aborder les exercices suivants (description et illustration extraites de *l'Esthétique corporelle*).

Exercice 8 : **La prise de conscience du rythme**

En relaxation, mais les mains placées sur la région inférieure du ventre, les doigts sur le dos de la main gauche, le pouce en dessous, prenez votre pouls et, mentalement, exercez-vous à le ressentir intérieurement dans tout votre corps en comptant chaque pulsation.

Quand vous posséderez le rythme, efforcez-vous de le ressentir de la même manière, mais bras le long du corps, en comptant mentalement sur ce même rythme de la systole ; contrôlez périodiquement l'exactitude du rythme en reprenant le pouls.

Exercice 9 : **La respiration rythmique**

Inspirez comme dans la respiration complète aussi doucement que possible, en comptant mentalement sur votre rythme (exercice précédent). Nous admettrons que vous ne pouviez plus inspirer davantage au moment où vous avez compté 8. Expirez alors lentement en comptant 8.

Pratiquez cet exercice au moins cinq minutes en vous concentrant sur ce que vous faites ; vous devez ressentir à l'intérieur de vous-même un rythme régulier, comme celui de votre cœur.

Exercez-vous par l'entraînement à éprouver un rythme de plus en plus fort et perceptible.

Exercice 10 : **Ralentissement de l'inspir**

Toujours selon le rythme, ralentissez le temps de l'inspiration au-delà des temps précédents pour pouvoir compter sur le même rythme plus longtemps ; ralentissez également le temps de l'expiration.

Avec l'entraînement, vous parviendrez (mentalement) jusqu'à 10, 15 et même au-delà de 20 pour l'inspiration et de 20 pour l'expiration.

3 Relaxation psychosomatique. PARTIE PRATIQUE

Exercice 11 : **Inspir retenu**

Prenez au début un temps moyen, en comptant jusqu'à 12 par exemple. Inspirez en comptant jusqu'à 12 et retenez l'air en comptant (mentalement) la moitié de 12, soit : 6. Expirez ensuite en comptant jusqu'à 12 et continuez en inspirant et retenant l'air après chaque inspir. Essayez ensuite de prolonger les temps, par exemple : 16, 8, 16 ; 16, 8, 16 ; 16, 8, 16 ; 16, etc.

Exercice 12 : **Arrêt de l'inspir et de l'expir**

Comme l'exercice 11, mais avec arrêt de la respiration après l'expiration, un temps égal à la rétention de l'inspir. Exemple : 12, 6 ; 12, 6 ; 12, 6 ; 12, 6 ; 12, etc.

Exercice 13 : **Le déplissement alvéolaire**

Debout, inspirez doucement, complètement et retenez l'air. Portez alors la bouche en avant comme pour prononcer la lettre P, mais en pinçant les lèvres. Soufflez brusquement un peu d'air en vous opposant partiellement à sa sortie, lèvres pincées. Retenez l'air et recommencez en expirant par efforts successifs jusqu'à expiration complète.

Répétez l'exercice deux ou trois fois et, quand vous respirerez ensuite, vous aurez le sentiment que votre cage thoracique s'est agrandie.

Exercice 14 : **L'oxygénation alvéolaire**

Debout, inspirez doucement, complètement et retenez l'air. Sans expirer, pianotez doucement sous les pectoraux, sur les côtés du thorax avec les doigts à plat en conservant l'air pendant 6 à 15 secondes en prolongeant la durée au fur et à mesure de votre entraînement.

Exercice 15 : **L'oxygénation musculaire**

Debout, inspirez doucement, complètement et retenez l'air. Fermez les mains énergiquement, crispez les poings et, en même temps, contractez (raidissez) tous les muscles du corps en contractant tous les groupes musculaires statiquement : membres supérieurs, inférieurs, fessiers, abdominaux, pectoraux, dorsaux, etc. Ne relâchez la contraction qu'après 3 à 6 secondes ; ensuite, expirez à fond, allongez-vous sur le dos et détendez tous vos muscles globalement.

Au début, ne conservez la contraction que pendant 3 secondes et ne faites cet exercice qu'une fois. Par la suite vous pourrez aussi l'exécuter dans la position couchée.

Nota : pratiquez la respiration rythmique en préambule à toute séance de relaxation, au minimum pendant 3 minutes. Faites chaque jour l'un ou l'autre exercice respiratoire pour vous rendre maître de votre fonction respiratoire. La respiration rythmique doit devenir coulée, uniforme sans que les trois temps de la respiration soient discontinus ; vous aurez maîtrisé votre respiration seulement quand vous ferez l'exercice en restant parfaitement détendu et quand vous sentirez en vous le rythme intérieur.

LA MAITRISE FLUIDIQUE

Exercice 16 :

Respirez rythmiquement jusqu'à un minimum de 12 temps et autant pour l'expiration. Pendant tout le temps de l'inspiration, pensez fortement sans laisser dériver votre attention que vous introduisez en vous la force ambiante (fluide vital) puis, en expirant doucement, pensez aussi intensément que vous chassez les forces malsaines qui peuvent objectivement être représentées par les toxines de fatigue.

Exercice 17 :

Respirez rythmiquement comme précédemment, mais comptez 6 temps après l'inspiration pendant lesquels vous conserverez l'air inspiré. En conservant l'air, pensez intensément que vous chargez votre plexus solaire (au creux de l'estomac) de force vitale. Vous devez « sentir » votre plexus, éprouver une chaleur agréable à ce niveau de votre corps.

Expirez ensuite lentement et restez pendant 6 temps sans respirer en faisant appel à la force ambiante avant de l'incorporer par l'inspir. Cette force n'est autre que le fluide universel des occultistes.

Exercice 18 :

Procédez comme pour l'exercice précédent mais au lieu de charger le plexus solaire, chargez un autre plexus, le plexus sexuel par exemple que vous pouvez situer au niveau pubien (voir figure).

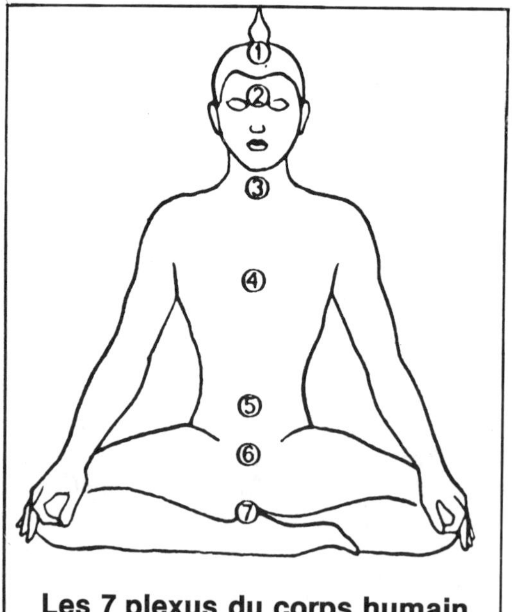

Les 7 plexus du corps humain

Exercice 19 :

Après avoir chargé un plexus, concentrez-vous intérieurement et, pendant la rétention du souffle, faites passer le fluide vital d'un plexus à l'autre. Vous devez sentir la chaleur abandonner un plexus pour se transférer à l'autre. Apprenez ainsi à charger tous vos plexus de fluide vital et à le concentrer plus particulièrement dans l'un d'eux.

Exercice 20 :

Ayant appris à charger les plexus, vous pourrez diriger à partir de vos plexus la force vitale concentrée en l'un d'eux sur tel organe de votre corps qu'il vous plaira de fortifier. Il vous suffit alors de charger le plexus du niveau correspondant et, comme vous avez acquis la maîtrise fluidique, dirigez le fluide du plexus vers l'organe choisi. Ainsi, si vous pensez que c'est la glande hépatique qui est déficiente, vous vous la représenterez par l'intériorisation de l'image mentale en même temps que par des respirations rythmées, et chargerez le plexus solaire (épigastrique) qui l'avoisine. Il s'établit ainsi un courant entre la force fluidique ambiante, votre plexus et votre foie qui emmagasine cette force.

CHAPITRE IV

La détente neuro-musculaire

L'observation des fauves, des animaux qui nous sont familiers et sont encore proches de la nature, nous montre ce qu'est la décontraction musculaire : allongés sur le sol, ils donnent l'impression d'être absolument détendus. Un danger les menace-t-il ? Immédiatement, ils sont sous tension, prêts à bondir ou rassemblant leurs forces pour fuir. **C'est l'image même de l'équilibre psychosomatique** et, par conséquent, de la possibilité de se trouver spontanément dans une détente nerveuse et musculaire absolue et, aussi spontanément, de se trouver dans cet état de tension qui correspond à la vigilance. Chez l'animal dont la tension nerveuse a conservé son intégrité, la tension musculaire oscille naturellement entre ces deux pôles, selon la situation dans laquelle il se trouve placé ; la contraction qu'on observe comme une tension vigile est un mécanisme de défense. L'animal qui n'est pas adultéré par la domestication réagit au danger par la décharge de la tension provoquée par la circonstance adverse, instinctivement, soit par l'affrontement, soit par la fuite. Il retrouve alors son état primitif de décontraction musculaire.

Cependant, à l'état de veille, le relâchement musculaire n'est pas absolument complet. Les muscles sont légèrement tendus : c'est ce qu'on appelle **le tonus musculaire** qui résulte d'une contraction tétanique de basse fréquence. Cette tension est sous la dépendance de « centres supérieurs de régulation tonique » qui exercent des effets stimulants ou inhibitoires pour réaliser **l'équilibre** entre une tension insuffisante : **l'hypotonie,** ou excessive : **l'hypertonie.** L'état tonique de l'individu, c'est-à-dire sa tension musculaire et de manière concomitante nerveuse, est sujet à variations ; il est plus ou moins stable et peut en certaines instances osciller entre une tension insuffisante et excessive. Cela se produit sous l'effet d'un dérèglement de l'activité nerveuse réflexe ou sous l'influence de facteurs affectifs et psychoémotionnels, également, d'une activité volontaire. Prenons quelques exemples :

Nous avons vu comment se dérèglent les mécanismes de la commande nerveuse, dont l'hypothalamus est l'ordinateur, sous les coups de boutoir ou les stimuli répétés de circonstances adverses et d'agressions physiques ; nous n'y reviendrons que pour en souligner l'importance dans le contexte de l'anomalie.

Toute la gamme des nuances intervient sur le plan émotionnel pour apporter des modifications à l'état tonique. Imaginez un homme accablé par des difficultés d'argent et dont la nature est de s'abandonner plutôt que de réagir, puis un autre assailli par les mêmes difficultés, mais que son tempérament incite à rassembler ses énergies pour résoudre ses problèmes par l'action. Il est facile de concevoir que la tension tonico-nerveuse sera différente. Alors que le premier sera victime d'une tension intériorisée, le second pourra libérer la sienne dans l'action ; **à condition qu'une certaine maîtrise lui permette d'alterner les temps d'activité et de détente pour ne pas se surmener.**

La tension peut être l'objet d'un mécanisme inconscient et, malgré cela, être perçue. Nous avions un élève d'un certain âge, tendu nerveusement, qui nous relata, qu'étant aller voir un film comportant pour le héros des moments périlleux, il ressentait des douleurs fulgurantes des membres inférieurs chaque fois que ce personnage se livrait à une action intrépide le mettant en danger.

Le repos abaisse le tonus, mais la concentration sur une activité intense, physique, ou cérébrale, tend à l'élever. L'acteur de théâtre, le jour de la générale, éprouve une tension tonico-émotionnelle spécifique de la dualité des causes qui, par leur intrication, élèvent le tonus. D'une part, il participe avec tout son corps, l'expression du visage, ses attitudes, les modulations de la voix à l'expression du personnage qu'il incarne, d'autre part, il est étreint par l'anxiété qui résulte des impondérables inhérents à ce genre d'entreprise ; sera-t-il bien dans son rôle, quel sera l'accueil du public, de la critique ? Les conséquences de la réussite et de l'échec facilement supputables élèvent encore la tension intérieure.

Quand, sous l'influence du dysfonctionnement de la régulation nerveuse ou de tensions émotionnelles fréquemment renouvelées, le tonus musculaire se trouve anormalement élevé, cet état, par le truchement des structures réticulées sous-corticales, rejaillit sur la tension psychique qui se met à son diapason ; ainsi que nous le verrons, les perturbations de la fonction tonique peuvent se traduire également par des hypotonies, ou encore on observe une intrication des phénomènes. J.-G. Lemaire, déjà cité, montre bien comment ces états peuvent déboucher sur le pathologique : « ... *La fonction tonique est au centre du carrefour psychosomatique où se réalisent des intégrations psychophysiologiques, conditionnées, complexes, qui peuvent être éventuellement pathologiques, chaque facteur psychologique ou somatique réagissant sur les autres et pouvant aboutir à de véritables cercles vicieux morbides : c'est à la relaxation ou à la rééducation psychotonique de rompre ce cercle et de libérer, en les déconditionnant, les potentialités psychiques et physiques enfermées par le syndrome.* »

C'est le rôle de l'hygiène mentale et de la maîtrise de la fonction tonique, que de rétablir des structures tonico-émotionnelles normales. Nous allons voir par quels cheminements la relaxation psychosomatique y parvient.

1. La détente neuro-musculaire d'accélération graduelle

L'expérience nous a largement démontré que l'anxiété, comme le trac des artistes, est rapidement libérée par des exercices de respiration complète et « la danse du ventre » décrite dans nos exercices pratiques ; le docteur Pierre Fournier, nous citant, en a fait état dans une œuvre qui a obtenu une grande audience (1). Cette technique mobilise le diaphragme ; elle agit sur les centres nerveux et libère le thorax de ses crispations. Cela se comprend aisément si on conçoit que la crainte, l'anxiété, bloquent au contraire la respiration. L'exercice respiratoire qui précède dans notre méthode la recherche de la détente musculaire apporte donc **une importante contribution à la régulation de la fonction tonique.** Quand intervient cette phase de prospection des contractures inconscientes, celles-ci sont déjà en partie abolies.

Dans la méthode autoconcentrative de Schultz, le sujet qui n'a pas bénéficié de ce préalable doit se concentrer sur son bras, le droit en général, pour le décontracter en le rendant lourd. La pensée doit donc être dirigée vers le bras et surtout s'y maintenir ; c'est déjà un obstacle **puisque cette concentration est en elle-même une tension** ; d'où la difficulté pour certains sujets de maîtriser rapidement ce premier exercice.

Notre méthode participe de principes différents. Examinons-les par le détail.

Un exercice que nous donnons en fin de chapitre consiste à décrisper les traits du visage le soir avant de s'endormir. C'est qu'à

1. *En attendant le Docteur* (Robert Laffont).

notre sens le premier exercice de la détente musculaire ne doit pas débuter par la recherche de la décontraction de telle ou telle région du corps, **mais par celle du visage.** Le visage est le reflet de toutes nos préoccupations, mais il est aussi le haut lieu de toutes nos tensions. Pour le faire comprendre à nos élèves (2), nous leur disons : que fait un homme en colère ? Il serre les poings et crispe son visage dans un rictus menaçant. Pourrait-on concevoir qu'un homme fût en colère et restât souriant ? Certainement pas ! Le visage est bien le carrefour où viennent s'inscrire nos états d'âme et nos tensions ; c'est donc lui qu'il faut tout d'abord détendre.

Dans la séquence enregistrée concernant la détente du visage, nous utilisons particulièrement deux moyens : le mot **sérénité** qui est évocateur d'un calme souverain que rien ne peut perturber ; **l'injonction du sourire** qui est l'expression de la détente et de l'absence de préoccupations : « *Vous souriez intérieurement...* » Comme le visage, les mains sont **des témoins privilégiés** ; notre tempérament, notre caractère sont inscrits dans nos mains (3). Nous recherchons alors la décontraction des mains : « *Vos mains sont détendues... abandonnées... vos doigts sont décrispés...* » Puis, après avoir remonté le long des bras pour les détendre, nous descendons du visage et du cou pour relaxer « topographiquement » les épaules, le dos, la région lombaire, le pelvis et le ventre ; puis, nous recherchons la décontraction des pieds, des jambes, des cuisses, rejoignant le pelvis pour que fusionnent les parties hautes et basses du corps en une relaxation intégrale.

On voit qu'il s'agit d'une technique différente de celle qui consiste à ne rechercher d'abord que la détente d'un bras pour que celle-ci s'étende ensuite au reste du corps par le jeu des connexions nerveuses. D'autre part, il est expressément demandé au sujet de se laisser aller, de ne faire aucun effort d'attention qui pourrait, dans un premier temps, provoquer une déperdition de l'influx nerveux ; la détente est obtenue, d'une part grâce à la synthèse des moyens utilisés (position de relaxation rationnellement étudiée, surrespiration dirigée, éventuellement vibration) et, d'autre part, par suggestion et musique conditionnantes.

---

2. *Cours de relaxologie.*
3. *La Main, ses prodigieuses révélations* (épuisé).

2. La relaxation topographique

La pesanteur de tout le corps, **qui n'est pour nous qu'une première phase de la maîtrise et non son aboutissement,** est obtenue en cinq applications, quelquefois dès la première séance. C'est que chaque séquence de 30 minutes comporte outre l'éducation respiratoire, la recherche systématique par suggestion de la détente neuromusculaire. Au fur et à mesure de l'initiation, le temps consacré à la décontraction de chaque région est *raccourci,* afin qu'en quelques instants seulement, dans les dernières séquences, où avec celles ayant un objectif particulier, la relaxation intégrale puisse être obtenue instantanément. Avec cette méthode enregistrée, **la présence du praticien n'est pas nécessaire** ; c'est ce qui en rend l'application possible dans toutes les conjonctures. Mais cela présente un autre avantage. Dans une méthode d'enseignement direct, le praticien doit apprendre au sujet à contracter ses muscles, puis à les détendre tour à tour et, mieux encore, à en contracter certains, en en laissant d'autres au repos. Cette technique est partie intégrante de ce qu'on appelle **la conscience du corps** qui n'est autre, par rapport au contrôle tonique, que la possession du *sens musculaire.* Or, le praticien ne peut lui-même posséder ce sens musculaire que s'il est culturiste ou athlète complet. Cela mérite une digression.

Dire à un sujet : « *Faites votre bras lourd... détendez-le...* » en le lui soulevant, ne signifie pas grand-chose si, soi-même, on n'a jamais fait d'élévation du bras avec un haltère pour se rendre compte de l'action dans ce mouvement de la contraction du pectoral et du deltoïde antérieur, de leur rôle freinateur dans la lente retombée du bras quand ils ne sont pas complètement décontractés. En surplus, il faut savoir, sans haltère, faire entrer énergiquement ces muscles en action pour l'élévation du bras par l'intervention active des muscles antagonistes que sont les dorsaux et les deltoïdes postérieurs. Sans cette éducation **qui n'appartient qu'à ceux qui ont longtemps cultivé leurs muscles,** qui les ont patiemment exercés et développés, il n'est pas de contrôle tonique possible, ni de capacité à l'enseigner.

L'éducation du sens musculaire est pleine de subtilités. L'action tonique, de même que le relâchement musculaire doivent pouvoir être gradués en intensité comme en durée. Cela revient à dire que l'effort volitif intervient pour faire agir un muscle en des nuances très différenciées et que cela suppose d'acquérir par l'entraînement la faculté d'en percevoir les plus fins messages cœnesthésiques ; ce sont les principes de cet entraînement que nous avons résumés dans la partie pratique.

La présence d'un praticien ne possédant pas ce sens musculaire, et comment le posséderait-il s'il n'a pas systématiquement cultivé ses muscles, serait dans ce cas inutile, car comment expliquer ce que l'on a jamais ressenti (4) ? Ce sont les culturistes les plus chevronnés, les pratiquants des sports qui demandent le plus de sens musculaire, la gymnastique d'agrès par exemple, qui sont les mieux décontractés. Il nous est apparu que dans la recherche de la détente musculaire, de la résolution des contractures inconscientes, la présence du praticien est inopportune ; **loin d'être secourable au sujet, elle entretient sa vigilance** ; elle ne peut être bénéfique que dans le cadre d'une psychothérapie analytique dont sont seulement justiciables les cas médicaux ressortissant du domaine neurologique ou psychiatrique ; encore que, dans ce cas, la méthode précise que nous préconisons puisse être utilisée pour l'approche psychanalytique, ce qui n'a pas échappé à des spécialistes (5).

3. Les réflexes conditionnels de détente

Dans cette perspective qui est la nôtre, les réflexes conditionnés de détente neuro-musculaire se développent sous l'action de la suggestion **dont la répétition les fait jouer de plus en plus vite.** Contrôler la détente obtenue ne serait même pas nécessaire tant elle est immanquable, si le faire ne renforçait pas la confiance du sujet dans l'efficacité de la méthode.

Effectivement, si nous soulevons le bras avant l'application (ou la jambe) d'un sujet particulièrement contracté, nous nous apercevons, en le lâchant brusquement, qu'il reste contracté et ne retombe pas lourdement. La séance terminée, procédant de la même manière, sans en avertir le sujet, nous constatons que le même membre est devenu inerte, il retombe pesamment. Il en est ainsi des divers segments corporels, mais ce qui caractérise le plus cet état, c'est l'hypotonie générale qui se manifeste par un sentiment agréable de langueur physique et de torpeur mentale ; cette « lénifiance » caractérise ce troisième état entre la veille et le sommeil qui n'est autre que la relaxation globale à laquelle nous sommes parvenus par des voies différentes de celles des méthodes autoconcentratives, **mais autrement plus**

---

4. Il apparaît que l'éducateur physique pourrait être un excellent spécialiste de relaxation.

5. Méthode d'hypnophorèse à usage professionnel (déposée).

rapides dans l'obtention de la résolution des contractures musculaires inconscientes.

Dans cet état qui avoisine l'hypnose, la conscience n'est pas totalement effacée, mais elle est intériorisée. Les bruits ambiants, les pensées étrangères, voire obsédantes, font déjà place à la béatitude. On pourrait nous reprocher que cet état gratifiant risque d'annihiler chez le sujet les possibilités de contrôle tonico-émotionnel et de lui interdire l'accès à des disciplines plus approfondies que régirait la conscience. **Ce serait oublier qu'en relaxation psychosomatique, il ne s'agit que d'une phase préparatoire à l'action souveraine de la suggestion.** C'est elle qui préside à la restructuration du mental ; c'est par elle que nous procédons à la prise de conscience du corps — par l'intérim de certains mécanismes — qui débouche sur sa maîtrise. Elle va nous permettre une étude exhaustive des pouvoirs que confère notre discipline et dont certains ressortissent à ceux de l'hypnose que nous aborderons ensuite.

4 Relaxation psychosomatique. PARTIE PRATIQUE

LA RELAXATION TOPOGRAPHIQUE

Exercice 21 : **Relaxation du visage**

(Pour la position du corps et les directives générales, se reporter au chapitre II.)

« Les yeux sont fermés sans crispation, les paupières abaissées sans effort... le front est serein... vous pensez au mot sérénité... la bouche est fermée mais les lèvres ne sont aucunement serrées... c'est comme si un sourire intérieur flottait sur vos lèvres... cependant que votre respiration est maintenant douce... régulière. »

Exercice 22 : **Relaxation de la tête et du cou**

« Votre visage se détend de plus en plus... mais maintenant c'est votre tête qui pèse lourdement... votre cou est bien encastré... il appuie de tout son poids... cependant que votre visage est détendu... maintenant votre tête, votre visage sont complètement détendus... ils pèsent de plus en plus lourdement. »

Exercice 23 : **Relaxation des mains**

« Vos mains sont ouvertes... normalement... les doigts sont demi-fléchis... vos mains sont détendues... complètement abandonnées... comme votre visage... votre tête. »

Exercice 24 : **Relaxation des autres parties du corps**

« Vos mains sont détendues... inertes... cette inertie remonte maintenant le long de vos avant-bras qui reposent lourdement... comme vos mains... puis, la détente gagne vos bras et remonte jusqu'à vos épaules qui reposent lourdement elles aussi... cette détente rejoint maintenant celle de votre cou, puis redescend comme un fluide bienfaisant vers votre poitrine, votre dos... vos épaules... Votre dos et tout le haut de votre corps appuient maintenant de plus en plus lourdement... ainsi que vos reins qui se détendent eux aussi... Vous sentez que cette détente... cette chaleur que vous ressentez maintenant, revient sur votre poitrine et descend sur votre ventre... qui se détend... devient chaud... tout le haut de votre corps est maintenant détendu. Pensez à vos pieds maintenant... détendez-les... remontez le long de vos jambes... qui se détendent... vos jambes sont détendues... elles pèsent lourdement... elles sont inertes... comme tout le haut de votre corps... cette détente remonte maintenant le long de vos cuisses qui sont lourdes... et cette détente se communique à vos hanches qui pèsent de tout leur poids... Vos membres inférieurs sont lourds maintenant, comme tout le haut de votre corps. »

Exercice 25 : **La liaison**

« La détente a gagné maintenant tout votre corps qui est lourd... inerte... totalement détendu... La détente de votre dos... de vos reins... de votre ventre... de vos hanches rejoint maintenant celle de vos cuisses qui pèsent lourdement... tout votre corps est lourd... lourd... mais vous êtes bien... vous êtes complètement détendu. »

Nota : cette relaxation topographique **dont nous n'avons donné que des extraits** vous permet de détendre tour à tour les groupes musculaires. Reprenez à votre compte les formules, dites : « La détente a gagné maintenant tout mon corps, etc. » Voyez par la pensée chacun des groupes musculaires, attardez-vous pour bien les détendre ; la séance vous prendra de 15 à 20 minutes. Mais maintenant vous allez accélérer le processus et pourrez ensuite vous mettre instantanément en relaxation.

*
* *

4 Relaxation psychosomatique. PARTIE PRATIQUE

LA RELAXATION GRADUELLEMENT ACCELEREE

Exercice 26 : **La relaxation topographique**

Reprenez la relaxation dans l'ordre indiqué mais chaque jour, après 20 à 30 jours de relaxation topographique, accélérez le « parcours relaxant » pour parvenir à le faire en moins de 5 minutes après 10 à 15 jours. Ce délai est suffisant pour développer les réflexes conditionnels de détente que vous entretiendrez ensuite par la pratique régulière.

Exercice 27 : **La relaxation immédiate**

Les réflexes développés, il ne vous reste plus qu'à prendre l'habitude de détendre vos muscles instantanément. Vous n'avez qu'à intérioriser en pensant : « je me détends », tout en « sentant » votre corps se détendre effectivement, pour vous retrouver en relaxation. Cette détente qui n'est que neuromusculaire n'est pas encore la relaxation intégrale mais elle en est la voie d'accès.

Nota : nous abordons maintenant la détente du mental dans les meilleures conditions. Franchissant un degré supérieur de la relaxation, nous allons parvenir à un état proche de l'hypnose.

Exercice 28 : **L'état de torpeur**

En relaxation : « Vous êtes bien détendu... maintenant vous faites le vide dans votre esprit... votre respiration est toujours calme... vous ne pensez à rien... vous êtes bien... mais tout est lointain... Vous sentez votre corps devenir encore plus lourd... et la torpeur commence à vous envahir... vous ne pensez à rien... La torpeur envahit tout votre être... s'empare de votre corps tout entier... vous êtes bien... complètement immobile, le corps lourd. »

Exercice 29 : **L'évasion**

« Votre corps est maintenant complètement engourdi... il est de plus en plus lourd... il vous semble qu'il est abandonné... mais en même temps... un sentiment de légèreté s'empare de vous... votre corps reste lourd... immobile... mais vous vous évadez de votre corps... qui reste immobile... cependant que ce sentiment d'évasion se précise... il vous semble maintenant que vous planez au-dessus de votre corps... qui reste lourd... vous planez au-dessus de votre corps. »

Nota : cet état prélude au sommeil hypnotique. C'est une phase plus avancée de la relaxation où aucune paratonie ne subsiste. Cette sensation de légèreté est symptomatique de la relaxation intégrale. Tant qu'elle n'est pas éprouvée, la relaxation authentique n'est pas atteinte ; il faut alors prolonger la torpeur pour y parvenir. Dans cet état, l'activité organique est déjà ralentie.

CHAPITRE V

La suggestion en relaxation psychosomatique

La relaxation psychosomatique participe pour une large part de la suggestion que de nombreux contempteurs qui n'en connaissent ni le maniement, ni les ressources ont vivement critiquée. Si leurs arguments peuvent être réfutés dans le recours aux méthodes classiques, ils le sont encore bien davantage dans l'application de nos méthodes, pour peu qu'on veuille bien les examiner d'un regard objectif.

Se priver en relaxation de faire appel à la suggestion nous paraît aussi inconsidéré **que de se priver sciemment de l'anesthésie dans les interventions chirurgicales.** La suggestion (et l'autosuggestion) permet d'obtenir plus rapidement la résolution des tensions neuromusculaires que ne peuvent le faire les méthodes concentratives ; elle approfondit davantage ce que nous avons défini comme un troisième état. Il s'agit, nous le savons, d'obtenir également dans le training autogène « des états authentiquement suggestifs », mais non de s'abandonner passivement à la suggestion. **Or, c'est justement l'absence d'effort concentratif dans la suggestion, telle que nous l'utilisons, qui la rend si efficace.**

Si nous avons conservé à la surrespiration toute la valeur qu'y attachaient les initiés des temps qui nous précédèrent, c'est que nous connaissons la puissance du rythme (voir exercices), ainsi qu'il résulte du balancement de la tête des primitifs, à l'audition d'un son monotone, aux temps rythmés de la respiration ; il conduit à un état de torpeur, donc à un effacement progressif du conscient par la répétition monotone. D'autre part, la suroxygénation favorise cet état ; facilitant le monoïdéisme par le contrôle respiratoire qu'elle requiert, elle fait apparaître les prodromes de la déconnexion du mental.

Charles Baudouin aux travaux duquel il est bon de se référer quand il s'agit de suggestion (1) met l'accent sur les effets suggestifs

1. *Suggestion et autosuggestion* (Delachaux et Niestlé).

de la maîtrise respiratoire en citant le docteur Herbert Parkyn qui « *croit que dans l'action physiologique souvent prônée des exercices respiratoires, il y a une part de suggestion considérable* ». L'auteur remarque que cela n'enlève rien à la valeur des exercices et que « *c'est pour aboutir à des résultats meilleurs encore* » que Parkyn conseille de renforcer les exercices respiratoires par la suggestion réfléchie simultanée : « *L'air est un des éléments essentiels. Je suis en train de respirer profondément. Je sais que cela me fera du bien, etc.* » La suggestion réfléchie rejoint le principe de Schultz : « *Tout mon être respire* », mais on peut déplorer que ce dernier n'ait pas perçu **l'intérêt, en relaxation, de l'initiation respiratoire préalable.**

On pourrait reprocher à la suggestion son caractère passif, et l'objection qu'elle peut amoindrir la volonté vient naturellement à l'esprit, qu'elle ne saurait être efficace que sur des sujets influençables, participe de la même optique. Ayant beaucoup pratiqué l'hypnose, nous avons toujours observé que les sujets qui affirment ne pouvoir être endormis sont ceux qu'on plonge le plus rapidement dans le sommeil. L'hypnose, comme la suggestion, demande **une longue pratique et beaucoup d'entraînement.** Sauf exception, le médecin contemporain n'a pas le temps de s'entraîner avec de nombreux sujets pour pouvoir devenir un excellent hypnotiseur ; la connaissance de la technique est loin d'être suffisante pour que l'influence soit quasi irrésistible. D'où la tendance médicale à substituer à l'hypnose des méthodes faisant appel à des moyens extrinsèques au pouvoir du praticien (persuasion, autosuggestion réalisée par le sujet) et, parallèlement, à nier la possibilité de pouvoir induire une majorité de personnes en hypnose, dont la plupart en des états profonds (2). Cependant des médecins dont la sincérité est évidente (3) n'ont pas hésité à reconnaître la valeur des empiriques en regrettant la stagnation en ce domaine « *... en vingt ans, les progrès accomplis dans le domaine de l'hypnose ont été remarquablement lents comparés, par exemple, à ceux de la physique...* ».

L'influence que subit un sujet ne tient pas à son aptitude à résister par sa volonté à l'action du praticien, mais au degré d'entraînement de ce dernier dans l'art d'exercer la suggestion (4). En des études sur la volonté, Abramowssky, à la suite d'expériences concluantes, a montré que « *l'énergie manifestée par une personne dans la vie est en raison directe de la faculté que possède cette personne de se plonger*

---

2. Marcel Rouet : *Techniques et pratiques de l'hypnotisme* (épuisé).
3. Dr L. Chertok : *L'Hypnose* (Masson et Cie).
4. Cassette : *L'art d'hypnotiser.*

dans un état d'auto-hypnose ». C'est donc tout le contraire qui est véridique ; ce sont les sujets qui savent le mieux se concentrer, dont la volonté est la moins vacillante, qui possèdent les meilleures aptitudes pour ressentir les effets de la suggestion et par conséquent de l'hypnose.

C'est ce qui ressort des conclusions de Charles Baudouin qui résume ainsi ces expériences : « *Dans ces expériences, il s'agit pour le sujet d'inhiber autant qu'il est en lui le réflexe psycho-galvanique. Un bruit soudain (coup de feu, appel), une brusque lumière, déclenchent autant d'émotions que le galvanomètre mesure. Dans une première série d'expériences, on prie le sujet de céder à l'impulsion ; dans une seconde série, on le prie de résister, de contenir son émotion, d'inhiber son réflexe. Puis on compare le degré que marque au galvanomètre le réflexe libre, et celui que marque le réflexe inhibé. Chez certains sujets, ce dernier est toujours sensiblement inférieur au premier : on peut dire que chez ces sujets l'inhibition a réussi, qu'ils se sont vraiment maîtrisés... le sujet s'est isolé dans la pensée de l'expérience à faire (monoïdéisme), dans la pensée de la réussite, et a fait le vide mental autour de cette idée. Bref, il s'est plongé en auto-hypnose et en concentration. Or, il se trouve que les mêmes personnes sont, dans la vie courante, des personnes particulièrement énergiques et maîtresses d'elles-mêmes.* »

Ainsi que le remarque l'auteur « *en demandant que l'on renonce à l'effort volontaire* au moment *de la suggestion, nous n'engageons pas du tout à renoncer à l'effort dans la vie courante* ». Notons déjà qu'en relaxation psychosomatique, nous utilisons la post-suggestion dans la restructuration du mental pour développer les facultés volontaires et l'activité ordonnée du sujet. C'est en développant point par point les principes de notre méthode par rapport à la suggestion que nous pourrons répondre aux objections qui la concernent, du fait qu'elle s'apparente aux méthodes passives, en particulier à l'hypnose qui ne peut s'obtenir que par le rétrécissement du champ de la conscience. Mais avant, il nous faut préciser par quels processus il s'opère et comment on l'obtient.

1. Les lois de la suggestion

La suggestion est l'action qui consiste à éveiller une idée dans le cerveau et à la faire connaître comme réelle par les facultés conscientes, ou encore, à l'imposer par le truchement de l'inconscient. Il existe en nous une dualité psychologique dont la connaissance permet de comprendre le mécanisme de la suggestion.

Nos facultés se divisent en deux classes : **les facultés conscientes et objectives :** la volonté, le raisonnement, le jugement, etc., et **les facultés inconscientes ou subjectives :** la mémoire, la sensibilité, l'imagination, etc. Pour que la suggestion puisse opérer, il est nécessaire que les facultés conscientes se mettent en veilleuse ou s'effacent pour faire place à l'activité subconsciente.

En suggestion, cela se réalise grâce au concours d'une aptitude particulière que nous possédons à accepter pour vrai, *a priori,* toute affirmation vraisemblable. Bernheim, l'apôtre de la suggestion, nous parle de cette tendance inhérente à l'esprit humain : **la crédivité,** en la différenciant de la crédulité. Voici comment il s'exprime à ce sujet, éclairant les obscurs rouages de l'acte psychologique par lequel s'accomplit la suggestion : « *La suggestion dans le cas où elle est faite par persuasion, c'est-à-dire par la parole, dépend de deux éléments : l'aptitude du cerveau à accepter l'idée, c'est-à-dire la crédivité et l'aptitude à transformer l'idée en acte, c'est-à-dire l'excitabilité idéo-dynamique.* » M. Dubois se demande pourquoi je dis crédivité et non crédulité ; les deux mots ne sont pas synonymes. Voici ce que je dis : « *N'avons-nous pas tous à un degré variable une certaine crédivité qui nous porte à croire ce qu'on nous dit ?* »

« *La crédivité* (dit Durand, de Gros) *nous est donnée pour que nous puissions croire sur parole sans exiger des preuves rationnelles ou morales à l'appui. C'est un lien moral des plus importants. Sans lui, pas d'éducation, pas de traditions, pas d'histoire, pas de transactions, point de pacte social, car étant étrangers à toute impulsion de ce sentiment, tout témoignage serait pour nous non avenu et les assurances les plus véhémentes de notre meilleur ami nous annonçant d'une voix haletante que notre maison prend feu, ou que notre enfant se noie, nous trouveraient aussi froids, aussi impassibles, que si l'on se fut contenté de dire : " il fait beau " ou " il pleut ". Notre esprit resterait fixe et imperturbable dans l'équilibre du doute et l'évidence seule aurait la puissance de l'en faire sortir. En un mot, croire sans la crédivité serait aussi difficile que voir sans la vue ; ce serait radicalement impossible.* »

Bernheim précise, par ailleurs, le rôle de la crédivité dans la suggestion : « *La crédivité est donc une propriété normale du cerveau, quand cette crédivité devient excessive elle s'appelle crédulité. La crédivité est physiologique, la crédulité est une infirmité. Pour qu'il y ait suggestion, il faut que cette idée soit acceptée par le cerveau, il faut que le sujet croie. Or, la croyance résulte de la crédivité inhérente à l'esprit humain. Si je dis à quelqu'un : " Vous avez une mouche sur le front ", il me croit jusqu'à plus ample informé, parce qu'il n'a aucune raison de ne pas me croire. L'idée introduite dans son cerveau devient une suggestion. Mais si le sujet finit par reconnaître que je l'ai trompé il aura perdu sa crédivité vis-à-vis de moi. Et si plus tard j'essaie de lui suggérer de nouveau la même idée, il ne l'acceptera plus. L'idée ne deviendra plus une suggestion.* » La crédivité est donc une qualité spécifique de l'être humain grâce à laquelle la suggestion devient possible.

2. L'idéo-dynamisme

Agent d'exécution de la suggestion, l'inconscient obéit à une loi psychologique qui veut que toute idée, toute impression tendent à se transformer en acte. L'impression sensorielle devient idée et cela a pour effet d'actionner les cellules cérébrales qui transformeront en réalisation effective le cliché mental. On croyait autrefois qu'il était nécessaire d'induire un sujet dans le sommeil artificiel pour que la suggestion fut possible. Les expériences de suggestion à l'état de veille ont démontré que la suggestion reste efficace lorsque le sujet n'est pas endormi, à condition que soient réunies certaines circonstances. Pour que la suggestibilité devienne pleinement efficace, il faut que la conscience cède la place aux facultés subjectives, l'émotion, l'imagination par exemple. Dans cette conjoncture, la suggestion devient irrésistible car elle n'est aucunement contrecarrée par des contre-suggestions issues du domaine des qualités objectives. Encore faut-il tenir compte de deux facteurs d'influence qui, en dépit d'une certaine vigilance, permettent l'action suggestive ; ce sont **l'attention expectante** que l'hypnotiseur connaît bien et ce que C. Baudoin définit comme **la loi de l'effort converti.**

L'attention expectante est le doute qui s'infiltre dans l'esprit du sujet quant à sa capacité de résister aux suggestions qui lui sont faites ; c'est une dualité psychosomatique, d'une part l'affirmation qu'on ne saurait être influencé quoi qu'il arrive, mais d'autre part la voix subconsciente qui infirme la certitude : *« Et si je subissais l'influence, si je ressentais tels ou tels effets...* » La technique de l'hypnose à l'état de veille repose sur cette certitude, parfois inconsciente, du sujet ; elle recherche l'obtention d'effets d'abord anodins, mais que le sujet peut constater, puis d'effets plus accentués qui ébranlent sa conviction qu'il ne peut être influencé. La loi de l'effort converti se trouve ainsi définie par l'auteur déjà cité : « *L'effort apparaît en général en contradiction avec la suggestion. Il est surtout malencontreux lorsqu'il prétend entrer en lutte avec une forte suggestion antérieure... Lorsqu'une idée a déclenché une suggestion, et tant que cette idée domine l'esprit, tous les efforts que le sujet peut faire contre la suggestion déclenchée ne servent qu'à activer celle-ci... On se souvient des exemples familiers du cycliste qui se jette sur le caillou d'autant plus sûrement qu'il fait plus d'efforts pour l'éviter, du trac aggravé lorsqu'on se raidit contre lui, etc.* »

L'intrication de ces facteurs montre à l'évidence que tout sujet peut subir l'influence, **que sa volonté n'est nullement en jeu.** La suggestion est un état transitoire provoqué par le sujet lui-même, ou par un tiers, qui loin d'affecter les qualités volitives ne peut que les renforcer en perfectionnant l'aptitude au monoïdéisme qui exige l'abstraction, donc la capacité d'attention et de concentration. Même si la suggestion est subie, elle développe ces facultés par la création de réflexes conditionnels qui résultent de nouvelles connexions établies en ce sens. Le rêve explique bien la dualité psychologique de l'être humain. Dans le sommeil naturel, comme dans l'hypnose, les facultés objectives sont en repos, **elles laissent ainsi le champ libre à l'imagination** qui fait un amalgame incohérent de toutes les impressions sensorielles enregistrées par l'inconscient et qui surgissent en l'absence de la vigilance des facultés de discernement et de jugement. La rêverie à l'état de veille, qui bâtit des « châteaux en Espagne », procède du même principe.

Donc, sans être endormi, les conditions adéquates à l'état suggestif peuvent être réunies. L'état particulier dans lequel l'esprit se trouve à ce moment s'explique aisément par diverses observations puisées dans les réactions individuelles en face des impressions sensorielles. Que se passe-t-il en effet au théâtre lorsque, empoigné par une scène dramatique, vous sentez l'émotion vous étreindre la gorge et vos yeux s'humecter ? Le jeu des acteurs a tellement évoqué une réalité saisissante que celle-ci a frappé votre imagination, provoquant l'éviction de toutes vos facultés conscientes qui deviennent impuissantes à combattre les effets de vos impressions sensorielles. Cela est si manifeste que si, au comble de l'émotion, vous détachez votre esprit du jeu des acteurs en un sursaut de vos facultés objectives, et que vous vous apercevez que vous êtes dans une salle de spectacle, vous reprenez votre empire sur vous-même et vous vous étonnez de votre émoi.

Toute idée lorsqu'elle occupe exclusivement le champ de la pensée tend donc à se traduire en actes selon une loi psychologique que Bernheim a appelé « loi de l'idéo-dynamisme ». Mais cela ne veut pas dire que le processus par lequel l'idée se transforme en acte est automatique ; il semble qu'il obéisse à un autre état de conscience qui lui est particulier, différent de celui du rêve. Charles Baudoin pose comme postulat « *que l'activité subconsciente est capable d'être elle-même une invention et une adaptation des moyens à une fin* ». Comment expliquer autrement l'adaptation physiologique à des situations données dont nous rapportons un exemple relaté par l'auteur : « ... *Il s'agit d'un asthmatique, qu'un accès d'étouffement réveille en sursaut, dans une chambre d'hôtel, au cours d'un voyage de vacances : il se lève angoissé, cherche éperdument des allumettes introuvables. Il voudrait aspirer largement l'air sauveur. Où est la fenêtre, mon Dieu ? Oh ! ces hôtels de troisième ordre, où l'on s'installe le soir sans reconnaître exactement les lieux ! L'asthme l'étreint, de l'air, de l'air ! A tâtons il trouve enfin une surface vitrée. Pas de crémone. Tant pis ! Il enfonce la glace, les débris s'écroulent : il aspire à longs traits la vie ; sa poitrine se gonfle, ses artères battent moins vite aux tempes ; il se couche. Sauvé !... Le lendemain, l'hôte mentionne sur la note : pour la boîte à horloge démolie, 4,35 F* (5). »

3. Les effets physiologiques de la suggestion

Toute idée tend à se transformer en acte lorsqu'elle ne subit pas l'action inhibitrice de pensées contre-suggestives. Le processus de l'acte suggéré s'explique facilement : par l'intermédiaire des sens, le cerveau reçoit une idée, c'est un phénomène centripète ; cette idée donne naissance à une sensation, c'est un phénomène centrifuge. Chaque localisation cérébrale correspond à une faculté mentale ou physique. **Comment douter de la puissance de la suggestion,** puisqu'on sait que toutes les manifestations de la vie végétative sont commandées par les centres céphaliques. De multiples effets du pouvoir de l'idée sur l'économie humaine sont d'observation courante ; ainsi les perturbations produites par de fortes émotions ou la peur provoquent la diarrhée, la joie stimule l'appétit, le chagrin déprime, la colère congestionne ou rend livide. La force de la suggestion est encore plus évidente dans l'état hypnoïde. Quand on dit à un sujet endormi, vous transpirez abondamment, il se met effectivement à

5. Extrait de *L'Autosuggestion*, de Gillet.

transpirer ; on obtient le même résultat à l'état de veille lorsqu'on sait abolir la vigilance des facultés conscientes par des affirmations positives et d'habiles suggestions.

Le docteur Bonjour a montré que « *dans la moitié des cas les verrues guérissent à la suite d'une seule séance hypnotique de deux minutes* », mais d'autres cas peuvent apparaître encore plus surprenants. P.-C. Jagot relate une anecdote du docteur Carl du Prel : « *Une femme se réfugia pendant un orage dans les gerbes d'un champ. Une souris lui grimpant sur le ventre, elle la frappa de ses deux mains, si bien que la bête retomba morte. Elle donna naissance à une fillette qui avait, au même endroit, l'image d'une souris et des raies d'un rouge sang.* » Berheim cite un vieil auteur qui relate ce qui suit : « *Un étudiant en droit, assistant pour la première fois de sa vie à une opération chirurgicale qui consistait à enlever une petite tumeur à l'oreille, ressentit lui-même à ce moment dans l'oreille une douleur si vive qu'il y porta la main et se mit à crier.* »

Ainsi l'action de la suggestion peut être progressive ou se manifester dans l'instant où elle a lieu. **Dans tous les cas, elle se révèle efficace.** Citons quelques-unes des cures réalisées autrefois par Bernheim ; nous voyons qu'elles ressortissent à de nombreuses branches de la pathologie : psychonévroses traumatiques, hystérie convulsive, chorée, tétanie, affections neurasthéniques, symptômes de coxalgies, arthrite, rhumatismes, sclérose en plaques, paralysie, névrite, phlébite, dysenterie, etc. Nous savons bien que du temps de l'École de Nancy, on fut porté à attribuer à la suggestion le pouvoir de guérir la plupart des maladies ; mais la psychosomatique moderne, tout en faisant des réserves justifiées par les découvertes de la psychiatrie, ne démontre-t-elle pas la part prépondérante que prend l'influence de l'esprit dans la genèse des affections qui sont de son ressort ?

On connaît les effets qu'exerce le climat moral dans l'évolution des tumeurs malignes. Une maladie qui exerçait des ravages aussi redoutables que ceux du cancer, la tuberculose pulmonaire, avait autrefois retenu l'attention du docteur Louis Rénon par rapport aux effets curatifs de la suggestion (6). « *M. Albert Mathieu, dans une communication d'une haute portée de thérapeutique générale, a montré l'influence d'une simple injection sous-cutanée d'un centimètre cube de sérum physiologique, décoré du nom d'antiphymose, sur des tuberculeux hospitalisés. L'injection était faite par série de cinq à six jours ; mais, auparavant, on avait annoncé l'apparition de ce sérum comme une grande découverte. On avait choisi minutieusement les cas, on avait pris l'observation des malades et, chaque jour, on notait*

6. Article du *Monde médical.*

les résultats acquis. Ils dépassèrent toutes les espérances. Au bout de peu de jours, on observa le retour de l'appétit, la diminution de la toux, de l'expectoration, des sueurs nocturnes et même des signes physiques pulmonaires, le tout accompagné d'une augmentation de poids, allant de 1,5 kg à 2 et 3 kg. Tous les signes anciens reparaissaient dès que les injections étaient supprimées. » La dernière observation nous paraît particulièrement intéressante ; elle montre que l'arrêt des injections agissait en sens contraire en tant que suggestion, alors que les résultats eussent pu être consolidés, même en l'arrêt du pseudo-traitement, par la post-suggestion dont nous exposons les possibilités au chapitre suivant.

En définitive, il est certain qu'un habile praticien en suggestion peut obtenir des guérisons instantanées en certains cas, progressives en d'autres instances, mais le médecin soulagera toujours le malade et les résultats de son action se manifesteront plus évidents à chaque séance.

Une objection qui apparaît fondamentale mais ne résiste pas à l'examen est celle qui consiste à dire que la suggestion atténue ou fait disparaître les symptômes sans s'attaquer aux racines du mal qui peuvent s'étendre sans que le malade et le médecin en soient avertis, par des douleurs et des troubles qu'on aurait pour ainsi dire escamotés. Nous répondons tout d'abord qu'en de nombreux cas la suggestion pourrait être fort utile et, en atténuant ou faisant disparaître la douleur, se substituer aux calmants chimiques qui ne font rien d'autre que ce qu'on reproche à la suggestion. Il n'en est pas moins vrai que la levée des symptômes par suggestion doit être l'objet d'une grande circonspection.

Traitant de ce problème, C. Baudouin attire l'attention sur l'inconvénient qu'il peut y avoir à supprimer la fatigue... On peut en effet, par suggestion, supprimer la sensation de fatigue, et se fatiguer d'autant plus. Il ne faut recourir à ce genre de suggestions qu'exceptionnellement (il sera très bien, par exemple, de se suggérer qu'on n'est pas fatigué, lorsqu'on devra fournir un gros effort momentané ; cela est tout aussi justifié que de recourir, en pareil cas, à un excitant et cela aura sans doute moins d'inconvénients). En relaxation psychosomatique, le problème se poserait différemment. Le sujet victime de fatigue chronique doit être dirigé sur le médecin qui procède à l'examen et aux analyses seules susceptibles de déceler une affection grave qui serait cause de la fatigue et pourrait être traitée selon les méthodes classiques. Mais, même dans ce cas, la suggestion **peut apporter une importante contribution au traitement médical** par l'influence qu'elle peut exercer, sous les directives du médecin, sur le moral du malade.

Dans la majorité des cas, il ne s'agit que de troubles mineurs, d'une fatigue qui tient davantage de la lassitude morale, que d'un désordre organique. Ce sont de nouvelles habitudes de penser et de se comporter, de nouvelles règles d'hygiène physique, alimentaire, mentale que la suggestion devra instaurer parallèlement à l'action spécifique de l'atténuation et de la dissipation de la fatigue pour que le sujet voit, par cette double action, son taux de vitalité se relever, sans être menacé de ne pouvoir répondre aux efforts qui lui sont demandés (l'exercice progressif est le meilleur antidote de la fatigue, il élève le seuil où la fatigue intervient).

C'est aussi en normalisant le comportement par rapport à l'hygiène de vie que la relaxation psychosomatique peut trouver son emploi dans les psychonévroses, dans la schizophrénie ; il ne semble pas que les spécialistes se soient jusqu'ici penchés avec beaucoup d'attention sur les possibilités qui leur seraient offertes en ce domaine par la suggestion qui peut agir comme dynamisant ; si la relaxation autoconcentrative est d'application impossible pour les malades mentaux, il n'en est pas de même des méthodes passives susceptibles de reconditionner les sujets malades, dans la perspective du but à atteindre. Cela est d'autant plus valable qu'ainsi que le précise C. Baudouin qui reconnaît à la suggestion une loi de finalité subconsciente : « *... Loin d'être un simple refoulement, la suggestion peut déclencher tout un travail subconscient, inventif et créateur, orienter une " dérivation " ou une " sublimation ".* » L'auteur conclut très impartialement « *que l'autosuggestion ou la suggestion, à elle seule, soit insuffisante pour résoudre les troubles nerveux, cela est trop clair ; que, dans un grand nombre de cas, la psychanalyse s'impose, est-il besoin de dire que j'en suis convaincu ?* ». **Il semble que les moyens de la relaxation psychosomatique, qui participe à la détente neuromusculaire et de la suggestion, soient plus étendus** ; si certains états conflictuels ne sont justiciables que des méthodes analystes, nous le reconnaissons bien volontiers, il n'en reste pas moins que de nombreux troubles nerveux pourraient bénéficier de nos méthodes, ne fût-ce que par la réhabilitation physique à laquelle elles invitent.

4. De la passivité à la prise de conscience

La répétition de formules concernant la détente des muscles, la résolution des contractures inconscientes qu'elle produit, développe par suggestion **des réflexes conditionnés qui, par cette répétition**

jouent de mieux en mieux et de plus en plus vite. Des « formules clés » telles « *Je me détends totalement* » « *Tous mes muscles se détendent* » « *Mon corps est lourd comme du plomb* » interviennent alors que les réflexes sont suffisamment développés par leur éducation « topographique ». La détente neuro-musculaire est obtenue spontanément, sans effort.

Ce sont ces mêmes formules qui provoquent une détente immédiate sans avoir besoin de recourir à l'enregistrement. Il suffit à la personne chez laquelle les réflexes conditionnés se sont développés passivement, de penser « *Je me détends* », pour qu'elle se détende dans l'instant (7).

Mais Pavlov a montré que les réflexes conditionnés, pour se maintenir, doivent être entretenus. Ils le seront par le jeu de cette faculté à cheval sur le conscient et le subconscient : **l'habitude.** La conscience commande le réflexe sans que la volonté ait à intervenir et le réflexe se perfectionne par la répétition que suscite l'habitude. Le cycle se trouve ainsi constitué définitivement. C'est-à-dire que dans toutes les conjonctures entraînant une hypertonie préjudiciable, la personne qui peut en être victime pense « *Je me détends* » et se trouve aussitôt décontractée, donc libérée de ses tensions, plus apte à faire face aux circonstances adverses qui menaçaient son équilibre.

C'est un pont jeté entre la passivité de la suggestion et la prise de conscience.

Nous pensons que la prise de conscience ne doit intervenir que lorsque les réflexes conditionnés se sont développés et ont été renforcés par l'habitude. Pourquoi ? Parce que la suggestion ne peut être pleinement efficace qu'en l'absence d'efforts et en la mise en sommeil de la volonté. Il suffit que la volonté intervienne pour que se trouvent anéanties les possibilités de la suggestion qui participe d'un autre domaine : celui du subconscient. **Rechercher cette prise de conscience sans la passivité totale et l'absence de toute attention, c'est se priver des précieux mécanismes que sont les réflexes conditionnés qu'on peut développer, par notre méthode, sans que cela entraîne de fatigue.** Ce n'est que lorsque ces structures subconscientes sont bien établies, que leurs mécanismes fonctionnent aisément, que la prise de conscience peut s'effectuer sans présenter de difficultés et sans requérir de dépense d'énergie. **C'est un gain de temps précieux** pour des sujets dont l'état est justiciable de relaxation, qui doivent maîtriser rapidement cette discipline pour améliorer leur condition.

---

7. Voir *La Maîtrise de votre subconscient* (Éditions Dangles).

La prise de conscience ne demande alors aucun effort volontaire. Les structures mentales qui ont été constituées ont ceci de particulier qu'elles ne requièrent pas d'effort pour que la pensée puisse se fixer sur un point précis, en d'autres termes, réaliser le monoïdéisme indispensable à l'efficacité de la suggestion. La conscience, en partie effacée (état torpide), maintient facilement sur l'écran de l'esprit l'image formée, dans la déconnexion absolue des idées qui lui sont étrangères.

5. La restructuration du mental

Dans notre perspective, la relaxation psychosomatique ne se limite pas au contrôle tonique et à l'obtention d'effets physiologiques ; elle débouche sur l'hygiène mentale, ce terme pris dans son acceptation la plus large, et sur la conquête des pouvoirs psychiques. Cela suppose qu'elle puisse modifier les structures du mental quand elles sont anarchiques, les clarifier, les ordonner pour les placer sous l'égide de la conscience. Cela demande, d'abord, d'avoir une vue synthétique de la psychologie et du comportement des sujets appelés à être initiés à la relaxation, car comment agir dans un sens déterminé si on reste ignorant du terrain et des voies à emprunter pour parvenir au but fixé. C'est donc à un véritable « check-up » mental, complément du médical, qu'il nous faudra procéder pour faire le point des structures psychiques et du climat psychologique. Certains cas exceptionnels, dissociation de la personnalité par exemple, relèvent de la psychiatrie ou de la psychanalyse ; c'est un domaine qu'il ne nous appartient pas de prospecter.

Mais la plupart du temps **il ne s'agit que de cas mineurs pour lesquels ce spécialiste est inadéquat** et qui tiennent au désarroi moral que provoquent les agressions dénoncées dans la première partie de cet ouvrage ou à des troubles psychosomatiques occasionnés par une hygiène physique et mentale défectueuse à laquelle il est facile de remédier. L'hospitalisation et le traitement psychanalytique, long et onéreux, sont à exclure pour ces sujets qui ne sont pas des malades au sens propre du mot et n'ont besoin que de se rendre maîtres de leur émotivité, de leur pensée et de leurs pulsions instinctuelles.

La psychotechnique, dont Binet fut l'instigateur avec le test d'intelligence générale, prend « la mesure » de l'individu, identifie les facteurs dominants et résiduels pour préciser la forme spécifique d'intelligence (Sperman, Holzinger, Thurstone, etc.), cependant que les tests projectifs tendent à définir la personnalité (Rorschach, Zulliger). Ces méthodes sont précieuses pour l'orientation scolaire et professionnelle, elles permettent de préciser la valeur d'un individu et de prévoir son comportement dans un environnement et une situation donnés ; le sujet occupe le poste qui correspond le mieux à ses aptitudes. Le recyclage permanent répond maintenant à l'objection fondamentale de l'individu stagnant dans la fonction qui lui a été attribuée, sans pouvoir extrapoler son activité en d'autres domaines ou gravir les échelons promotionnels.

La psychotechnique participe d'une adaptation de l'individu à un milieu répondant à ses structures mentales. Nous pouvons reprocher à cette conception de considérer l'homme tel qu'il est, **et non pas tel qu'il devrait ou voudrait être** ; c'est la négation de l'évolution éclectique. Nous retrouvons la même erreur dans un domaine qui nous est familier, celui du sport, où, dans la sélection des sujets, on oriente l'athlète léger vers la course de fond et le colosse vers le lancement du poids ou l'haltérophilie ; alors qu'il eût mieux valu pour l'équilibre morphologique de ces athlètes, et pour la race, que les rôles fussent inversés.

Si nous constatons des failles caractérielles chez un individu, ne faut-il pas tenter de développer chez lui un climat psychologique plus conforme à la rationalisation de ses aptitudes et à ses idéations ? La caractérologie, la morpho-psychologie, la graphologie, etc., ne font également que tenter de définir la personne humaine **sans déboucher sur une restructuration du mental,** encore moins sur la réforme souvent nécessaire des disciplines de vie ; l'aspect physique, donc psychosomatique et somato-psychique reste méconnu.

C'est cependant par la modification du climat psychologique, en agissant sur des structures mentales qu'il devient possible de changer le comportement ; c'est le rôle de la *Psycho-Morpho-Synthèse* que nous avons intégrée à l'application de la relaxation psychosomatique. Ne voulant pas sortir de notre cadre, nous en reproduisons les principes dans leur forme lapidaire :

Chacune des disciplines destinées à analyser l'être humain est incomplète. Ainsi, la graphologie, ou science de l'écriture, indique le caractère de la personne, mais précise beaucoup moins bien le tempérament que l'étude des formes du visage et du corps (morphologie). La date de naissance, ou signature planétaire, définit les tendances profondes de l'être, les maladies auxquelles il pourrait être sujet, mais n'indique pas aussi clairement que les lignes de la main certaines conformations particulières, le degré de résistance vitale, le composé émotionnel. Mais l'utilisation de toutes ces ressources permet de procéder à des recoupements dont la synthèse donne la possibilité d'inventorier la personne humaine, de la définir comme aucune de ces sciences utilisées isolément ne pouvait le faire... A partir d'une *Psycho-Morpho-Synthèse,* il devient possible d'établir un planning de reconditionnement psycho-physique qui tient compte :

— Du tempérament et des dispositions du sujet.
— De son sexe, de son âge et de ses activités.
— De sa condition physique, musculaire, esthétique.
— De son état de santé (par l'examen médical).
— De son caractère et de son comportement.
— De son climat moral.
— De ses insatisfactions, de ses inadaptations, de ses problèmes fondamentaux.
— De ses complexes et frustrations.
— De ses désirs formulés ou non et de ses aspirations.

Le « *planning de reconditionnement physique* » donne ensuite les directives pour, selon le cas, obtenir une parfaite condition physique, l'équilibre moral, pour rajeunir, accroître sa vitalité... ce n'est qu'à partir d'une *Psycho-Morpho-Synthèse* qu'il est possible de ne pas commettre d'erreur et de ne pas perdre un temps précieux en efforts inutiles quand on a décidé de se valoriser.

Un entretien préalable, des indices simples, mais qui ne trompent pas, en chacune des sciences caractérologiques, permettent de tracer un profil psychologique précis par recoupement et synthèse des indices recueillis. C'est ce bilan qui fournit une base solide à la restructuration du mental.

Nous voici donc comme devant une œuvre picturale dont nous allons devoir accuser ou atténuer certains traits, parfois aller jusqu'à les modifier. L'éducation consciente, faisant appel à la volonté, est impuissante à l'obtenir, « *chassez le naturel, il revient au galop...* ». **Il n'en est pas de même quand on agit sur le subconscient par suggestion** ; nous pourrons renforcer certaines aptitudes, affirmer des qualités, minimiser de regrettables travers, supprimer de néfastes habitudes qui paraissaient rédhibitoires pour leur substituer un comportement bénéfique. De même nous pourrons exercer une influence sur les tendances, l'émotivité, l'affectivité et les besoins instinctifs soit pour les modérer, les exalter et, souvent, les sublimer.

On voit par ce condensé les perspectives qu'offre la relaxation psychosomatique : **elles dépassent singulièrement les limites de la relaxation telle qu'elle est codifiée, pour constituer une authentique**

méthode de réhabilitation physique et mentale. Mais de tels moyens ne risquent-ils pas d'engendrer des abus ? La relaxation psychosomatique répond par la négative à ces légitimes préoccupations.

6. Suggestion et relaxation psychosomatique

L'utilisation de l'enregistrement sonore en relaxation et en suggestion modifie profondément les concepts de ces applications.

La suggestion faite par un praticien non entraîné à l'hypnose est partiellement inefficace, c'est ce qui explique le pourcentage élevé d'échecs avancé par des médecins ; la résistance plus ou moins inconsciente des patients, leur refus de s'abandonner à la volonté du praticien ne pourraient être vaincus que par un hypnotiseur capable, s'exerçant par conséquent *chaque jour,* ce que ne peut faire le médecin.

L'obstacle principal de la suggestion directe est constitué par la présence du praticien qui veut exercer l'influence. Même la persuasion peut ne pas parvenir à écarter l'obstacle. D'autre part, en relaxation, il est inopportun de vaincre la résistance du patient (ce que peut faire un hypnotiseur habile) qui doit au contraire s'abandonner à l'influence, ou mieux, aux directives et conseils qui lui sont donnés.

Le dilemme est résolu par la relaxation psychosomatique. Le sujet en état de torpeur n'a aucunement le sentiment d'une volonté voulant supplanter la sienne, ni même d'une quelconque influence ; l'ensemble des moyens mis en œuvre assure un parfait monoïdéisme qui empêche la conscience d'intervenir activement pour réfuter ou s'opposer aux suggestions.

Nous nous sommes déjà expliqué sur l'intérêt de cette passivité ; nous affirmions que les mécanismes auxquels elle donne naissance ne peuvent que servir l'éducation de la volonté. Nul ne peut contester que le développement de facultés telles l'attention, la concentration renforce les qualités positives, dont la volonté.

Or, pour se concentrer il faut réunir ses énergies comme on le fait pour pouvoir accomplir un acte volontaire ; plus celui-ci exige d'énergie, plus les forces disponibles devront être concentrées ; il faudra les réunir en un faisceau à la manière d'un cône dont la pointe serait dirigée sur un endroit précis (voir exercices).

La concentration est un exercice difficilement maîtrisable par la méthode volontaire. Il est, au contraire, facilement accessible si on utilise nos techniques.

La détente neuro-musculaire obtenue, l'esprit commence à s'occulter. C'est alors que nous recherchons, par la suggestion enregistrée, l'accentuation de l'état de torpeur qui n'est pas un effacement complet du conscient, mais un état de langueur où les pensées se raréfient. C'est à ce stade que nous recherchons la déconnexion du mental, **l'isolement des occultistes,** pendant lequel le sujet ne pense à rien. Ne penser à rien équivaut à une concentration, puisque cela suppose qu'aucune idée parasite ne vient occuper le champ de la pensée.

Si vous essayez de ne penser à rien à l'état de veille, il y a de grandes chances pour que vous n'y parveniez pas. Aussi nous allons essayer de définir le cheminement qui vous conduirait à cette possibilité par notre méthode. Vous êtes isolé dans le silence ambiant et la pénombre ; seule une musique lointaine vous est perceptible et une voix persuasive vous invite à vous détendre. Puis, pendant quelques minutes, vous allez respirer selon le rythme de la voix qui guide vos mouvements respiratoires ; déjà pris dans l'ambiance sonore, accaparé par les paroles qui viennent en surimpression, vous ne pensez plus qu'à respirer et cela vous apporte un immense bien-être. Le rythme cesse, cependant que le calme s'établit sur un thème lénitif accompagné de directives de détente qui vous dispensent de tout effort ; votre corps s'appesantit, vous sentez que si vous deviez remuer **il vous faudrait faire un effort considérable,** mais vous n'en avez pas envie, tellement vous êtes bien. Enfin, des suggestions de torpeur plus approfondie précèdent la recherche du vide mental qui, dans cet état, s'établit rapidement ; vous restez impavide, absolument détendu physiquement et psychiquement.

Du vide mental où on ne pense à rien, à la concentration sur une pensée ou une image déterminée, il n'y a qu'un pas à franchir. Nous verrons comment procéder en autosuggestion, mais en relaxation psychosomatique, la suggestion, évocatrice d'image mentale exclusive est faite par l'enregistrement. Si nous disons au sujet « *Votre volonté se fortifie... elle se fortifie de jour en jour...* », sa volonté se développe ; si nous lui disons « *Vous maigrissez... vous maigrissez chaque jour davantage...* », il maigrit. De même, si nous affirmons à un sujet anxieux « *Votre anxiété disparaît... dès que vous sentez l'anxiété vous gagner, vous respirez profondément...* », elle disparaît aussitôt. Son anxiété, quelle qu'en soit la raison, s'atténue et disparaît effectivement.

Cette concentration sur l'idée suggérée s'accomplit sans que la pensée dérive aucunement. Il s'agit d'un état particulier voisin de l'hypnose dans lequel le mental est comme une cire vierge où viendraient s'imprimer les images qu'on lui proposerait, sans que d'autres non délibérées puissent s'interposer.

Les connexions nerveuses se rapportant à cette précieuse faculté acquise dans la passivité s'établissent rapidement et, comme en détente neuromusculaire, le sujet qui les a développées peut ensuite se concentrer de lui-même, sans faire intervenir l'inopportune volonté, sur l'idée qu'il doit se suggérer. C'est dans cet état que la prise de conscience peut s'effectuer. Il ne s'agit pas à proprement parler d'un retour à l'état de veille, à la conscience intégrale, mais plutôt d'une faculté qu'on acquiert à diriger la pensée et à percevoir les messages cœnesthésiques, pendant que le corps reste inerte et que l'esprit se trouve déconnecté par rapport à la pensée délibérée qui occupe l'esprit en tant que suggestion.

7. Les avantages de l'enregistrement utilisé en relaxation

Ne fût-ce que cette possibilité de pouvoir aisément passer de la suggestion en état de passivité à la prise de conscience, que se justifierait le recours préalable à une méthode n'exigeant pas d'effort volontaire. Mais d'autres raisons militent en faveur de la suggestion enregistrée.

Nous avons observé que la voix enregistrée a un impact supérieur à la parole directe. Cela peut tenir à une sonorité particulière à l'enregistrement, mais également à d'autres facteurs s'apparentant au domaine du mental. Il ne fait pas de doute que **la suggestion enregistrée par un praticien rompu à son maniement est plus efficace que des paroles enregistrées par une personne n'en ayant aucune expérience.** Il ne semble pas qu'il s'agisse du timbre ou des inflexions de la voix ; ayant fait enregistrer une partie de notre méthode par un professionnel de la diction, elle s'est avérée moins valable que les séquences que nous avions nous-même réalisées. Nous avons par ces expériences acquis la conviction que l'enregistrement **conserve une charge fluidique** dont l'intensité et le pouvoir communicatif sont subordonnés à l'intensité volitive du praticien déployée dans les effets qu'il veut obtenir au moment où il enregistre ; son action pour être efficace doit s'opérer dans une sorte de transe, avec une intense concentration.

L'enregistrement ne peut être suspecté, comme la suggestion directe, de pouvoir porter atteinte à l'intégrité morale du sujet sur lequel il exerce ses effets. Un hypnotiseur entraîné peut plonger une personne en hypnose contre son gré (8). Certes, un acte contraire à sa conscience ne pourrait lui être imposé, mais une modification progressive de son intellect pourrait l'amener à l'exécuter. La bande magnétique ne permet pas d'obtenir immédiatement le sommeil artificiel, comme dans l'hypnose directe qui utilise un concert de moyens, la fixation du regard par exemple ; le sujet conserve, nous l'avons vu, un fragment de conscience qui lui permettrait de déceler des manœuvres malhonnêtes dont il pourrait être l'objet. L'enregistrement peut être à tout instant contrôlé : par le sujet éventuellement avant l'audition, par une tierce personne, par le médecin traitant, etc. ; **cela exclut toute suspicion envers l'opérateur.** La dépendance qui s'établit à l'égard du praticien, que l'on reproche à la suggestion directe et à l'hypnose, ne peut s'établir aisément en dehors de sa présence et cela d'autant plus que la voix reste impersonnelle. L'attachement à l'opérateur n'est donc pas à redouter, comme en psychanalyse où il est, non seulement d'observation courante, mais recherché (transfert affectif ou projection des affects sur le psychanalyste).

Il en est tout autrement dans les méthodes autoconcentratives où la présence du praticien est nécessaire ; celui-ci doit posséder parfaitement la technique psychanalytique qui consiste à utiliser le transfert affectif dans un but curatif pour procéder ensuite au contre-transfert par une attitude frustrante. **Or, nous avons vu que le problème de la qualification dans un domaine qui doit rester strictement médical est pratiquement insoluble.**

Enfin, l'enregistrement, ce n'est pas là son moindre avantage, peut être adapté à tous les secteurs professionnels **sans soulever aucun problème d'application pratique** ; mais cela ressort suffisamment des développements de cet ouvrage pour que nous n'ayons pas besoin d'insister sur cet aspect de la relaxation psychosomatique (9).

---

8. *Techniques et pratiques de l'Hypnotisme* (épuisé).

9. L'hypnophorèse permet au praticien d'induire aisément l'état d'hypnose.

LES EXERCICES DE CONCENTRATION

Exercice 30 :

Lisez chaque jour, pendant au moins 5 minutes, un ouvrage médical, philosophique, technique, etc., d'un niveau assez élevé pour que vous soyez contraint d'y prêter une grande attention. Ne laissez dériver votre esprit sous aucun prétexte. Prolongez ensuite l'exercice.

Exercice 31 :

Absorbez-vous complètement dans l'examen d'un objet. Ne pensez qu'à cela aussi longtemps que possible. Essayez de prolonger chaque jour l'exercice.

Exercice 32 :

Regardez longuement un objet. Fermez ensuite les yeux pour le recréer mentalement. Ne le laissez pas s'éloigner, ramenez-le aussitôt dans le champ de votre pensée pour le « voir » comme s'il existait réellement. Prolongez chaque jour l'exercice.

Exercice 33 :

Pensez à un tableau noir et voyez d'abord des additions de un ou deux chiffres, leur total qui doit s'inscrire sur le tableau comme si vous n'aviez pas fermé les yeux. Augmentez ensuite la difficulté avec trois chiffres, puis quatre. Faites ainsi des multiplications, des divisions sans laisser s'estomper l'image que vous avez devant les yeux.

Exercice 34 :

Les yeux fermés, voyez dans votre esprit une horloge de campagne et « voyez » la grande aiguille se déplacer lentement ; elle se déplace à partir de 12 heures ; vous la voyez passer à 5 et 10, etc., jusqu'à ce qu'elle ait fait le tour du cadran.

Quand vous avez maîtrisé l'exercice, vous vous efforcez en même temps « d'entendre » le tic-tac de l'horloge.

Nota : vous pouvez imaginer d'autres exercices de concentration. Le principe est simple ; il ne vous faut penser qu'à une seule chose et ne penser qu'à cela. Vous devez parvenir à ne pas laisser dériver votre pensée pendant au moins dix minutes.

Exercice 35 :

Pensez à une personne que vous connaissez parfaitement puis, les yeux fermés comme pour les exercices précédents, représentez-vous la en pensée. « Voyez » son visage comme si vous l'aviez devant vous. Acharnez-vous à la voir avec ses couleurs, son expression habituelle et maintenez cette image aussi longtemps que vous le pourrez dans votre esprit.

Exercice 36 :

Vous êtes allé au cinéma ou vous avez vu un film télévisé. Fermez les yeux et « voyez » intérieurement le film se dérouler devant vos yeux dans tous ses détails. Exercez-vous à chaque fois à faire défiler le film plus rapidement.

Pour rendre l'exercice ensuite plus difficile, revoyez le film à l'envers sans laisser un seul instant dériver votre esprit.

Exercice 37 :

Remémorez-vous une scène agréable de votre passé, ou une journée. Il vous faut les vivre dans toute leur vérité, comme lorsque vous y étiez avec toutes les sensations que vous avez alors éprouvées ; la réminiscence doit être hallucinante, comme dans le rêve.

Exercice 38 :

Les yeux toujours fermés, évoquez une scène que vous maintiendrez dans le champ de votre pensée pendant quelques instants, puis, aussitôt, évoquez une autre scène diamétralement opposée avec autant de saisissante réalité.

Continuez l'exercice en faisant s'alterner les deux images, cela pendant au moins 6 à 8 minutes. Exemple : évoquez alternativement un lever de soleil et un ciel constellé.

Exercice 39 :

Ayant maîtrisé les exercices précédents, vous pourrez vous exercer au vide mental. Bien détendu, les yeux fermés, efforcez-vous de ne penser à rien. Rejetez toute pensée qui pourrait vous importuner en faisant le vide dans votre esprit. Restez dans cet état aussi longtemps que possible.

Nota : ces exercices vous rendront maître de votre esprit, c'est-à-dire que vous pourrez ne penser qu'à ce que vous voulez et à rien d'autre. Vous pourrez à volonté chasser une idée pessimiste ou déprimante pour lui substituer une pensée dynamique et réconfortante.

CHAPITRE VI

De la déconnexion du mental à l'hypnose

L'étude du mécanisme de la suggestion constitue une excellente introduction à celle des phénomènes hypnotiques. Puisque l'occupation exclusive du champ de la pensée par une idée imposée ou non, ce qu'on appelle le monoïdéisme, tend à se traduire en acte, il devient évident que la suggestion est le moyen le plus efficace pour obtenir l'état hypnotique.

Le sommeil hypnotique diffère du sommeil naturel en ceci, qu'il est provoqué par un tiers, qu'il permet toutes les hallucinations sensorielles chez la personne induite dans le sommeil ; ses facultés conscientes sont abolies, elle obéit à toutes les injonctions ; sa crédivité atteint le degré optimum et il suffit de suggérer une idée pour la voir se traduire en actes. Parallèlement à la suggestion, d'autres facteurs d'influence que nous n'examinerons ici que superficiellement (1) concourent à l'obtention du sommeil artificiel : le magnétisme que seuls réfutent des théoriciens n'ayant pas de pratique, la concentration et la projection de la pensée, la fascination exercée par le regard. Braid plaçait un objet brillant à dix centimètres des yeux du sujet, un peu plus haut que le champ visuel normal, ce qui remplaçait le regard fixe ; il déterminait ainsi une fatigue oculaire qui provoquait la fermeture des paupières et le sommeil. Donato, un empirique, plongeait brusquement ses yeux dans ceux du sujet en le regardant de très près, et obtenait un état de fascination ; le sujet conservait alors les yeux rivés sur les siens et le suivait partout.

Avant d'examiner les relations qu'on peut trouver entre la

1. Voir P.-C. Jagot : *Méthode pratique de magnétisme, hypnotisme, suggestion* (Éditions Dangles).

relaxation psychosomatique et les états hypnoïdes, nous décrirons sommairement ces derniers qui vont de l'hypnose superficielle aux états profonds.

1. L'hypnose fruste (à l'état de veille)

Avant de parvenir aux états profonds de l'hypnose, les sujets passent généralement par des états légers ; cependant, des sujets plus sensibles sont parfois plongés directement en des états plus profonds ; nous découvrîmes notre meilleur sujet en le regardant fixement dans les yeux sans avoir exercé sur lui auparavant aucune influence ; nous l'avions plongé sans le vouloir en somnambulisme ; il était capable de relater les entretiens de personnes vivant à des milliers de kilomètres et dont il ignorait l'existence.

Les états superficiels de l'hypnose (hypnose fruste) ne sont pas nettement caractérisés ; tout au plus observe-t-on une dilatation des pupilles, une certaine expression figée et la pâleur du visage. Dans ces états, plus ou moins accentués, la personne conserve une grande part de conscience et sa lucidité. Cependant, elle est atteinte de somnolence, elle éprouve une certaine pesanteur des paupières. A un stade plus accentué, sous l'effet des suggestions (voire des passes), les paupières se ferment. A ce stade, les effets de la suggestion sont indéniables ; on peut empêcher le sujet d'ouvrir les yeux, provoquer des hallucinations sensorielles, le faire rougir, transpirer, le rendre insensible à la douleur, etc.

Si on continue l'action suggestive, le sujet s'endort d'un sommeil plus profond qui, selon sa réaction, sera caractérisé par l'un ou l'autre état que nous décrivons succinctement.

2. L'état léthargique

Il se manifeste après les états superficiels par un inspir profond. Le bord des paupières est agité d'un frémissement, les yeux sont clos ou demi-clos, les globes oculaires sont révulsés. L'état léthargique s'obtient par la fixation du regard, par l'occlusion des paupières ou par l'obscurité soudaine lorsque le sujet est déjà en catalepsie (inversement, le sujet en léthargie passe en catalepsie lorsqu'on lui découvre les globes oculaires devant une lumière vive). Dans la léthargie, on obtient la contracture par les frictions, des frottements qui font entrer les muscles en contraction. Cette contraction se résout quand on excite les muscles antagonistes. On observe un affaissement musculaire et une analgésie subordonnée à la profondeur du sommeil ; le sujet est mou, ses membres sont flasques lorsqu'ils n'ont pas été le siège d'excitations. La suggestion est impossible dans l'état léthargique, à moins qu'elle ne s'accompagne d'indices somnambuliques formant ainsi un état hybride.

3. L'état cataleptique

Il se manifeste par l'immobilité accompagnée de contracture. Les yeux sont ouverts, le regard fixe, les larmes coulent sur le visage. Les membres conservent les positions qu'on leur a communiquées et on observe une grande souplesse articulaire. On peut placer le sujet dans des positions étonnantes défiant les lois de l'équilibre. On peut aussi provoquer chez le sujet des hallucinations et développer la réalisation d'actes ou d'impressions automatiques. L'anesthésie est totale. On a vu que la catalepsie s'obtient consécutivement à la léthargie en découvrant les yeux du sujet. La léthargie revient par occlusion des yeux. Le somnambulisme apparaît par friction du vertex (sommet de la tête).

4. L'état somnambulique

C'est le plus couramment observé des états du sommeil hypnotique ; certains sujets y sont plongés d'emblée par des hypnotiseurs expérimentés.

Les paupières sont closes ou mi-closes, agitées de frémissements. Parfois les yeux sont ouverts et le sujet peut paraître éveillé, même dans le sommeil profond.

Dans cet état, l'anesthésie peut être obtenue par suggestion, elle se développe naturellement, conjointement à la progression du sommeil. Le somnambulisme présente des degrés divers, du sommeil léger aux états profonds : le somnambulisme développe chez le sujet une extrême suggestionnabilité, d'autant plus manifeste que le sommeil est plus profond. Dans la profondeur du sommeil somnambulique, les facultés conscientes arrivent à disparaître pour céder la place à l'hyperesthésie des sens et à l'activité toute particulière des facultés subconscientes.

L'état de veille, ou état suggestif, est déjà un somnambulisme léger. Dans cet état, les facultés conscientes s'estompent et font place aux facultés aptes à réaliser les idées suggérées. Si on poursuit la suggestion de sommeil profond, les caractéristiques de cet état s'accentuent et les suggestions s'accomplissent automatiquement et ponctuellement. Une manifestation particulière du somnambulisme profond est l'amnésie totale que l'on observe au réveil : pour la majorité des sujets, le souvenir des faits qui se sont déroulés pendant le sommeil a absolument disparu, souvent même ils n'ont pas conscience d'avoir été endormis. Mais dans tous les cas, il suffit de commander l'amnésie pendant le sommeil pour l'obtenir au réveil.

5. La post-suggestion

On appelle post-suggestion, l'action de suggérer à un sujet endormi l'accomplissement d'un acte à un moment déterminé et précis, après qu'il aura été réveillé. Des suggestions faites dans l'état somnambulique profond peuvent se réaliser à une échéance très lointaine, un an par exemple. Nous-même avons observé la précision des actes ainsi suggérés. Si nous disons à un sujet endormi : « *A trois heures du matin, lorsque vous dormirez du sommeil naturel, vous vous lèverez et vous ferez le tour de votre lit* », le sujet exécutera la suggestion, non pas à trois heures cinq ou à trois heures moins cinq, mais exactement à l'heure indiquée.

La post-suggestion se réalise plus ou moins efficacement selon le degré d'hypnose, mais également en fonction des effets qu'elle commande. Il faut, par exemple, qu'un sujet soit profondément endormi pour qu'il puisse exécuter un acte ultérieur en retombant sous l'influence à l'instant précis qui lui a été suggéré. Mais cela ne veut pas dire que nous ne puissions, en suggestion, dans la méthode de relaxation psychosomatique, obtenir, même en état de veille passive, des effets authentiques par la répétition de formules appropriées aux cas considérés.

6. L'hypnose superficielle

Nous avons vu combien il est difficile à un sujet de maintenir une image dans le champ de la pensée quand il se trouve dans l'état de torpeur (qui correspond à l'état de pesanteur de Schultz), quand des réflexes conditionnés de détente n'ont pas été développés. Il en est tout autrement en suggestion où le sujet, par la synthèse des moyens que nous avons exposés, se trouve avoir été amené à cet état de veille passive qui n'est que le seuil de l'hypnose et qu'un auteur spécialisé, s'inspirant des travaux du docteur Coste de Lagrave décrivait ainsi (2) : « *Les facultés cérébrales et la sensibilité disparaissent petit à petit. Il arrive un moment où la personne n'est pas encore endormie, mais est bien près de l'être. Dans cet état, elle ne veut pas, elle ne sent pas ; elle ne voit pas ; elle est cependant capable de vouloir, mais elle fait abstraction de sa volonté... ce n'est pas la somnolence, la pensée a lieu encore, la personne est capable de vouloir, mais elle fait abstraction de soi-même, de sa volonté, elle ne pense à rien, quoiqu'elle ne dorme pas... cette période peut s'appeler la veille passive.* » En relaxation psychosomatique, c'est dans cette phase qui correspond à l'état de torpeur, mais qui n'est pas encore le sommeil que nous recherchons ensuite, que la suggestion peut intervenir déjà efficacement.

Ce peuvent être des suggestions d'approfondissement des effets hypnotiques, qui pourront, ou non, être intercalées avec des formules de suggestion directe et de post-suggestion, des suggestions concernant de nouvelles disciplines de vie, de modification du climat psychologique, des actions suggestives agissant sur les structures mentales ou les fonctions physiologiques (3). Il convient de différencier la suggestion à effet direct de celle dont la réalisation s'effectue postérieurement à l'influence exercée, soit qu'elle se réalise spontanément au moment qui aura été indiqué, soit que ses effets ne se fassent sentir que progressivement. Voici quelques exemples de suggestions qui en feront mieux comprendre le mécanisme ; nous les emprunterons à divers domaines d'application, médical, esthétique, etc.

Si je dis à une cellulitique en état de veille passive : « *Vous vous sentez bien... votre système nerveux se détend... vos chairs ne sont plus crispées...* », je fais une suggestion qui se réalise sur-le-champ. Mais si je lui dis : « *Dès votre éveil... en vaquant à vos occupations... vous n'éprouverez plus cette sensation de lourdeur dans les jambes qui vous gêne habituellement... la circulation de vos membres inférieurs sera très active, etc.* », je fais de la post-suggestion qui exercera ses effets postérieurement à la séance.

---

2. Jean Filiatre : *Hypnotisme et magnétisme* (Perthuis).
3. Voir : *La Maîtrise du subconscient* (Éditions Dangles).

Il est aisément concevable que plus les états hypnoïdes sont profonds, plus les effets sont intenses. C'est la raison pour laquelle les méthodes qui rejettent la suggestion **sont loin de pouvoir exercer des effets analogues.** Si dans l'état de torpeur qui est du niveau de la relaxation (état de veille passive) il est possible, par exemple, d'obtenir la résolution des tensions neuro-musculaires, d'agir à la longue sur les métabolismes, d'influer sur certains organes, il est plus aléatoire de pouvoir exercer un effet immédiat, ou d'obtenir à terme qu'un mécanisme physiologique joue spontanément. Reprenant l'exemple d'une cellulitique ayant à perdre plusieurs kilos, selon notre méthode d'amaigrissement psychosomatique, nous chercherons à stopper sa faim en de telles suggestions, qu'aussitôt à table son appétit habituel puisse être stoppé. Nous pourrons créer un réflexe conditionnel d'action immédiate, si nous le voulons, de la façon suivante : demandant au sujet ce qui provoque habituellement son écœurement, par exemple des concombres, nous enregistrerons ces formules : « *Dès que vous vous mettrez à table... vous penserez à des concombres... vous ne pourrez faire autrement... dès que vous déploierez votre serviette, vous penserez à des concombres... maintenant... cela ne vous fait rien... vous êtes bien... mais quand vous voudrez manger... vous penserez à des concombres... et aussitôt vous sentirez un léger écœurement vous gagner... et vous n'aurez plus faim... d'ailleurs chaque fois que vous aurez faim... vous penserez à des concombres... et... aussitôt... vous n'aurez plus d'appétit, etc.* » Ce n'est qu'un exemple.

Nous utilisons dans notre méthode d'autres moyens qui constituent une synthèse destinée non seulement à stopper l'appétit en agissant sur les centres de la satiété, mais aussi à agir sur les structures mentales pour obtenir le reconditionnement du sujet par rapport à ses habitudes alimentaires et hygiénistes. Mais si les résultats obtenus sont aussi spectaculaires, c'est que le sujet est amené progressivement à un degré d'hypnose qui le place dans un état de léger somnambulisme, de somnambulisme plus profond quand la sensibilité à cet état est plus grande.

7. Au-delà de la relaxation

En relaxation psychosomatique, l'état de torpeur intervient après le premier tiers de la séance qui, on le sait, est d'environ trente minutes. C'est alors que des suggestions d'approfondissement du sommeil interviennent ; une séquence est auparavant consacrée à cette éducation hypnoïde. Non seulement les suggestions directes : « *Vous avez sommeil... sommeil... vous vous endormez de plus en plus profondément... vous dormez, etc.* », interviennent, mais le fond sonore monotone, spécialement étudié pour produire une sorte d'envoûtement déconnectant du mental, engourdit les facultés conscientes et approfondit en quelques minutes l'état hypnoïde ; sans s'en rendre compte, sans même chercher à y résister, **le sujet est passé de l'état de veille passif à un somnambulisme plus ou moins superficiel.**

Dans l'application, les indices révélateurs de cet état sont les suivants : le sujet n'entend plus les bruits ambiants ou ils ne le gênent aucunement ; ce qui explique que la relaxation psychosomatique présente cet avantage de pouvoir être appliquée dans une ambiance n'ayant pas besoin d'être absolument silencieuse. On peut observer la phase du sommeil par un frémissement des paupières, un profond soupir qui soulève la poitrine, un état impavide qui correspond à une certaine pâleur du visage. Au moment de l'éveil qui est commandé par l'enregistrement, le sujet semble s'éveiller d'un profond sommeil ; si on lui soulève le bras, il retombe lourdement complètement décontracté. Il est important de « dégager » le sujet en lui ordonnant de faire quelques instants de respirations profondes, ou encore, en lui plaçant un coussin vibrant sous les jarrets.

Bien entendu, **dans cet état le sujet peut être facilement induit en hypnose.** Il suffit, l'ayant prévenu avant la séance, à la phase de l'enregistrement qui correspond aux suggestions de sommeil, quand elles se terminent, de placer la main droite très près de son front et, arrêtant le son, de lui faire des suggestions directes de sommeil ; un somnambulisme profond peut aussi être obtenu en faisant des passes magnétiques de la tête à l'épigastre ; la méthode est précieuse pour le médecin, généralement peu entraîné, qui parviendra à endormir la plupart des sujets sur lesquels il eut été impuissant à exercer une action directe (méthode professionnelle d'hypnophorèse).

Cependant, quel que soit le degré de sommeil obtenu par l'enregistrement, le sujet se trouve placé dans un état hypnoïde suffisant pour rendre efficaces des suggestions qui le seraient moins dans l'état de veille passive correspondant à la relaxation.

Les observations recueillies auprès des applicateurs de la méthode, ainsi que celles qui nous sont personnelles, montrent que tous les sujets, femmes ou hommes, présentent les signes d'une hypnose superficielle après la quatrième séance et à la vingtième minute de l'enregistrement. **Le sommeil s'accentue au fur et à mesure des applications** et telle personne qui pouvait paraître réfractaire au début, manifestant le besoin de remuer, ouvrant les yeux et les refermant, déplaçant la tête ou les jambes, etc., finit par rester immobile et parvient au sommeil. Le somnambulisme plus ou moins profond est caractéristique chez 80 % des sujets, après la sept ou huitième séance quand les applications sont d'une fréquence minimale de deux par semaine. Certains sujets sont dans cet état entre la torpeur et la veille passive où les suggestions sont cependant encore très efficaces, mais une cure prolongée (20 séances au lieu de 12) développe leur suggestibilité.

N'ayant pratiquement pas d'échec dans la cure destinée à la restitution du sommeil, nous fûmes étonnés d'apprendre qu'un sujet ne dormait pas encore d'un sommeil naturel, calme et profond après la huitième séance, car, en général, le sommeil est retrouvé à la troisième ou quatrième application, parfois à la première, et de manière définitive autant que nous avons pu en juger ; mais ce sujet eut entière satisfaction aussitôt après la neuvième séance.

On peut exceptionnellement constater qu'un sujet ne supporte pas de rester immobile, qu'il s'énerve au lieu de se détendre ; une crise de larmes peut survenir qui libère une tension. Dans ces cas extrêmement rares, on peut soupçonner une psychonévrose, un état morbide ; si l'application est faite en dehors du médical, il convient de ne pas insister ; le sujet doit être dirigé sur le généraliste ou vers un médecin spécialiste de méthodes de relaxation de type relationnel qui, lui-même, l'orientera peut-être vers le psychanalyste s'il soupçonne un grave conflit névrotique. Cela nous amène à poser la question suivante : **l'hypnose est-elle dangereuse ?**

Ayant autrefois beaucoup pratiqué l'hypnose, procédant à de nombreuses expériences, dont l'endormissement de sujets à distance, qui est l'expérience la plus délicate, **nous ne constatâmes jamais de troubles physiques et psychiques.** Si un sujet éprouve ensuite une torpeur persistante, un léger écœurement, cela ne peut provenir que de ce qu'il a été mal « dégagé » ; en hypnose directe, on libère le sujet de toute influence **par des passes transversales, en lui soufflant froid sur les yeux, et par des suggestions de bien-être.** Ce dernier procédé utilisé en relaxation psychosomatique est suffisant pour que la personne se sente en pleine euphorie après la séance. Dégager un sujet n'est indispensable que lorsqu'il a été endormi par des passes magnétiques pour l'induire dans un état profond en vue d'expériences inhabituelles : transmission de pensée, voyance, dédoublement, etc. Ce n'est pas le but que nous recherchons en relaxation. Des médecins ont jeté un cri d'alarme concernant de soi-disant dangers qui tiendraient à l'application de la relaxation. Or, la relaxation, nous l'avons vu, ne permet pas d'obtenir des états aussi profonds que ceux de l'hypnose. Elle est donc moins susceptible encore de provoquer des troubles si légers fussent-ils. Aussi, nous référerons-nous à des sommités en ce domaine pour réfuter ces accusations, que la plupart des médecins pensent injustifiées. Après avoir souligné que « *le sommeil hypnotique normalise la sécrétion gastrique, augmente l'appétit, calme les douleurs* », un spécialiste, attaché au service du professeur Boulatov du Premier Institut de médecine de Stalingrad, le docteur P.-I. Boule déclare (4) : « *Les recherches de Pavlov, de Platonov, de Bechterev et de leurs nombreux élèves ont montré que l'hypnose est un état physiologique, une forme de sommeil normal. L'innocuité de l'hypnose pratiquée par le médecin a été établie. Il est évident que l'hypnose peut faire du mal de la même manière qu'un purgatif lorsque son emploi est absolument contre-indiqué. Nous avons utilisé l'hypnose des centaines de fois chez des enfants malades, des femmes enceintes ou des malades qui présentaient des lésions cardiaques, c'est-à-dire des personnes dont la santé est l'objet d'une attention particulière. Nous n'avons jamais constaté de complications en utilisant cette thérapeutique. Nous ne connaissons pas de contre-indications absolues...* »

Cependant, ce spécialiste précise que « *des excitations fortes sont instamment déconseillées, telles qu'elles sont utilisées dans la méthode autoritaire de choc* ». Mais qui songerait aujourd'hui à revenir aux méthodes de Charcot ? En relaxation, l'influence est graduée et même dans les expériences de contrôle du rythme cardiaque de Schultz, le cœur ne peut être menacé si on le ralentit ; il le serait autrement bien davantage chez l'athlète qui court un 400 mètres ! **Si l'hypnose était dangereuse, le médecin n'ayant pas appris l'hypnose serait plus à craindre que l'empirique connaissant parfaitement ses manifestations.**

Rappelons que depuis la fin du siècle dernier, l'hypnose n'a fait que piétiner et que les médecins contemporains ou ceux qui les ont précédés n'ont fait que s'inspirer des travaux des empiriques, ce que reconnaît un médecin de notre temps dont nous reproduisons le renvoi à un bas de page de son ouvrage (5) : « *Rappelons ici que c'est après avoir assisté à des démonstrations publiques d'hypnotisme que des médecins célèbres se sont pris d'intérêt pour les phénomènes hypnotiques. C'est le cas de Braid qui a commencé ses travaux après avoir vu les démonstrations faites à Manchester par le célèbre magnétiseur de l'époque, Lafontaine ; Freud, de son côté, déclarait avoir*

4. *L'Hypnose et la suggestion* (Éditions Doin).
5. L. Chertok : *L'Hypnose* (Masson et Cie).

assis sa conviction de la réalité des phénomènes hypnotiques après avoir vu opérer Hansen. De même Charcot fut influencé par les démonstrations de Donato. »

Nous pensons toutefois que la thérapeutique par l'hypnose directe doit être réservée au médecin, à cause principalement de la levée des symptômes qui peuvent recouvrir une affection grave (6).

---

6. Mais il faudrait que le médecin ait réellement les capacités d'un excellent hypnotiseur, ce qui n'est pas toujours le cas. La méthode d'hypnophorèse y remédie.

L'AUTOSUGGESTION

Exercice 40 : **La prise de conscience organique**

En état pré-hypnoïde, exercez-vous en conservant un minimum de conscience à « visionner » le fonctionnement de chacun de vos organes que vous devez « sentir vivre ». Au besoin, reprenez des planches d'anatomie pour bien les situer, mais vous devez surtout apprendre à les ressentir. Vous pourrez alors agir sur un organe déterminé de deux façons.

La première consiste à utiliser la puissance interne du rythme en associant la phase de rétention fluidique avec la prise de conscience de l'organe sur lequel vous désirez agir et une action de la pensée qui n'est pas une action volontaire, mais une sorte d'influence interne dont vous découvrirez vite le mécanisme ; elle est faite à la fois de détente, d'effacement extrême de la conscience et du maintien en soi du désir d'opérer l'action qu'on a déterminée.

Vous pouvez ainsi exercer des actions calmantes, tonifiantes ou stimulantes sur votre cœur, votre foie, votre intestin, vos glandes endocrines, vos organes sexuels, etc. Vous pouvez également développer la chaleur dans telle partie du corps qu'il vous plaira, décongestionner et rafraîchir votre tête, décongestionner les organes profonds, ou le cerveau après un travail intellectuel prolongé, etc.

Exercice 40 bis : **L'imprégnation du subconscient**

La seconde manière consiste, en état pré-hypnoïde proche de l'hypnose, à maintenir une image saisissante de réalité assez longtemps dans le champ de la pensée pour qu'elle imprègne le subconscient sans pour cela avoir à exercer une action volontaire, d'où l'utilité des exercices de concentration que nous avons donnés. L'efficacité de cette technique sera renforcée si elle est appliquée en se laissant ensuite basculer dans l'hypnose. Vous pouvez créer une image mentale adéquate à vos desiderata, soit si vous devez accomplir une action déterminée, vous voir agir comme vous voudriez pouvoir le faire, soit développer une faculté, la volonté par exemple, en « visualisant » sur l'écran de votre pensée des phrases telles que : « J'ai une volonté inflexible... rien ne résiste à ma volonté... », ou bien encore exercer votre action sur une région de votre corps, pour faire cesser la douleur, pour dissiper la fatigue en utilisant des formules appropriées.

La durée de l'autosuggestion ne doit pas être inférieure à 10 minutes mais, bien entendu, elle sera plus efficace si elle est prolongée. Avant de basculer dans le sommeil, si vous pensez que vous vous éveillerez à une heure déterminée, vous vous éveillerez à la minute précise que vous aviez fixée. Si vous aviez décidé de dormir et que vous deviez rester sur la défensive, le moindre bruit vous éveillerait.

LA POST-SUGGESTION

Exercice 41 : **L'effet imminent**

Vous renforcerez l'effet de l'autosuggestion en intercalant dans les formules, des suggestions devant se réaliser à échéance rapprochée. Par exemple, pour approfondir le sommeil hypnotique : *« J'ai sommeil... je m'endors profondément... bientôt JE DORMIRAI encore plus profondément. »*

Exercice 42 : **L'effet différé**

C'est une suggestion qui se réalise dans un avenir plus ou moins lointain. Prenons l'exemple d'un athlète se trouvant à une semaine d'une importante compétition. Il peut, dans les jours précédents, s'autosuggestionner selon les formules qui précèdent et de surcroît utiliser la post-suggestion. Il le fera de la façon suivante, en admettant qu'il s'agisse d'un coureur à pied : « Quand je prendrai le départ je me sentirai en pleine forme... je me sentirai une force extraordinaire... je serai sûr de gagner l'épreuve... je gagnerai facilement. » Il pourrait s'agir d'un acteur ayant le trac : « Quand j'entrerai en scène je serai sûr de moi... je n'aurai pas le trac... si je sentais le trac me gagner... je ferais une respiration profonde et il cesserait aussitôt. »

Dans ce dernier exemple, nous développons un réflexe conditionné ; la disparition du trac est liée à la respiration. C'est le même mécanisme qui joue pour l'acteur qui touche un fétiche avant d'arriver sur le plateau.

CHAPITRE VII

De la relaxation psychosomatique à l'auto-hypnose

La cure de relaxation psychosomatique rééquilibre manifestement les fonctions corticales et le sympathique. L'hypothalamus retrouve sa stabilité et tend à réguler le fonctionnement des glandes endocrines par son influence sur l'hypophyse. De même que le stress que produit le rythme corrodant de la vie moderne a altéré les mécanismes de la commande nerveuse, **la cure de relaxation psychosomatique, en libérant le psychisme de ses tensions, leur restitue leur capacité fonctionnelle.** Cette action est particulièrement évidente chez les insomniaques. Sans même que nous ayons fait intervenir un enregistrement spécifique, le sommeil est recouvré dès les premières séances consacrées à la détente neuro-musculaire, à l'obtention du vide mental. Les moyens adjuvants qui renforcent les effets psychiques, en augmentant le tonus, participent certainement à cette récupération qui, autrement, serait moins rapide.

A ce stade de notre méthode où la torpeur confine à l'hypnose, nous nous trouvons au niveau du training autogène de Schultz, avec toutes les possibilités, mais aussi toutes les limitations des méthodes autoconcentratives. Les tensions tonico-émotionnelles maîtrisées ont provoqué la détente neuro-musculaire, le corps est lourd et ce n'est pas une impression subjective puisque, si on soulève le bras, il retombe lourdement. Ce stade, pour nous élémentaire, est obtenu en moins de 15 séances par la relaxation psychosomatique ; il correspond à une relaxation authentique, mais qui n'est nullement exhaustive ; **il nous faut franchir d'autres étapes.**

Schultz propose, à partir de l'état de pesanteur, d'aborder ce qu'il intitule « le cycle supérieur », considérant le training autogène comme « *un instrument pour aborder des problèmes existentiels fondamentaux* ». Ainsi que l'auteur le précise, sa méthode « *devient un travail assimilable au travail analytique classique* » et estime « *que la durée de la maîtrise complète du cycle supérieur est de 3-4 ans, durée comparable à celle d'un traitement psychanalytique* ». On conçoit que devant cette perspective, la plupart des personnes qui désireraient approfondir les possibilités qu'offre la relaxation s'en désintéressent et recherchent d'autres disciplines moins contraignantes... et moins onéreuses.

Effectivement, le cycle supérieur de Schultz s'apparente davantage à l'auto-analyse, à l'introspection interprétative, qu'à une réelle prise de conscience des structures mentales et de la possibilité de les orchestrer pour en obtenir l'équilibration ; ou du moins cette discipline n'est abordée qu'ultérieurement.

Nous nous garderons d'empiéter sur le terrain de la psychanalyse **qui n'intéresse que des cas isolés** dont la gravité justifie la longueur du traitement.

Rappelons que notre méthode repose sur le développement de réflexes conditionnés de détente, à l'exclusion de tout effort concentratif. Elle se distingue en cela des méthodes autoconcentratives (Schultz, Jacobson). Poursuivant en ce sens, nous avons eu la possibilité d'accéder à des pouvoirs qu'on pourrait chez le profane qualifier de supranormaux, mais que nous considérons comme le développement d'aptitudes normales, d'exploitation de virtualités ne demandant qu'à être révélées. Toutefois, cette optique ne peut se concevoir qu'à travers la prise de conscience du monde astral et des fluides qui nous environnent. C'est un domaine que nous n'explorerons pas ici, le prospectant largement en d'autres ouvrages d'initiation occultiste (1). Disons, en résumé, que nous possédons plusieurs corps, dont le corps dit astral qui peut devenir perceptible en certaines conjonctures et pour des médiums. Les expériences d'extériorisation faites à la Charité, dès 1893, par le docteur Luys et rapportées dans *Les Annales de psychiatrie,* démontrent la réalité du dédoublement. Voici, rapportées par P.-C. Jagot (2), les déclarations du docteur Sicard qui assista à ces expériences et les contrôla : « *Nous avons vu maintes fois, au laboratoire de la Charité, M. Luys répéter les expériences d'extériorisation de la sensibilité... il a pu obtenir, au moyen d'une photographie, le rapport sensible à trente-cinq mètres, c'est-à-dire qu'à cette distance le sujet a ressenti des piqûres faites, à son insu, à son image.* »

---

1. *La Magie de l'amour* et *Le Monde mystérieux de l'hypnose* (épuisés).
2. *Méthode pratique de magnétisme, hypnotisme, suggestion* (Éditions Dangles).

Nous avons obtenu couramment des extériorisations de la sensibilité sur de nombreux sujets plongés préalablement en somnambulisme. Ces expériences nous ont confirmé dans notre conviction **du pouvoir psychique de la voix enregistrée chargée d'intention suggestionnante** ; elle libère certainement, comme la photo, le fluide dont elle est imprégnée. Il est vraisemblable que le corps fluidique se transporte à distance et réintègre l'enveloppe charnelle, de même, quand on admet le phénomène, que nous émettons et recevons des pensées par un échange fluidique, que, d'autre part, nous sommes constitués de ce fluide que notre pensée peut concentrer et diriger sur telle partie de notre corps, où, servant de support, il incorporera notre pensée pour agir en fonction de sa nature et de son intensité : qu'en surplus, ce fluide peut être dirigé à l'extérieur de nous-même pour exercer les effets de notre pensée sur nos semblables et, dans une certaine mesure, sur les événements (doctrine occultiste).

1. L'évasion fluidique

C'est en approfondissant l'état de relaxation que, par les mêmes mécanismes, nous allons accéder facilement à ces pouvoirs qui seront, par rapport à la relaxation, ce que la maîtrise peut être en maçonnerie par rapport au grade d'apprenti. Il ne fait de doute pour aucun expérimentateur que les suggestions faites à un sujet à l'état de veille ou en hypnose fruste se réalisent moins aisément et moins nettement que celles faites avec le sujet en somnambulisme. Or, la même différence peut être observée entre des méthodes de relaxation où l'effacement de la conscience n'est pas recherché, et les états où elle se trouve presque abolie ou complètement occultée. Aussi les actions psychophysiologiques, comme la recherche d'états à la fois plus subtils et plus profonds, ne pourront être obtenues que dans un sommeil plus accentué, **dans lequel la conscience effacée laissera libre la voie d'accès au subconscient.** Mais nous devrons procéder à cette recherche par une progression nous permettant d'arriver à l'auto-hypnose en des paliers successifs, **pour découvrir la lisière située aux confins de la conscience, juste avant qu'elle ne sombre** ; car ainsi, nous bénéficions des possibilités de l'hypnose, sans pour autant nous priver de la conscience claire directrice des pouvoirs que nous désirons exercer.

La cure de relaxation psychosomatique comporte cette éducation réflexe ; elle conduit le sujet au seuil de l'hypnose ou l'endort ; nous pouvons approfondir cet état par le passage de séquences qui développent ces mécanismes de l'endormissement, de manière que le sommeil soit assez profond pour que les suggestions enregistrées en d'autres séquences pour des cas spécifiques, aient une efficacité maximale. Cependant nous conseillons, tout en conservant cette possibilité de plongeon dans l'inconscience, de chercher à maîtriser l'état de déconnexion, **de manière à parvenir à mesurer l'évanescence.** Il devient possible par cet entraînement qui succède à l'apprentissage tout de passivité, de basculer dans le sommeil et de revenir à cette frontière dont nous parlons qui n'est pas encore le sommeil, cela en conservant le contrôle de l'opération. On parvient ainsi en quelques minutes à plusieurs allées et venues entre la veille et le sommeil. **A cette lisière de la conscience, la relaxation est totale,** plus approfondie qu'on ne peut le faire dès l'abord par la concentration. Il suffit alors de ne penser à rien (voir exercices) et de rester ainsi, pour sentir qu'à la sensation de lourdeur du corps qui n'est qu'une première étape, succède un détachement du réel qu'accompagne le développement d'un sentiment de légèreté : c'est le corps qui se dédouble.

En renouvelant fréquemment l'expérience, on sent que ce dédoublement s'accentue ; avec l'entraînement il survient en quelques instants. On reconnaît cet état par l'impression que le corps gît abandonné, il semble que l'on plane au-dessus de lui **et il vous devient comme étranger.** Nous réfutons à l'avance les propos selon lesquels ces expériences pourraient amener la dissociation de la personnalité. Le lien avec le corps charnel est toujours facilement maintenu et il est possible de le réintégrer avec un effort volitif infime, sur simple désir. L'intérêt de cette expérience est de s'assurer d'un contrôle absolu des facultés (conscient et inconscient), mais surtout **d'obtenir une relaxation dont l'intégralité est totale ;** elle détend mieux les ressorts de l'esprit que ne peut le faire la lourdeur de la première phase, et réduit plus efficacement les tensions neuro-musculaires et partant, organiques. A partir de cette expérience, il devient possible d'accéder à des pouvoirs dont la description déborde notre sujet limité à la relaxation.

2. La prise de conscience

A partir de cette maîtrise qui jette un pont entre la relaxation proprement dite et l'hypnose, il convient de procéder à la prise de conscience. Elle demande à ce que l'on porte son attention sur ses structures internes pour s'assurer de la maîtrise organique et psychique. Cette prise de conscience peut s'effectuer dans les derniers temps de la cure chez le relaxologue, ou chez soi à l'issue des 12 à 15 séances qu'elle comporte.

La détente topographique (voir chapitre IV) a une durée d'environ 15 minutes, ce qui peut paraître insuffisant pour chaque région du corps, mais ce serait ignorer les principes de la méthode. C'est la répétition qui développe les réflexes de détente. C'est-à-dire que l'itinéraire corporel, adopté une fois pour toutes, sera parcouru assez rapidement, mais à force de l'emprunter on n'aura plus besoin d'y prêter attention ; la marche deviendra de plus en plus rapide et, bientôt, le parcours relaxant se fera en 10 minutes, puis en 5 et finalement l'automatisme étant créé, il suffira de penser : « *Je me détends complètement* » pour que le corps s'abandonne. C'est lorsqu'on a atteint cette phase, en 12 à 15 séances, qu'on recherche la torpeur, puis le sommeil et les états qui le précèdent. Notons que le fait de ne pas s'attarder à détendre une seule région du corps, le bras par exemple, évite de mobiliser intensément les forces concentratives et nous évitons ainsi une dépense nerveuse préjudiciable ; nous restons donc fidèle, même sans avoir recours à l'enregistrement, à nos principes de relaxation passive.

A partir de cette détente doivent intervenir les formules qui accroissent l'état de torpeur, puis les autosuggestions de sommeil jusqu'à ce que sa profondeur avoisine l'hypnose, car ce n'est qu'à ce stade que nous effectuerons la prise de conscience. Nous disposons, pour accentuer ces effets, de l'autosuggestion directe : « *Ma tête s'engourdit... la torpeur me gagne... de plus en plus... tout devient noir... j'ai sommeil... sommeil... tout est noir... Je n'ai plus envie de bouger... mon corps est lourd comme du plomb... Tout est noir... mais je suis bien... au chaud...* » ; puis, de la post-suggestion qui influencera le psychisme presque dans l'immédiat et ultérieurement : « *Tout à l'heure... je vais sombrer dans un sommeil encore plus profond... tout va devenir encore plus noir... plus noir... le sommeil va me gagner irrésistiblement... quand je dirai sommeil... je dormirai encore plus profondément... SOMMEIL... SOMMEIL... SOMMEIL...* etc. »

Cette phase correspond à un état facile à reconnaître. On n'a pas envie de bouger tellement, on se sent bien ; il semble que si l'on voulait lever un bras ou une jambe, il faudrait faire un effort considérable pour y parvenir. Le cerveau est comme dans une brume et aucune idée ne traverse l'esprit en repos ; cependant, on n'est pas coupé du monde extérieur ; les bruits sont perceptibles, mais on les entend sans qu'ils vous importunent ; l'ouïe est beaucoup plus subtile et on peut percevoir des sons qu'on n'entendrait pas à l'état de veille. C'est dans cet état, sans qu'il soit nécessaire de rechercher le dédoublement, mais au seuil de celui-ci, que la prise de conscience s'effectue. C'est cette opération qui va nous faire déboucher sur la maîtrise du mental et sur celle du corps.

3. La maîtrise du mental

Ainsi, sans effort volitif, progressivement, nous sommes arrivés à ce que Schultz a nommé « la déconnexion du mental » **qui n'est autre que l'isolement ou vide mental des occultistes** (3). Mais la terminologie importe peu. Dans cet état, grandement facilité par un fond sonore spécial à notre méthode, nous nous trouvons comme si, étant une personne étrangère, nous étions face à notre mental. La vision intérieure peut se manifester spontanément et revêtir des aspects diversifiés comme par exemple, celui d'un ciel azur ou au contraire d'un bleu de nuit qui peut évoquer l'espace. Ce peut être un tableau noir où les pensées peuvent venir s'inscrire graphiquement ou apparaître sous forme d'images ou encore, une étendue verte comme peut l'être une pelouse anglaise ; plus rarement, en l'état de relaxation, se formeront des teintes de jaune ou de rouge qui correspondent à des états d'excitation, donc de tension. Dans cette visualisation, le sujet a intérêt à aller dans le sens qui lui est perceptible, et non à contre-courant ; celui qui « voit » mieux le noir, considérera qu'il se trouve devant un tableau noir et approfondira le noir de plus en plus.

Au début, il se peut qu'on reste dans le vague et que, même si la conscience n'est pas assez étrécie (voir exercices), commencent à apparaître des idées importunes, l'esprit ayant tendance à vagabonder. Il faut alors « visualiser » intérieurement le vide de l'esprit et se comporter en cerbère, chasser impitoyablement toute pensée intruse qui veut envahir ce vide. C'est assez facile dès l'instant où l'on considère qu'il se passe un certain temps, quand on contrôle l'esprit, entre le moment où la pensée apparaît et celui où elle peut être perçue dans toute sa vigueur par la conscience. Aussi, dès qu'une pensée qui peut se traduire par une image commence à se former sur l'écran intérieur, il faut faire le vide, « l'écarter ». Nous voyons là que c'est le contraire du mécanisme de la concentration mais, paradoxalement, cette discipline de vide mental constitue un excellent exercice de concentration.

---

3. Voir l'ouvrage de Mouni Sadhu : *La Maîtrise du mental* (Éditions Dangles).

La pratique de l'hypnose exigeant de développer au maximum la faculté de concentration (ce qu'oublient de faire les hypnotiseurs modernes et la plupart des médecins s'y intéressant), nous avons donné dans un autre ouvrage toutes les directives pour un entraînement très poussé concernant la concentration et les procédés qui y sont associés (4). Nous nous attarderons cependant sur cette faculté dont découle la prise de conscience. Alors que le vide mental est une concentration qui occupe le champ de la pensée d'une manière quelque peu diffuse, qui consiste plutôt en une défense à l'égard des idées parasites, **la concentration est une mobilisation de la pensée en vue de réunir en un faisceau toute l'énergie psychique disponible** pour la mettre au service d'une opération mentale, soit une image, une pensée, ou une intention, ce qui revient au même.

Un exemple a été donné qui fera mieux comprendre la différence qui peut exister entre ces divers états que sont la pensée non contrôlée, le vide mental et la concentration. Si un jour de soleil vous prenez une loupe et que vous l'interposiez n'importe comment entre le soleil et la paume de votre main, elle sera mieux éclairée que de coutume, c'est l'esprit occupé sans plus ; mais si vous cherchez à réduire le rayon, vous pourrez ne concentrer la lumière que sur votre main, c'est une concentration médiane, celle du vide mental qui élimine tout ce qui est en dehors du champ de la pensée ; enfin, si éloignant la loupe, vous réduisez le faisceau en un point, vous aurez un point plus ou moins gros de grande luminosité, si vous en faites un point minuscule, son intensité sera telle, que vous ressentirez la brûlure de cette concentration et que vous devrez retirer votre main. La concentration, ce n'est donc pas une pensée ou une image maintenue dans l'esprit, c'est aussi l'opération mentale qui consiste à donner à ces représentations **la plus forte intensité possible,** avec la faculté, acquise par l'entraînement, de maintenir aussi longtemps que nécessaire cette intensité. En surplus, **la netteté de la pensée, sa concision subordonnent son efficacité.**

La relaxation qui implique le contrôle tonique n'exige pas une grande concentration. Ce stade primaire demande cependant déjà un effort incompatible avec l'asthénie de nombreux sujets. Par la création des réflexes de détente conditionnés, nous amenons les sujets à cet état sans requérir cet effort. De même, l'habitude de la concentration se développe par un mécanisme analogue auquel participe le vide mental obtenu en la passivité la plus absolue. C'est dans cette perspective que nous utilisons suggestion et post-suggestion pour dévelop-

---

4. *La Maîtrise de votre subconscient* (Éditions Dangles).

per dans la même passivité les qualités positives, dont la faculté de se concentrer, celle de fixer l'attention et de la maintenir, la puissance volitive.

L'introspection, qui s'effectue au stade du vide mental, ne requiert pas non plus d'effort notable, dès l'instant où jouent ces réflexes conditionnés ; c'est là qu'intervient la prise de conscience du mental. L'introspection dans ce « no man's land » qu'est cet état intermédiaire entre la torpeur et l'hypnose profonde, consiste en une prise de conscience de son contexte psychique, moral et affectif et à sa confrontation avec le moi idéal ; c'est aussi la prise de conscience de son corps et de ses rapports avec autrui et avec l'univers. C'est en quelque sorte **une auto-analyse psychophysique** qui emprunte un chemin différent de la *Psycho-Morpho-Synthèse* qui procède des indices extérieurs pour définir l'individu. Là, il s'agit de descendre au plus profond de soi-même pour y découvrir des abîmes inexplorés qu'on s'est toujours refusé à reconnaître. Dans cet état, la censure du Surmoi est en majeure partie annihilée ou ne s'exerce pas avec la rigueur habituelle. La résurgence des pensées et des comportements enfouis dans le subconscient se fait aisément. On procédera par la définition de sujets déterminés et par des interrogations sur les problèmes personnels préoccupants. Par exemple :

— *Quelle est mon attitude morale par rapport à la contraception et à mon comportement sexuel ?*

— *Pourquoi est-ce que je tiens autant compte de l'opinion publique ?*

— *Pour quelle raison ai-je moins d'assurance (inhibition) en présence d'une personne de laquelle je sollicite une faveur, que devant une autre qui, elle, m'est familière.*

Remontant le cours de la vie souvent jusque dans les périodes de l'enfance et de l'adolescence, on verra les réponses à ces formes interrogatives surgir spontanément dans le champ de la conscience. La connaissance des mécanismes de défense, celle des situations conflictuelles qui sont la résultante d'un combat entre les tendances du **Ça** et la censure du **Surmoi,** des processus qui donnent naissance aux complexes pourra être utilisée en tant que matériel d'auto-analyse, non seulement pendant la pré-hypnose, mais également en toute conscience claire, une fois amorcée la prise de conscience des affects négatifs qui entravent le plein épanouissement de la personnalité ou développent des états plus ou moins névrotiques. Entre la normalité et la psychose se situent de nombreux états intermédiaires mal définis, mais qui évoluent entre l'asthénie et l'anxiété. La personnalité est mal structurée, sans pour autant qu'il y ait dissociation. Cela provient de ce que l'individu n'a pas de notion précise sur sa structure mentale ; sans que son esprit soit un chaos, c'est le désordre. Placé comme un esquif au milieu d'un environnement qui ne peut dans ces conditions n'être pour lui que menaçant, il se trouve ballotté par les circonstances adverses, au lieu de tenir le gouvernail d'une main ferme et de faire résolument face. Nous verrons ce que dans ce cas apporte une certaine philosophie de la vie, mais il n'empêche que la prise de conscience des mécanismes du mental, la définition du **Moi idéal** par rapport à l'adaptation à son milieu, et aux conditions de vie qu'on ne peut changer parfois que dans l'établissement délibéré et longuement muri d'un planning de reconversion à d'autres activités et à d'autres formes de loisirs, **constitue la base de l'hygiène du mental.** Ayant découvert les failles, il faut y remédier par le renforcement des qualités intrinsèques qu'on se reconnaît, par l'exploitation des virtualités que révèle toujours l'auto-analyse ou, dans le mariage ce que j'ai intitulé « *l'analyse concertée du couple* » (5), par l'utilisation consciente des mécanismes de défense qui permettent de limiter l'impact des pulsions instinctuelles, particulièrement par **la sublimation, le déplacement** et **la compensation** qui peuvent être gratifiantes.

Ce comportement nous conduit à la prééminence du Moi, ce qui revient à dire **à la maîtrise du mental.** Mais nous verrons que cela n'implique pas qu'on doive refouler tous les besoins et instincts ; il faut aussi un exutoire à ce besoin fondamental qu'incarne « *le principe de plaisir* » si magistralement défini par Freud (le Moi tend vers le plaisir et cherche à fuir le déplaisir).

4. La maîtrise du corps

L'harmonie des structures mentales étant réalisée, leur robustesse met l'individu à l'abri des effets corrodants de l'agression permanente et des stress. L'aptitude à se concentrer sur une image mentale, à la maintenir dans le champ de la pensée va nous permettre d'agir efficacement sur notre économie. La relaxation topographique des groupes musculaires nous a déjà apporté la possibilité d'exercer notre influence sur le tonus musculaire et, par cela même, de réduire la tension nerveuse. Par extrapolation psychosomatique, nous avons également réduit les tensions organiques excessives, le processus empruntant la voie neurovégétative. Mais nous ne pouvons nous con-

5. *La Magie de l'amour* (J'ai Lu). Épuisé.

tenter de ce résultat, aussi bénéfique qu'il soit. En marge de leur tension trop élevée, permanente donc pathologique, nos organes oscillent entre l'excitation et l'inhibition et c'est l'équilibre réalisé entre ces deux tendances qui constitue l'état de santé. Cela provient de ce que nos viscères sont, selon l'expression de Chauchard, « *des muscles creux* » qui reçoivent, en tant que muscles lisses échappant (en principe) au contrôle volontaire, un nerf activateur et un nerf inhibiteur ; ils utilisent un relais ganglionnaire, contrairement aux muscles striés du mouvement et squelettiques, qui obéissent directement à l'impulsion nerveuse motrice, par conséquent à la volonté, alors que les muscles lisses échappent à son injonction.

Si nous empruntons à l'auteur précédemment cité le condensé concernant les muscles viscéraux, nous aurons une notion suffisamment éloquente de l'action des muscles lisses qui constituent ou entourent nos organes : « *Ce qui évoque le plus l'idée de moteur dans notre corps, c'est précisément un organe, le cœur, qui rythme ses contractions ou systoles, le cours de notre vie, assurant inlassablement par la propulsion du sang, le ravitaillement et l'épuration de tout le corps. Tous nos viscères ont des manifestations motrices : le tube digestif, de l'œsophage au rectum, est le siège de contractions dites péristaltiques qui poussent les aliments et les fèces et donnent à la masse intestinale un aspect grouillant ; la vessie dont la contraction évacue l'urine ; l'utérus au muscle puissant qui déclenche l'accouchement ; les bronches dont la contracture cause les suffocations de l'asthme ; les conduits biliaires et la vésicule, les uretères dont les contractions sur les calculs sont si douloureuses ; les vaisseaux sanguins qui se dilatent ou se contractent, contribuant à la bonne circulation du sang (rougeur et pâleur) ; la rate, réservoir sanguin contractile. Ajoutons les mouvements internes de l'œil (constriction ou dilatation de la pupille), variations de la courbure du cristallin (accommodation) ; les mouvements de redressement des poils (horripilation : chair de poule).* »

Notons encore, avec Paul Chauchard, « *que le système nerveux viscéral commande aussi un autre type d'action, les sécrétions glandulaires* », et nous comprendrons comment le dysfonctionnement hypothalamique peut inhiber ou exciter nos organes en perturbant l'hypophyse dont le rôle est d'envoyer des messages hormonaux aux autres glandes qui règlent l'activité de nos organes ; cela fait également comprendre comment, par le processus inverse de régulation des commandes nerveuses par la relaxation, il est possible de rétablir cet équilibre qui se situe entre la stimulation excessive et le freinage exagéré. Mais en marge de cette action qui s'exerce par la régulation de la fonction tonique, nous pouvons en exercer une autre par le freinage ou la stimulation de nos organes sous l'effet des influx qui deviennent les supports de la concentration mentale.

La science magnétique, si discutée qu'elle soit, doit ses succès, indéniables, à ce qu'elle a très bien perçu que « *la santé résulte d'un équilibre de toutes les fonctions de l'organisme* » ; qu'elle a conçu « *le classement des maladies en hyperfonctionnement et en hypofonctionnement* ». Partant de ce principe, qui rejoint ceux de l'acupuncture que les médecins commencent à découvrir en attendant de redécouvrir l'hypnose, dans le cas d'hyperfonctionnement, on calme et dans le cas d'hypofonctionnement, on excite. Qu'on nous pardonne, mais nous n'agissons pas autrement en relaxation psychosomatique, tant ces principes sont intangibles, **avec cet avantage toutefois, que l'intervention d'un tiers n'est pas nécessaire.**

Il n'est pas indispensable de se représenter l'organe sur lequel on veut agir très précisément, **mais il faut avoir le sentiment de son emplacement** ; ainsi on ne pourrait exercer une action très efficace sur la vessie si on la situait au niveau de l'estomac. Aussi, il nous paraît important de réviser, au moins sommairement, son anatomie, lorsqu'on n'en conserve qu'une notion confuse ; plus on connaîtra précisément un organe dans sa structure et son fonctionnement, mieux on sera à même d'en influencer l'activité. Il faut alors procéder à la prise de conscience de cet organe par une sorte de préhension de l'esprit ; en un mot, il faut se transporter à lui « *pour le sentir vivre* ». En ce qui nous concerne, nous nous représentons un fluide continu qui descend de notre cerveau vers tel ou tel organe sur lequel nous voulons agir. La pensée, en même temps, reste concentrée sur cet organe en le « visualisant » et surtout en « le sentant ». **On peut alors charger ce fluide de la pensée qu'on a concentrée dans un but de régulation ou d'apaisement de l'organe** ; notons que l'excitation correspond à la congestion et que le ralentissement de son activité correspond à sa décongestion ; l'analogie (loi de l'occultisme) se retrouve dans les équivalences suivantes qui peuvent être évoquées :

CONCENTRATION = HYPERACTIVITÉ – DISPERSION = HYPOACTIVITÉ.

Il faut se garder dans cette action de toute crispation ; **l'influence doit s'exercer dans un calme souverain.** Il y a là commune mesure avec l'hypnose : d'abord dans la **certitude inébranlable de la réussite,** dans le calme, la détente et une volonté placide mais inflexible, enfin, **dans la netteté de la pensée** et la pulsion puissante et continue qu'on lui imprime.

Nous donnerons deux exemples qui pourront servir de canevas à la manière de procéder, le second montrant comment on peut agir simultanément sur des muscles lisses dont la commande participe de deux systèmes différents quoique synchronisés dans leur automatisme : le péristaltisme intestinal et le relâchement du sphincter anal.

Le mal de tête se caractérise par une tension douloureuse, mais aussi par la congestion (tête brûlante). La pensée dirigée accomplira mentalement le geste que fait le magnétiseur habile pour soulager d'une céphalée : elle descendra de la tête vers l'épigastre dans une action interne continue pour « dégager » la tête. En même temps, la pensée objectivera la sensation de fraîcheur et de bien-être de la tête en recréant l'état dans lequel on se trouve normalement.

Le deuxième exemple a trait à une affection très fréquente : **la constipation.** Il faut « visualiser » l'intestin ; le voir par la pensée dans sa forme et son parcours, avec le côlon ascendant qui remonte sur le côté droit du ventre jusqu'à la vésicule, le côlon transverse qui se dirige sur la gauche et, enfin, le côlon descendant, qui descend effectivement sur le côté gauche du ventre jusqu'à l'ampoule rectale à laquelle fait suite le sphincter, muscle lisse qui assure la fermeture du conduit en dehors de la défécation. Le péristaltisme (action des muscles lisses) s'exerce dans le sens des aiguilles d'une montre. Il faut donc « voir » par la pensée les matières exercer une poussée dans ce sens, le « fluide » effectuant une sorte de manège indiscontinu, cependant qu'en même temps on « objective » la sensation éprouvée dans la défécation quand le sphincter se relâche ; l'évocation du mal de ventre donnant la diarrhée est particulièrement efficace dans le cas de constipation opiniâtre.

De même qu'on peut se rendre maître de la fonction intestinale, il est possible de dominer tous ses organes, y compris les organes sexuels. Le « fluide » dirigé par la pensée sur une douleur aiguë de n'importe quel endroit du corps la fait cesser instantanément. Vaincre des algies tenaces peut être imprudent, les symptômes de grave affection pouvant s'en trouver masqués ; le diagnostic médical doit, en ce cas, précéder l'action qu'on veut entreprendre. Une soudaine tachycardie est stoppée net par la pensée, mais, pour toute anomalie cardiaque, l'électrocardiogramme est indispensable.

Nous n'avons jamais constaté aucun trouble de santé à la suite de l'entraînement que nécessite le développement de ces facultés. Bien au contraire, cette domination sur le corps permet d'éliminer les troubles mineurs ; il n'est pas exclu qu'une action prolongée puisse, dans la maladie chronique, apporter une intéressante contribution au traitement médical, il ne fait aucun doute qu'elle accélère la guérison et réduit la souffrance. Ne fut-ce que pour cette dernière raison, **on ne voit pas de quel droit on pourrait interdire à un être humain l'usage des pouvoirs que la nature lui a octroyés.**

5. L'auto-hypnose

Diverses techniques, dont un procédé infaillible que nous avons élaboré, permettent de se mettre, par soi-même, en hypnose. Les décrivant dans *Le Monde mystérieux de l'hypnose,* nous ne le ferons pas ici. C'est aussi pour une autre raison. Basculer dans le sommeil hypnotique est facile à partir de cet état qui l'avoisine, et nous apporte déjà de singuliers pouvoirs. Nous avons vu qu'on peut réduire le champ de la conscience au minimum, au-delà de l'état de torpeur et, en se laissant aller, passer dans le sommeil. Ce n'est pas comme pour le sommeil naturel, on a le sentiment « de plonger dans le néant ». Il ne faut pas se retenir, cet état d'inconscience n'étant aucunement dangereux et le réveil se produisant spontanément ou à l'heure qu'on aura fixée auparavant en prenant la précaution de la « voir » épisodiquement. C'est dans cet état où les suggestions sont reçues sans restrictions, où les post-suggestions sont facilement réalisées, qu'il est indiqué de s'autosuggestionner, soit pour renforcer une qualité, développer un don ou une aptitude, soit pour exercer une influence sur le fonctionnement organique.

La pensée de ce que l'on désire obtenir sera maintenue de 10 à 15 minutes pendant l'état de torpeur accentuée qui confine à l'hypnose, **puis on se laissera basculer dans le sommeil.** La pensée qui occupait l'esprit cheminera jusque dans le subconscient et y laissera son empreinte ; **elle se réalisera en actes psychophysiologiques.** Comme en suggestion deux formules peuvent être utilisées, par exemple : « *Je suis de moins en moins timide... je suis plein d'assurance... je ne suis plus timide...* » ou en post-suggestion : « *Quand je verrai cette personne... je serai plein d'assurance... je me sentirai parfaitement à l'aise... elle ne pourra pas m'intimider... etc.* »

La séquence d'hypnose que j'ai établie permet de procéder de manière différente. Le sujet n'a qu'à l'écouter sans y prêter aucune attention et laisser simplement flotter son esprit sur l'idée qu'il a délibérément arrêtée, sans le laisser dériver sur autre chose ; cette idée continue à imprégner le subconscient après que l'hypnose est intervenue plus ou moins rapidement selon que les réflexes d'endormissement auront été plus ou moins souvent éduqués. Normalement un effacement quasi-total de la conscience est obtenu en 15 à 25 minutes d'audition.

7 Relaxation psychosomatique. PARTIE PRATIQUE

BASCULEZ DANS L'HYPNOSE

Exercice 43 : **L'hypnose fruste**

« Votre corps reste immobile... mais maintenant vous sentez que votre corps est encore plus lourd... vous êtes bien... vous ne pensez à rien... tout est lointain... et vous avez sommeil... sommeil... vous sentez que vous pourriez dormir... mais vous ne perdez pas conscience... cependant vous sentez que vous ne pouvez pas bouger... vous êtes à la limite du sommeil... vous pouvez encore approfondir cet état... vous le pouvez. »

Nota : cet état est à la lisière de la relaxation et du sommeil hypnotique. C'est celui que vous devez obtenir pour l'autosuggestion. Vous allez apprendre maintenant à basculer dans l'hypnose tout en conservant un fragment de conscience pour revenir quand vous le voulez à l'état pré-hypnoïde.

L'AUTO-HYPNOSE

Exercice 44 : **Le basculement**

Dans l'état pré-hypnoïde, vous êtes à la lisière du sommeil hypnotique et sentez que vous pouvez vous laisser aller au sommeil. Cependant, il vous reste un fragment de conscience. Vous devez vous exercer à basculer dans le sommeil... n'hésitez pas à vous laisser aller... c'est une sensation étrange mais agréable, qui ne peut que présenter des avantages, dont celui d'un repos encore plus absolu que celui de la relaxation intégrale.

Vous dominerez cet exercice quand vous pourrez à volonté basculer dans le sommeil et revenir à l'état pré-hypnoïde. Vous basculez dans le sommeil, vous revenez, vous basculez dans le sommeil, vous revenez, etc. A ce moment vous êtes maître de votre mental.

Exercice 45 : **L'hypnose**

Basculer dans l'hypnose et « ne pas revenir » n'est à utiliser que si on désire s'endormir après l'autosuggestion faite en état pré-hypnoïde qui permet encore le contrôle des pensées et leur maintien dans l'esprit. L'hypnose est surtout à utiliser le soir avant de s'endormir. Le sommeil sera alors très profond et réparateur. On se réveille toujours naturellement, ou alors il faudrait se suggérer un sommeil profond et prolongé pour d'autres fins que nous ne pouvons aborder ici (6).

Nota : notre méthode préconise la prise de conscience en état pré-hypnoïde. Autrement efficace que les méthodes concentratives, elle permet d'imprégner le subconscient de formules préalablement déterminées ou de maîtriser les fonctions organiques (7).

---

6. *Techniques et pratiques de l'hypnotisme* (épuisé).
7. Une « self-méthode » permet de s'autosuggestionner en état hypnoïde.

DEUXIÈME PARTIE

Les applications

CHAPITRE VIII

La maladie psychosomatique

Dans l'approche de la maladie psychosomatique, on retrouve, quel que soit le cas, un dénominateur commun : la fatigue. C'est pourquoi nous chercherons d'abord à déterminer les conditions dans lesquelles se développe la fatigue ; **elle est le fléau de notre époque** et atteint la majorité des femmes et des hommes d'aujourd'hui. La lassitude des générations montantes s'est substituée à la robustesse d'antan ; « *Je suis fatigué !* » est le leitmotiv qui revient le plus fréquemment sur les lèvres de nos interlocuteurs. Alors que le médecin en l'absence d'affection grave ne nécessitant pas un traitement spécifique ne peut souvent remédier à la fatigue que par des médicaments dont l'effet est éphémère, nous adopterons une attitude prophylactique en recherchant l'origine de la fatigue, non seulement dans les agressions, bruit, travail excessif, etc., mais dans le comportement des sujets qui en sont atteints. Cette démarche nous conduit à élargir nos horizons pour inclure la lutte contre la fatigue dans nos procédés de réhabilitation physique.

1. Fatigue et inertie musculaire

Pour nous, la fatigue a pour cause essentielle le manque d'activité musculaire qui serait responsable de la dégénérescence progressive des organes. Afin de mieux faire comprendre le cheminement de notre pensée, nous donnerons une démonstration inversée des effets de l'inaction par rapport à la fatigue en empruntant à la physiologie sportive ses observations concernant cet organe capital qu'est le cœur (1) : « *Le cœur sportif est un cœur lent, volumineux, asthéni-*

1. *Physiologie du sport,* Andrivet-Chignon-Leclercq (P.U.F.).

que. Pour s'en convaincre, il n'est que de regarder le cœur d'un sportif battre derrière l'écran d'un appareil de radioscopie. Sa forme est le plus souvent globuleuse et cette forme est considérée comme la preuve de sa meilleure adaptation à l'effort physique... Cette augmentation du volume du cœur se fait par augmentation de la musculature du cœur, puisque les rares constatations nécrosiques chez les athlètes morts accidentellement montrent que le poids habituel du cœur, 270 à 320 g, passe à 400-450 g ; de même, les constatations expérimentales faites chez l'animal confirment cette augmentation pondérale due à l'exercice physique. »

Les auteurs constatent que la qualité du cœur sportif exprime la puissance cardiaque ; ils observent en outre : « *Le rythme cardiaque est franchement plus bas que chez la moyenne des sujets. Le chiffre de 50 pulsations/minute est courant, mais aussi le chiffre de 40...* » Concernant le « forçage » du cœur, légende qui a la vie dure, les mêmes auteurs concluent : « *Il ne faut pas malgré tout exagérer l'importance de ces manifestations cardiaques, instabilité rythmique, essoufflement, tachycardie, qui se manifestent par des troubles généraux qui obligent à arrêter l'effort sportif, car les unes sont dues à la méconnaissance d'une lésion pré-existante, les autres à un contrôle médical absent ou insuffisant. De plus elles restent très rares, facilement évitables, réversibles la plupart du temps et ne sauraient faire oublier le bien considérable que la pratique sportive exerce sur la musculature cardiaque, car à côté de ces incidents il ne faut pas omettre que, loin d'être une contre-indication aux activités physiques, de nombreuses cardiopathies, surtout congénitales, des troubles rythmiques d'origine neurotique, des tachycardies en tirent au contraire un grand bénéfice, et les bienfaits de cette rééducation cardiaque ne sont plus à souligner.* »

Cette digression montre à l'évidence les profondes modifications anatomiques et physiologiques qu'apporte l'exercice, mais par réciprocité elle nous fait apercevoir les conséquences de l'inaction. Car entre l'entraînement athlétique et l'absence quasi-totale d'exercice se situent des états intermédiaires qui conditionnent en marge des facteurs héréditaires, donc constitutionnels, la qualité organique. Bien sûr le cœur est un muscle strié qui, comme tout muscle, se développe par l'exercice. Mais c'est justement l'exercice des quelques 500 muscles que nous possédons, constituant 40 % de notre poids, qui conditionne l'absence de troubles, autrement dit la santé. Entre leur mobilisation journalière, qui doit être systématique pour répondre aux conditions de vie qui nous sont imposées par la vie moderne, et l'inaction de nos muscles, le fonctionnement de nos organes se trouve plus ou moins stimulé ou ralenti selon des effets que nous résumerons :

a) L'effet mécanique

Il se traduit par la mobilisation articulaire qui exige dans le mouvement l'intervention des muscles. Celle-ci sera plus ou moins énergique selon les résistances qui seront opposées au mouvement, ce qui permet de graduer notre effort à volonté, donc de l'adapter à notre force. Il est facile de comprendre que l'exercice des groupes de muscles qui forment les diverses parties de notre corps produit aussitôt de profonds effets. C'est tout d'abord l'assouplissement des articulations puis, la mise en branle de tous les liquides organiques par les changements de position (tête en bas), par l'appel sanguin qui se fait du centre à la périphérie dans les muscles qui se gorgent de sang et se nourrissent par la stimulation de la circulation lymphatique qui se libère de ses stagnations et extravasements.

C'est enfin le renforcement de la tonicité du muscle — de la force des tendons — son accroissement volumétrique qui, maintenant les organes en place, conditionne leur bon fonctionnement (organes ptôsés par atrophie des muscles du ventre, déviations vertébrales, etc.), assure la statique du corps, sa symétrie, son harmonie, la répartition normale des divers éléments qui le composent, muscles, graisses, tissus intersticiels, etc.

b) L'effet stimulant

Le mouvement intense et de grande étendue qu'il ne faut pas confondre avec le mouvement limité de nos actes journaliers et de nos déplacements, amplifie l'activité pulmonaire, accélère le rythme cardiaque, stimule la circulation par cet accroissement de l'activité physique, mais aussi par les plicatures et le déploiement de grande étendue que provoque la pratique des sports et surtout celle de la culture physique. Ainsi, l'effet circulatoire du trajet effectué pour se rendre de chez soi au bureau ne peut être comparé à celui d'assouplissements répétés qui font se déployer les jambes entièrement. Nous n'insisterons pas sur la stimulation intra-organique qui résulte de la suractivité respiratoire et circulatoire dont nous évoquons les effets par ailleurs (l'amaigrissement psychosomatique).

c) L'effet éliminateur

L'exercice a pour premier effet d'éliminer les graisses au profit du muscle dont le volume et le poids se relèvent par rapport à la graisse qui diminue. C'est un poids utile qui, peu à peu, se substitue à un poids superflu, donc nuisible qu'il faut sans cesse transporter (souvent plus de dix kilos). Les émonctoires, le foie (fonction antitoxique), les reins, l'intestin, la peau et aussi les poumons sont fortement stimulés dans leurs fonctions éliminatrices ; l'exercice dans l'air vif du matin ne fait pas seulement transpirer, il donne le besoin d'uriner et facilite l'exonération intestinale.

d) L'effet régénérateur

L'exercice, en dépit de toutes les solutions de rechange qui tiennent à la paresse contemporaine, reste le moyen fondamental pour maintenir la santé et la recouvrer, pour se préserver de la maladie, pour pouvoir vivre pleinement dans la possession d'un corps harmonieux, fort et résistant. C'est aussi le traitement de choix de n'importe quelle affection et du vieillissement prématuré. Tous les autres procédés, traitements hormonaux, cellules fraîches, thalassothérapie, acupuncture, relaxation, etc., ne peuvent être que les satellites de ce remède souverain contre les agressions de la vie moderne : **l'exercice.** C'est de sa négligence, de l'ignorance et de la négation de ses effets, que découlent la plupart des maux qui accablent l'humanité. Cette carence retentit sur l'équilibre physique de l'individu par la prédominance que prend le nerf sur le muscle et dont nous traitons par ailleurs, par l'incomplétude qu'elle développe (nous n'avons jamais vu que cela fût signalé) comme le fait toute frustration concernant l'exigence instinctuelle. Or, le besoin de mouvement, qui est un instinct comme l'est le jeu chez l'enfant, est fondamental ; il est aussi puissant que l'instinct sexuel, car il tient à la nature même de l'homme, à son instinct de survie. Le contrarier s'inscrit pour une large part dans l'origine des névroses et des états psychotiques qui ressortissent du gauchissement des conditions d'existence qui nous sont imposées par la vie moderne.

L'insuffisance d'exercice est donc l'agression la plus redoutable que nous puissions subir, puisqu'elle délabre inéluctablement l'organisme le plus robuste, l'empêchant de lutter efficacement contre les autres agressions qui tiennent, d'une part à une mauvaise hygiène et, d'autre part, à notre environnement. Nous avons souvent spécifié l'aberrance des régimes alimentaires trop stricts ; aucun régime si bien étudié soit-il ne peut remplacer l'instinct *qui est la voix de notre organisme* et nous fait manger préférentiellement tel ou tel aliment, ni l'exercice qui, équilibrant les métabolismes, permet à nos fonctions digestives de séparer le bon grain de l'ivraie, de ne retenir que ce qui convient à la vie de nos cellules et de rejeter par les émonctoires ce qui pourrait encrasser notre organisme.

L'exercice seul est capable de ces effets, les autres traitements sont inertes et ne peuvent le remplacer ; c'est en cela que l'exercice est une panacée (2).

La fatigue elle aussi est une panacée, puisqu'elle résulte du mouvement. Mais il ne s'agit pas de cette fatigue épuisante du travailleur dont nous traiterons bientôt, **mais de la bienfaisante et saine fatigue qui provient du travail des muscles.** Qui n'a jamais connu cette griserie éprouvée dans le repos qui succède à un long effort sportif ne connaît qu'une fraction des joies animales de la vie ; encore se communique-t-elle à notre psychisme par l'intérim de l'euphorie organique qu'elle développe. La fatigue pathologique est toute autre, elle assombrit l'existence, nous prive des joies essentielles, elle débouche sur la maladie et parfois conduit au suicide.

Pour nous résumer, nous dirons que la fatigue, hormis une cause pathologique, cancer par exemple, constitue la genèse de la maladie psychosomatique, quelle que soit la forme qu'elle emprunte pour se manifester. Il nous a fallu pour cette raison rechercher le pourquoi de la fatigue ; **il réside dans la carence d'exercice qui amoindrit la résistance,** prédispose aux troubles fonctionnels qui, sans cela, ne pourraient trouver un terrain favorable à leur développement. La lutte contre la maladie psychosomatique est surtout du ressort de l'éducateur physique, de l'hygiéniste, dans l'action préventive qu'ils peuvent exercer en collaboration avec les praticiens de la médecine sportive.

2. La maladie psychosomatique

Si nous considérons le cas de l'individu victime de « fatigue imprégnée », état qui prélude au surmenage, avec l'escalade des degrés intermédiaires, que constatons-nous ? Qu'il a subi les agressions qui ont fait l'objet de nos précédents exposés et que, parallèlement, il a commis de nombreuses fautes envers l'hygiène la plus élémentaire, carence d'exercice, excès alimentaires, veilles prolongées, tâches et distractions mal ordonnées, etc. Cependant, nous connaissons tous des personnes de notre entourage qui, placées dans les mêmes conditions, ne paraissent pas en souffrir, manifestent une grande activité, font face à leurs problèmes personnels dans la plus

2. Voir l'ouvrage du docteur J.-E. Ruffier : *Gymnastique quotidienne* (Éditions Dangles).

grande sérénité. Ce sont ces sortes d'individus qu'on cite en exemples, souvent autodidactes, du genre « self made man » qui, essuyant des revers, repartent aussitôt à l'assaut de la fortune, reconquièrent réussite et renommée sans paraître souffrir de l'échec, ni des efforts fournis pour vaincre l'adversité. Le facteur tempéramental déterminé par l'hérédité joue là un rôle important sur le plan de la résistance générale, mais aussi sur la vulnérabilité que chacun de nous présente en tel ou tel organe de l'économie ; les uns seront plus menacés d'une affection nutritionnelle, alors que d'autres prêteront davantage le flan à la maladie circulatoire ou à l'atteinte névrotique. Il est probable que l'agression fonctionnelle **se porte sur le système le plus vulnérable,** non en fonction de sa faiblesse, mais de la résistance qu'elle rencontre en d'autres points de l'économie. Toutefois si les symptômes diffèrent, le mécanisme qui les provoque reste le même. C'est par quelques exemples que nous illustrerons cette constatation. Les soucis qui ne constituent pas un stress brutal, mais une préoccupation lancinante, font apparaître le cheminement de la maladie fonctionnelle et comment elle peut finalement se solder en atteinte lésionnelle. C'est au docteur P.-R. Bize que nous emprunterons la relation d'une expérience désormais classique ; « *...Les soucis sont effectivement capables d'engendrer non seulement des troubles dans la sphère psychique, non seulement des troubles fonctionnels, mais encore des lésions organiques. Des expériences sur des rats l'ont confirmé : on peut sans dommage leur donner à manger tous les deux jours, mais si, dans l'intervalle, on leur laisse voir la nourriture que défend un réseau électrique, on provoque chez la plupart des ulcères de l'estomac parfois mortels... On sait également que lorsqu'on crée des névroses expérimentales chez le chien par la création d'un conditionnement inhibiteur sur un conditionnement excitateur antérieurement acquis, on provoque souvent des troubles organiques graves* (3). » Selon Jean Delay, les tensions renouvelées « *s'organisent en se fixant sur tel ou tel organe y provoquant finalement des lésions* ».

Parfois une affection somatique se trouve aggravée par la défaillance du système nerveux. Harold Wolf a relaté qu'un malade ayant une fistule gastrique voyait son état s'aggraver chaque fois qu'il était victime de tensions émotionnelles. **Par réciprocité, de nouvelles conditions de vie peuvent faire cesser des troubles fonctionnels installés depuis longtemps.** Le cas est célèbre d'un Anglais qui se vit soudain guéri de son asthme aussitôt que sa femme mourut ; la psychanalyse fourmille de situations similaires dont le patient n'avait pas conscience.

---

3. *Le Surmenage des dirigeants* (L'Entreprise moderne).

3. La médecine psychosomatique

Il déborderait du cadre de cet ouvrage d'aborder la sémiologie des affections qu'on appelle psychosomatiques. Nous n'en ferons que le schéma nous réservant de revenir plus longuement sur certaines atteintes qui nous paraissent justiciables de nos méthodes appliquées par le médecin, ou sur ses indications en des domaines satellites.

Dans une conférence à la radio, le professeur Le Nègre, l'un des esprits les plus clairvoyants de notre temps et, comme on le sait, éminent cardiologue, déclarait : « *Ce qui est idéal, ce n'est pas de traiter une maladie lorsqu'elle est constituée, c'est de l'empêcher d'apparaître.* »

C'est donc à l'immense majorité des citoyens que doit s'adresser la relaxation qui est par excellence la discipline la mieux adaptée aux tensions qui résultent de la vie moderne. Pour ne donner qu'un exemple, il y a en France plus de chefs d'entreprise de sexe féminin que de sexe masculin, soit près de 4 millions, soit au total près de 8 millions, ce chiffre s'accroissant chaque année. Il est bien évident qu'il s'agit là d'une population active dont une minorité seulement a besoin de soins médicaux. Mais cette minorité, si nous l'estimons à 10 % de ce chiffre, représente déjà près d'un million d'individus des deux sexes qui devront trouver un médecin spécialiste appliquant la relaxation médicale. Or, aux dires des médecins eux-mêmes, les psychiatres, dont tout le temps est mobilisé par le traitement des maladies mentales, ne sont qu'au nombre de 1 300, alors qu'il en faudrait 5 000 pour soigner des malades dont ils reconnaissent que la plupart ne sont pas justiciables des techniques de relaxation médicale, les schizophrènes en particulier. Qui peut alors appliquer la relaxation ?

Le psychanalyste ? Certes pas ! **La cure psychanalytique est extrêmement longue, donc onéreuse** ; elle mobilise tout le temps du praticien et ne peut s'adresser qu'à une minorité privilégiée.

Le généraliste ? Comment pourrait-il faire ses visites, recevoir vingt consultants par jour et appliquer sérieusement une méthode de relaxation reposant sur la relation médecin-malade, **donc impliquant sa présence permanente.**

Le spécialiste psychosomaticien ? Les techniques relationnelles exigent **qu'il consacre beaucoup de temps à chaque patient** et il se trouvera dans la nécessité de n'accueillir que trois ou quatre fois moins de patients qu'en médecine ou en spécialisation.

Le recours à des assistants non médecins pour l'application de méthodes où l'accent est mis sur la relation médecin-malade, sur la psychologie en profondeur, **réfute toute l'argumentation en faveur de cette relation.** Il en est de même de la relaxation de groupe dont le docteur Lemaire, rappelons-le, après avoir souligné que « *la formation médicale et psychothérapique du moniteur chargé de l'entraînement reste souvent insuffisante...* » déclare à propos des méthodes de groupe : « *Elles sont nécessairement plus superficielles et plus suggestives, au détriment de l'aspect psychothérapeutique relationnel.* »

Ainsi, lorsque la maladie psychosomatique a été reconnue, la relation médecin-malade conditionne le sérieux des applications.

Par conséquent, le nombre extrêmement réduit, dérisoire, des médecins psychosomaticiens ne permet pas d'appliquer la relaxation de type relationnel à toutes les personnes présentant des affections psychosomatiques, **dès l'instant où le médecin doit lui-même assurer ces applications,** *a fortiori* à la multitude de gens fatigués , harassés par la vie qu'ils mènent, ne ressentant que des troubles mineurs **ne justifiant pas le recours au médecin,** ou voulant faire de la relaxation à titre prophylactique. Il semble que **les médecins de médecine physique** de plus en plus nombreux soient tout désignés pour répondre aux préoccupations qui concernent l'application de la relaxation médicale. Par leur formation physiothérapeutique, ils sont plus à même de résoudre les problèmes de la déchéance physique, de sa résonance psychosomatique. Plus près de l'homme total, leur esprit est davantage ouvert à l'application des méthodes de relaxation médicale qu'ils peuvent pleinement assumer. **Mais, eux aussi manquent de temps pour assumer cette fonction.**

4. De diverses affections psychosomatiques

a) Névroses et psychoses

La maladie mentale n'a pas de frontières nettement délimitées. Il s'agit de troubles de la personnalité qui, dans leur aspect fruste, se traduisent par des comportements qui n'apparaissent pas comme anormaux à l'observateur profane : asthénie, anxiété latente, tendances à la cyclothymie, à la mythomanie, hyperémotivité, troubles de l'idéation, de la faculté volitive, de l'association des idées, du jugement, etc. On observe parfois des troubles physiques concomitants : palpitations, constriction thoracique, faux angor, sensations abdominales diffuses ou localisées qu'aucune atteinte organique ne justifie. A ce stade initial, l'inhibition occupe une place importante : difficulté d'agir, bégaiement, timidité, troubles sexuels d'origine psychique, etc. Ces troubles sont intriqués, certains sont nettement accusés, d'autres sont atténués ou inexistants ; ils sont les prodromes de la psychose et sont désignés sous le terme générique de névrose.

La névrose débouche à un stade plus critique sur l'obsession, l'angoisse, les troubles caractériels, ceux de la conscience morale qui préparent la litière des psychoses. Avec la psychose apparaissent la confusion mentale, les délires d'interprétation, la paranoïa, la dissociation de la personnalité accompagnée parfois de troubles cœnesthésiques, les hallucinations, la schizophrénie.

b) Les états d'intoxication

Au stade primaire, dans les névroses qui, à notre époque, affectent la moitié des femmes et des hommes peuplant les grands centres urbains et constituent le réservoir de la maladie mentale, notre méthode par son rôle prophylactique, sa facilité d'application et son principe qui associe réceptivité passive et prise de conscience ultérieure, permet en renforçant les structures du Moi, de rééquilibrer l'individu, lui enseignant à **se rendre maître de son mental** et par cela même à **normaliser son comportement.**

Les psychoses sont du ressort psychiatrique, leur traitement paraissant échapper aux méthodes à base de suggestions et d'hypnose. Il est cependant des aspects plus ou moins fragmentaires de la psychose qui pourraient bénéficier de ces moyens ; aussi ne faut-il pas, à notre sens, s'enfermer dans une systématisation qui frapperait d'ostracisme des méthodes qui pourraient se révéler d'un complémentarisme utile, ou en certains cas se montrer supérieures aux procédés conventionnels. Nous ne donnerons comme perspective, malgré que ce ne soient pas les seules, que les effets qu'on peut attendre de la suggestion dans l'insomnie et la toxicomanie.

Mais auparavant, nous voudrions mettre l'accent sur un aspect du traitement des malades mentaux : celui de leur reconditionnement physique. Nous avons vu dans des centres psychiatriques des malades mentaux se réunissant dans un « foyer » enfumé, livrés à eux-mêmes, jouant aux cartes, désœuvrés, pouvant même parfois sortir, étant sous neuroleptiques, sans qu'on s'aperçût de leur absence. Nous ne pensons pas qu'une vie anti-hygiénique, un manque total d'exercice puissent apporter une utile contribution au traitement des maladies mentales ! Il ne fait pas de doute qu'une réadaptation progressive devrait comprendre une rééducation musculaire dont nous montrerons qu'elle peut se faire de manière passive.

c) Le sentiment d'infériorité, la timidité, le trac

Dans quelle mesure la relaxation psychosomatique peut-elle se montrer efficace dans la lutte contre le sentiment d'infériorité, et par conséquent la timidité qui souvent en découle ? Nous avons en ce domaine des observations encourageantes. Des sujets se sont trouvé libérés de leurs complexes, beaucoup, ayant suivi assidûment nos conseils, se sont débarrassés de leur timidité. Ce résultat n'est pas surprenant puisque l'hypnotisme, comme on le sait, **est un moyen radical pour vaincre la timidité,** et même le bégaiement qu'elle provoque chez certaines personnes.

La timidité est un phénomène d'inhibition. Or, nous connaissons le mécanisme de l'inhibition, l'ayant décrit à propos de l'impuissance masculine, qui réside dans le psychisme. Des moyens analogues sont utilisés pour lever ces inhibitions en annihilant les effets désastreux de l'orthosympathique contracturant, qui entre inopportunément en jeu dans le sentiment d'infériorité. On conçoit que la respiration libérante de la striction thoracique, la détente des nerfs et des muscles, puissent exercer une action souveraine à la fois sur le climat moral et sur les crispations musculo-organiques, ainsi que sur les phénomènes physiologiques de ces états qui illustrent bien la liaison psychosomatique : bégaiement, tremblements, rougeur subite, sueur soudaine, etc.

Quant au trac, il s'agit d'un phénomène quelque peu différent. Il n'est pas nécessairement lié à la timidité ; une initiation respiratoire très élaborée, une certaine technique préludant à la prestation en public permet de le vaincre, ou tout au moins d'en atténuer fortement les effets.

d) L'insomnie

Les troubles du sommeil sont fréquemment liés aux affections névrotiques. A moins qu'ils ne soient d'origine organique, ce que le médecin peut déceler, ils résultent des états de tension et d'une organisation mentale anarchique. Dans ce cas **la relaxation psychosomatique rétablit le sommeil en moins de 12 séances** dont certaines sont consacrées à des suggestions d'approfondissement du sommeil et à la post-suggestion (4). Des sujets extrêmement perméables à l'action suggestionnante retrouvent le sommeil en une ou deux séances : ce n'est pas le seul but recherché. L'initiation respiratoire, la détente neuro-musculaire apprise par le patient, remédient aux causes de

4. Également : self-méthode *Enfin dormir.*

l'insomnie d'une manière définitive, **ce que ne font pas les hypnotiques chimiques.** N'importe quel médecin lucide répugne à donner des médicaments pour dormir à longueur d'année, car on ne peut nier qu'ils soient **à la longue toxiques.** Il semble qu'une réduction progressive des hypnotiques, allant de pair avec la cure de relaxation psychosomatique réalisée sous contrôle médical, soit le traitement de choix des insomnies.

Quant aux tranquillisants dont la gamme est très étendue, ils créent **une véritable dépendance,** ainsi que le soulignent A. et M. Porot (5) : « *...leur action élective sur le symptôme anxiété de névrosés et de surmenés risque de créer une véritable dépendance, au moins psychique chez ces sujets à la personnalité généralement faible et mal structurée. Pris sans contrôle et en toute occasion, ces médicaments peuvent être dangereux : ils émoussent les réflexes et peuvent provoquer des accidents physiques. De plus, certaines publications américaines font état de phénomènes d'accoutumance.* » Qu'il s'agisse d'amphétamines, de stimulants ou de tranquillisants ou même d'anabolisants protidiques dont l'usage peut être également dangereux, seule la suggestion nous paraît être efficace car ne sollicitant pas la volonté et l'autocontrôle chez des sujets chez lesquels le recours aux drogues démontre à l'évidence qu'étant annihilés ils ne peuvent, au moins dans un premier temps, être sollicités.

Cette impossibilité de faire appel à l'autocontrôle est encore plus patente lorsqu'il s'agit de toxicomanes. Les amphétamines sont le « speed » des hippies quand ils ne peuvent se procurer de la marijuana ou du L.S.D. (ergot de seigle). Nous ne parlerons pas des ravages exercés par des drogues encore plus délétères telles la morphine et l'héroïne cinq fois plus toxique. Là aussi il semble que le traitement des toxicomanies relève des techniques de suggestion et d'hypnose dont l'intérêt est de pouvoir élever des barrières dans le subconscient des intoxiqués pour les empêcher de recourir à la drogue ; l'application ne souffre aucune difficulté avec l'enregistrement qui doit porter sur des post-suggestions développant des réflexes conditionnés de défense et de rejet. Le seul recours au conditionnement actif par le dialogue explique le pourcentage très élevé des récidives post-cures.

Traitant d'un autre aspect des toxicomanies dans un ouvrage sur la sexualité, nous écrivions : « *Les drogues, quelles qu'elles soient, par leurs effets d'accoutumance qui contraignent à l'accroissement progressif des doses toxiques, sapent les forces vitales. Les consé-*

---

5. *Les Toxicomanies* (P.U.F.).

quences en sont, chez ceux qui usent de morphine et d'héroïne, une atrophie des organes génitaux et, chez tous les drogués, *l'impuissance chez l'homme, la névrose chez la femme. Dans la recherche de la sensation, il y a des frontières qu'il ne faut pas franchir* (6). »

On sait que l'alcoolique est difficilement accessible aux procédés de l'hypnose, donc à des états permettant de réaliser d'efficaces suggestions ; il n'en est pas de même de la suggestion enregistrée qui peut agir spécifiquement en utilisant le même mécanisme que dans l'intoxication par les stupéfiants. **Quant aux habitudes nocives elles se trouvent abolies définitivement par suggestion.** Nous avons obtenu de remarquables résultats par l'enregistrement dans la lutte contre le besoin incoercible de fumer (7). On sait que chez l'enfant les habitudes masturbatoires, l'énurésie ne résistent pas à la suggestion faite pendant l'endormissement ; elle procède des mêmes principes et, de cette manière, il est également possible de développer la mémoire, le goût pour l'étude, l'exercice physique, etc.

e) Les troubles cardio-vasculaires

Les hypertonies neuro-circulatoires résultant d'états tensionnels peuvent sensibiliser les vaisseaux sanguins aux maladies artérielles et aux troubles de la circulation de retour ; nous savons qu'elles sont justiciables de la relaxation. Les troubles fonctionnels du cœur sont imputés à l'émotivité, à une nervosité extrême qui développe par rapport à cet organe des états anxieux traumatisants. Il n'est pas nécessaire d'insister sur les vertus de la relaxation dans un domaine où l'action psychique est aussi étroitement liée à l'organique ; toutes les pseudo-cardiopathies sont facilement guérissables par suggestion. Le professeur Jouve avait souligné à un congrès de cardiologie qui eut lieu à Athènes le retentissement des facteurs émotionnels dans l'angine de poitrine, reconnaissant que le dernier tranquillisant mis en vente, s'il peut donner au médecin bonne conscience, ne résout pas l'influence du facteur psychologique. Nul doute que nos méthodes de réhabilitation physique, dont au premier chef la relaxation psychosomatique, soient susceptibles **de prévenir nombre de troubles cardio-vasculaires,** d'écarter la menace de l'infarctus et, au cas où il soit déjà survenu, d'en réduire les séquelles tout en éliminant en partie les risques d'un nouvel accident.

---

6. *Les Stimulants de l'amour* (épuisé).
7. Antitabagisme.

f) Les troubles gastro-intestinaux

L'hyperactivité, les frustrations peuvent provoquer la congestion de la muqueuse gastrique, une hyperacidité ainsi que l'ont démontré des expériences sur des cobayes dont on agitait la cage ou qu'on privait de nourriture. Aussi l'agitation, le bruit, les agressions de l'environnement, les débauches sensorielles, de même que l'incomplétude peuvent-ils déclencher l'ulcération gastro-duodénale ou du moins en favoriser l'évolution. Enseignant autrefois la culture physique, nous avons eu l'exemple en clientèle, sur des sujets traités médicalement, de la guérison d'ulcères gastriques que des soins exclusifs n'eussent pas obtenu avec la même rapidité ; un travail lent aux poids, mais en détente, sollicitant le muscle fortement sans entraîner de fatigue organique permettait d'obtenir la résolution de la tension nerveuse et un sommeil réparateur. La relaxation agit dans le même sens.

Les algies gastriques, comme les douleurs précordiales, peuvent être annihilées par la double influence de la détente neuro-musculaire et de l'action mentale dirigée sélectivement sur les organes en cause (exercices des leçons 3 et 7). Les colites d'origine anxiogène sont justiciables de la relaxation ; quant à la constipation spasmodique, des médecins appliquant la relaxation psychosomatique ont obtenu des résultats là où d'autres traitements avaient échoué ; nous avons par ailleurs donné l'exemple de l'action de la pensée sur le péristaltisme intestinal et **avons acquis la certitude que tous les cas de constipation,** hormis l'obstruction accidentelle, **sont justiciables de cette influence.** Dans cette affection pénible qu'est l'aérophagie, la conjugaison de l'éducation respiratoire et de la détente nerveuse permet mieux qu'aucun autre moyen la résorption des gaz à travers les muqueuses digestives d'où ils sont éliminés par la circulation.

g) L'asthme

Selon le professeur J. Miguères : « *L'asthme est un sujet privilégié pour le psychosomaticien. C'est de toutes les maladies de l'homme, l'une des plus humaines, parce qu'elle l'exprime dans sa totalité, avec ses conflits, ses émotions* (8). » L'auteur rappelle que « *Van Helmont, au XVIIe siècle, avait rapporté le déclenchement d'un asthme sous l'empire d'émotions fortes... un sujet robuste, indemne jusque-là de toute crise dyspnéique, ayant été traduit devant ses supérieurs et insulté publiquement, avait réprimé sa colère sans*

8. *La Maladie naît de l'anxiété* (M.C.L.).

dire mot ; rentré chez lui quelques instants après, il faisait une violente crise d'asthme ». Qu'en marge de l'allergie, l'asthme soit une manifestation psychosomatique à caractère névrotique ne fait aucun doute mais où l'on relève des contradictions, c'est dans le traitement psychothérapique de l'asthme. Le professeur Miguères penche pour la psychothérapie en profondeur quand l'organisation névrotique est très forte abandonnant très justement l'asthmatique au psychanalyste, mais parlant du refus du dialogue chez ces malades, conseille des méthodes de relaxation autoconcentratives du type training autogène, relaxation et gymnastique respiratoire, alors que nous savons bien que la méthode Schultz ne comporte pas de gymnastique respiratoire. Puis l'auteur ajoute : « *Une psychothérapie de suggestion, fondée sur ces mêmes relations de confiance médecin traitant/malade, peut être utilisée également.* »

Nous rejoignons la relaxation psychosomatique, **car il n'est pas de suggestion efficace sans effacement du conscient.** Schultz reconnaît sincèrement la difficulté rencontrée par le training autogène dans le traitement de l'asthme ; les échecs proviendraient selon lui de l'extrême agressivité que l'on rencontre chez l'asthmatique « *voué à l'angoisse de mort* ». L'initiation respiratoire, la suggestion enregistrée qui écarte l'écueil de l'agressivité donneraient-elles de meilleurs résultats ? Nous le pensons, mais n'en sommes pas convaincus n'étant pas qualifié pour de tels traitements. Mais nous avons la certitude que des résultats très encourageants pourraient être obtenus *par la suggestion et la post-suggestion associées à la sympathicothérapie effectuée par touches nasales,* dans le cadre des applications médicales.

h) Les allergies et dermatoses

Elles sont du ressort du spécialiste qui doit faire la part du somatique et des manifestations provenant de la sphère psychique, les causes pouvant être intriquées ; à la suite d'un choc émotionnel, un rhume des foins, phénomène allergique, peut connaître une recrudescence. **Les incomplétudes, les frustrations, l'agressivité qui ne peut se manifester ou trouver des compensations trouvent souvent une issue dans une affection cutanée.** Le docteur Winter nous donne une explication imagée du phénomène (9) : « *...Comment ces émotions s'appliquent-elles au cas des maladies de la peau ? Examinons ce qu'éprouve quelqu'un qui est chroniquement fâché, qui est comme*

9. *La Maladie naît de l'anxiété* (M.C.L.).

un volcan sur le point d'entrer en éruption. Cette personne a appris qu'il ne faut pas éclater en colère, montrer son irritation, et cette force enragée qu'il réprime va finir par sortir au niveau de la peau. Vous noterez les mots " éruption " et " sortir ", qu'on emploie pour les maladies cutanées... » Si dans ces affections la suggestion peut jouer un rôle apaisant du système nerveux, il semble que les méthodes à base psychanalytique soient nécessaires pour remonter aux causes déclenchantes ; cependant, en marge de la relaxation, **ces malades peuvent grandement bénéficier de nos méthodes de réhabilitation par l'exercice.**

On peut dire que la maladie psychosomatique est une hydre aux mille visages dont le médecin peut tenter de définir les expressions pour découvrir la genèse des causes qui les ont modelées. C'est donc l'être humain dans sa totalité physique et psychique qui devra être inventorié. Aussi ne pouvons-nous nous étendre davantage en un domaine si diversifié que celui de la maladie fonctionnelle ; c'est au médecin spécialiste, psychiatre, psychanalyste ou généraliste averti de ces questions qu'il appartient de traiter ces malades.

CHAPITRE IX

La relaxation des dirigeants et au sein de l'entreprise

1. Le syndrome des dirigeants

Nous retrouvons le cheminement de la maladie psychosomatique dans la catégorie sociale des dirigeants et responsables, qui paient le plus lourd tribut à l'affection en tête de la mortalité : **la maladie cardio-vasculaire** (environ 190 000 décès contre 95 000 pour le cancer). Avant, nous brosserons rapidement le tableau des conditions de vie donnant naissance à ce qu'on a appelé « **le syndrome des dirigeants** ».

La partie de tennis hebdomadaire, le week-end à la campagne, l'évasion épisodique sur le voilier, les vacances de neige donnent bonne conscience au P.-D.G. (ou au cadre) qui croit ainsi contrebalancer les effets de la vie sédentaire. **C'est notoirement insuffisant.** Le rythme de ces activités est le plus souvent anarchique ; par obligation familiale ou sociale, on supprime le week-end projeté ; un déplacement, un séminaire, un congrès viennent perturber les projets de détente. Il s'ensuit que ces périodes de détente sont épisodiques, irrationnelles, soumises aux aléas de nombreux impératifs. Encore n'avons-nous fait que considérer le cas le plus favorable du chargé de responsabilités, mais qu'un passé plus ou moins sportif incite à ne pas abandonner toute activité physique.

Combien au contraire **s'enlisent dans l'inaction**, soit parce qu'ils n'ont jamais connu la joie de l'effort musculaire, soit parce qu'ils ont totalement investi leur activité dans la recherche d'une réussite matérielle ou l'accession au pouvoir. Dans cette conjoncture, la plus fréquente, le chef d'entreprise, le responsable à un certain niveau professionnel, **devient d'une paresse physique incoercible** qui contraste curieusement avec l'activité qu'il déploie en des domaines autres que ceux de l'effort musculaire. Cette suractivité qui fait davantage appel à la fonction nerveuse qu'à la fonction musculaire, sollicite les énergies en permanence par la multiplicité et la complexité des problèmes liés à la vie de l'entreprise et qu'il faut résoudre sous peine de carences qui hypothéqueraient son avenir.

Une plaquette, publiée par le groupe « Assubel » sous la signature du docteur J.-V. Marique, résume bien le harcèlement qui, fréquemment, conduit le dirigeant au surmenage : « *Le monde fait plus que vivre. Il se bat sur tous les fronts pour survivre. La fièvre de la productivité à outrance, de l'efficience maximale, du rendement poussé à l'extrême, de la mécanisation de plus en plus spécialisée, étreint tous les êtres dans tous les domaines. " Il faut aller plus vite que la vitesse. " Pour atteindre ce résultat, on crée du matériel électronique, on bat les records de productivité, à leur tour pulvérisés par de nouvelles méthodes de travail, de nouvelles machines, un effort humain toujours plus considérable. L'industrie artisanale disparaît, les sociétés fusionnent et forment des groupes où tout est axé sur des résultats toujours en progression. La vie moderne ne connaît plus de plafonds, elle les crève tous et se lance dans une course qui n'a pour horizon que l'infini.* » Ce médecin met l'accent sur les problèmes que doit affronter le responsable : « *Les difficultés, les réclamations, les discussions d'affaires, les problèmes de la gestion et du personnel ; les ennuis financiers, fiscaux, techniques sont de plus en plus le lot des dirigeants... Tous ces tracas, tous ces tourments engendrent des préoccupations graves, des soucis absorbants, des inquiétudes pénibles qui créent, chez certains dirigeants survoltés, des symptômes de tension nerveuse...* »

Ayant examiné son cheminement, nous nous cantonnerons dans l'énoncé des prémices de la maladie fonctionnelle qui menace spécialement les dirigeants. Il s'agit de troubles mineurs, mais qui justifient l'intervention du médecin en dépit des check-up satisfaisants qui ont pu être établis précédemment. Ils sont principalement (d'après le docteur J.-V. Marique) :

— d'ordre **nerveux :** céphalée, fatigue, insomnie, agitation, diminution de la capacité de travail ;

— d'ordre **digestif :** digestion difficile, lente, constipation ou diarrhée, inappétence ;

— d'ordre **spasmodique :** hypertension, douleurs thoraciques précordiales, sensations d'oppression, migraines ophtalmiques.

Ces troubles mineurs sont la conséquence du surmenage résultant de la fatigue accumulée, de facteurs que nous résumerons ainsi :

L'agression physique que constituent les conditions de vie adverses et les menaces de l'environnement, le bruit, l'agitation, la pollution de l'air, de l'eau, la détérioration des aliments, etc.

La sédentarité qui résulte de la quasi-immobilité, de l'atmosphère confinée, de l'excès du confort qui prive des contrastes stimulants, de l'abus de la voiture, de l'ascenseur, de la mécanisation (la tronçonneuse dispense de scier le bois) : d'où absence de contact avec les éléments naturels, élimination de l'effort.

La frustration qui concerne la satisfaction instinctuelle, dont le besoin de mouvement, la pulsion sexuelle désormais trop policée dont l'exutoire doit obéir à des normes horaires ; il faut se plier aux impératifs sociaux-culturels, alors que la libido est sans cesse stimulée par une ambiance érotisante.

Tous ces facteurs plus ou moins intriqués peuvent perturber la dynamique mentale, donner prise à la névrose obsessionnelle dès le moment où le surmenage intervenant, la pression intérieure fait craquer les structures mentales sous le flot du désarroi. C'est le « breakdown » des Américains, autrement dit la dépression nerveuse, porte ouverte sur la dépersonnalisation et la maladie.

La relaxation psychosomatique s'adresse particulièrement aux dirigeants et travailleurs surmenés qu'elle protège contre les agressions de la vie moderne.

2. La fatigue des travailleurs

Le langage courant n'a-t-il pas intronisé ces deux expressions, le surmenage des dirigeants et la fatigue des travailleurs, montrant par là que les manifestations des troubles qui affectent les individus dans l'exercice de leur profession **sont de nature différente** et que les causes qui les engendrent ne sont pas absolument identiques ? Chez le travailleur manuel ou chez le travailleur intellectuel à responsabilités limitées, la situation est moins stressante, mais elle peut être plus éprouvante **si elle est mal assumée ;** un livreur peut subir des tensions supérieures à celles du chef d'entreprise s'il démesure ses responsabilités eu égard à sa fonction. La frustration qui résulte d'une position subalterne, le sentiment de n'être qu'un rouage au sein d'un gigantesque mécanisme, les privations liées à la modicité du salaire sont autant de causes d'états conflictuels qui se résolvent d'autant moins facilement que l'insuffisance des moyens pécuniaires **s'oppose à la**

compensation ; la sublimation est aussi plus difficilement réalisable dans la médiocrité, pour celui qui attache une grande valeur aux biens matériels **sans avoir la possibilité d'y accéder.**

Cela n'exclut pas les autres facteurs, dont la fatigue résultant d'un travail excessif ou aux cadences éprouvantes, de veilles prolongées (fatigue des routiers), de rythmes insolites (les 3 × 8 en usine) où les temps de repos insuffisants ou désordonnés empêchent la récupération. Ces circonstances sont souvent aggravées par un milieu familial énervant, l'habitat dans un environnement bruyant et déprimant (Sarcellite), des transports journaliers fatigants.

La fatigue chez le travailleur peut résulter d'un rythme harassant qui n'implique aucunement un travail musculaire concomitant. C'est ainsi que Guillant et ses collaborateurs (1) ont décrit ce qu'ils appellent « *la névrose des téléphonistes* » : « *...affection très fréquente chez les standardistes des centraux téléphoniques... c'est le prototype de la fatigue nerveuse sans aucun rapport avec l'effort physique qui, dans ce cas, est très réduit, mais résulte de toute l'ambiance du travail. Toutes les malades insistent sur les conditions générales dans lesquelles s'effectue ce travail, sur son atmosphère. Les deux éléments fondamentaux sont le rendement et la surveillance. Le rythme inhumain donne l'impression subjective d'être harcelée, pressée, débordée, énervée par l'exécution de tâches, en elles-mêmes cependant assez faciles à accomplir. C'est la hantise de la moyenne, les compétitions, la surveillance permanente. Tout cela crée une atmosphère sinon de crainte, du moins d'appréhension continuelle, une " ambiance étouffante ", un sentiment d'humiliation aussi, l'impression exaspérante d'être dirigées comme des petites filles, d'être à l'école maternelle, d'être incomprises et inutilement brimées. Il s'y ajoute la monotonie d'un travail mécanique sans initiative.* » Si nous avons relevé cette magistrale description, c'est que nous pensons qu'elle peut être extrapolée aux travailleurs des deux sexes et à d'autres secteurs du travail dans le commerce et l'industrie, aux pools de dactylos, aux confectionneuses, aux ouvriers et ouvrières d'usine travaillant à la chaîne, etc.

Parlant des standardistes, les auteurs analysent ainsi les troubles observés : « ... *il y a le syndrome subjectif commun de la fatigue nerveuse : travaillant sur les nerfs, elles terminent dans la lassitude et l'anéantissement... surtout dans la torpeur, l'abattement...* »

---

1. Cité par Chauchard dans *La Fatigue* (P.U.F.), Presse médicale 15-2-1956.

On note encore des troubles de la mémoire et de l'attention, du caractère, de l'humeur qui se traduisent par l'irritabilité, la crispation nerveuse et une grande intolérance au bruit. A ce stade, le travailleur, femme ou homme, dont la résistance nerveuse est débordée, frise la dépression. Le repos, des soins médicaux appropriés restitueront l'équilibre compromis si le système nerveux autonome n'a pas été trop malmené. Sinon, le dérèglement hypothalamique peut se traduire par les désordres fonctionnels dont nous avons fait un énoncé sommaire.

3. La relaxation dans l'entreprise

Au niveau directionnel, l'application de la relaxation au sein de l'entreprise paraît présenter un immense intérêt : possibilité de couper l'activité par de courtes périodes de relaxation qui ne peuvent **que favoriser le comportement dynamique,** la facilité et la qualité du travail : soit, pour le dirigeant, en aménageant son bureau pour lui permettre une détente prévue dans son horaire (le directeur est en conférence !), soit, et faisant *« d'une pierre deux coups »,* en consacrant l'heure du déjeuner à la relaxation en se contentant d'un en-cas.

Sur les lieux de l'entreprise, un service spécialisé peut fonctionner pour les cadres supérieurs et agents de maîtrise.

La relaxation psychosomatique aux séquences enregistrées, **permettant le fonctionnement simultané de plusieurs postes équipés pour l'oxygénothérapie,** répond aux nécessités de l'entreprise, soit une facilité d'application résolvant les difficultés qui ont jusqu'ici empêché la relaxation de se développer dans le secteur où elle serait le plus nécessaire, à savoir : la formation et la présence d'assistants qui grèvent l'entreprise de frais permanents, la rigidité des horaires qu'entraîne l'intervention des praticiens. D'autre part, la création d'un tel service demande un équipement initial que nous sommes seul à avoir conçu : sièges adaptés, enceinte acoustique, automatisme absolu. Les indications, le contrôle des enregistrements, la constatation des résultats sanitaires sont naturellement du ressort du médecin d'entreprise.

Nous avons vu dans un grand magasin, à Paris, une salle de repos réservée au personnel. Elle avait été aménagée avec de simples chaises de relaxation, mais ce qui nous a frappé, c'est l'atmosphère de désordre qui y régnait sans qu'aucune préoccupation hygiéniste eût paru présider à cette initiative. Nous pensons qu'il est possible de lutter contre l'énervement et l'atmosphère confinée par les moyens d'application facile que nous préconisons ; **ils ont le mérite de conjuguer relaxation et oxygénation dirigées par l'enregistrement.**

Ces disciplines devraient s'étendre à tous les secteurs de l'activité sur l'initiative conjuguée de responsables lucides et des comités d'entreprise, les uns et les autres **se montrant plus soucieux qu'ils ne le sont de la santé des travailleurs qui devrait passer avant l'affrontement politique.**

CHAPITRE X

L'amaigrissement psychosomatique

C'est à la lueur des observations faites en relaxation psychosomatique que nous avons élaboré la « Méthode d'amaigrissement psychosomatique ». Effectivement, sans recherche spécifique de diminution pondérale, par le seul effet de la relaxation, à l'exclusion de tout autre traitement amaigrissant, de nombreux sujets se voyaient ramenés à leur poids normal **sans avoir suivi de régime.** Ces résultats étaient très encourageants ; ils nous incitèrent à en approfondir le mécanisme.

L'une des personnes ayant bénéficié de cette méthode nous a adressé une observation que nous publions ; parmi beaucoup d'autres, elle nous paraît résumer les effets que nous pouvons attendre de ces nouvelles techniques dont une récente structuration permet l'association des moyens physiothérapiques et de l'action psychique. Mais il ne s'agissait là que d'une cure de relaxation psychosomatique où l'amaigrissement n'était pas le but recherché. Mme H... : « *Je perdais de jour en jour le goût de vivre, ne sachant plus quoi faire. J'étais lourde, mon caractère aigri. Je voyais noir. Tout devenait compliqué. Rien n'allait plus. Il me fallait faire face à mon commerce.*

« *Mon médecin me conseillait du repos (le temps ne me le permettait pas). Apprenant que par la méthode Marcel Rouet le repos était obtenu dans un temps très court, j'ai suivi régulièrement mes séances... Trois semaines et demie passèrent très vite tant ce fut agréable de perdre ces kilos en se reposant pleinement dans un temps très court.*

« *Je faisais mon travail sans effort. Ma santé s'améliora ; ma circulation, mes jambes s'allégeaient. Mes crises d'asthme s'espacèrent. J'avais perdu 8 kilos en reprenant mon tonus. Deux mois plus tard, je partais en cure à Luchon, comme tous les ans. Mes docteurs traitants me firent beaucoup de compliments, étant étonnés de ma nette amélioration générale, et me conseillant de faire un autre traitement.*

« Un second traitement me fit perdre 8 kilos en un mois et demi. Depuis un an mon poids ne varie pas. J'ai repris goût à toutes les joies que la vie offre, mon assurance et mon sourire, la joie de vivre totale. »

Ces résultats n'avaient fait que confirmer des expériences que nous avions faites avant les années 40, et à la suite desquelles nous avions déposé un manuscrit intitulé *Les Cellulites et les obésités d'origine psychique.*

Notre formation de culturiste nous a permis de faire des observations qui paraissent avoir échappé aux médecins éloignés des activités sportives. Il existe une ségrégation entre la volonté mentale et la volonté physique. Nous voulons dire qu'un homme (ou une femme) peut posséder une grande énergie, être un chef dans toute l'acception du terme, un bourreau de travail **et se montrer incapable de tout effort musculaire par une sorte de paresse incoercible** ; comment cela se fait-il ? Reconnaissons tout d'abord qu'il est difficile de mener de front une grande dépense intellectuelle et une grosse dépense musculaire ; l'influx qui emprunte plusieurs canaux s'épuise plus rapidement. Mais il y a autre chose. Il se crée des connexions nerveuses privilégiées, des habitus **qui rendent tout effort en un autre domaine que celui de la spécialisation habituelle extrêmement pénible,** voire insurmontable. L'obstacle se trouve renforcé par un processus que nous allons décrire et auquel seul l'étudiant ou l'être jeune peut échapper car il en est rarement menacé ; les champions d'athlétisme sont quelquefois de brillants universitaires et mènent de pair l'entraînement et les études ; mais ils n'ont pas de graisse et c'est là toute la différence.

La surcharge graisseuse se développe insidieusement ; nous n'insisterons pas sur les troubles organiques dont elle est responsable, on sait l'action qu'elle a sur le foie, mais nous mettrons l'accent sur les perturbations qu'elle produit dans les mécanismes de la commande nerveuse par la rétention des toxines que des émonctoires à demi paralysés sont impuissants à éliminer. Cette toxémie due à l'inertie musculaire, à l'insuffisance hépatique, à l'hypoventilation pulmonaire **est aggravée par la détérioration du climat moral.** Il y a alors un effet physiologique auquel se superpose un effet psychologique ; ils perturbent profondément le système neurovégétatif dont nous allons voir **qu'il domine tout le problème de l'obésité.**

1. Le climat psychologique dans la surcharge graisseuse

Le climat d'anxiété ne se développe qu'à partir d'un certain degré d'adipose. Le sujet ne s'inquiète pas tout d'abord, une légère surcharge de deux à trois kilos donnant quelquefois aux hommes frêles une stature plus imposante ou soulignant les attraits particuliers du corps de la femme. **Mais le processus de dégénérescence est déjà engagé,** la mobilisation des graisses commence à se ralentir. Cependant, c'est quand la personne s'aperçoit que son corps se déforme et que, cherchant à maigrir, elle n'y parvient que difficilement, qu'elle commence à s'inquiéter. Les hommes restent plus longtemps indifférents à cette disgrâce tant qu'elle n'affecte pas leur vigueur sexuelle, mais la femme dont la ligne est pour elle une constante préoccupation y est beaucoup plus sensible. C'est à ce stade qu'elle se met à l'affût des « régimes-miracles » de la presse périodique ou que mieux inspirée, elle se rend chez le médecin.

Dans un premier temps, elle perd assez facilement les kilos en excès. Mais n'ayant aucunement modifié son optique de vie, les erreurs commises étant à la base de l'accroissement pondéral, elle reprend rapidement le poids qu'elle a perdu, elle le reprend bien au-delà par un mécanisme réactionnel qui tient aux contraintes qu'elle s'est imposées. Les régimes-miracles, dits de basses calories, ou supprimant les hydrates de carbone, ou encore, monotones car ne tolérant que les protéines, **ne peuvent faire maigrir durablement** ; ils sont préoccupants, privatifs, ce qui est contraire à la détente nécessaire pour maigrir, ou ils sont carencés en certains éléments nutritifs indispensables que l'organisme réclame bientôt impérieusement ; le sujet « craque » et se précipite sur les sucres ou les graisses dont il a instinctivement besoin.

A moins d'une obésité d'exception provenant de la faillite de tel ou tel organe, perturbations causées par le diabète par exemple, **le traitement médical exclusif conduit au même résultat** ; les médicaments qui suppriment la faim ou l'atténuent, luttent contre l'anxiété, **n'ont que des effets temporaires** ; leurs actions secondaires, l'insomnie entre autres, interdisent d'en prolonger l'emploi ; les tranquillisants majeurs peuvent, finalement, faire prendre du poids ; quant aux diurétiques et extraits endocriniens, **ils n'ont qu'une action éphémère.**

C'est quand le sujet, malgré régime et traitements qui ne peuvent être poursuivis indéfiniment, reprend du poids que le moral se détériore. Chez la femme, les préoccupations relatives à la ligne **devien-**

nent obsessionnelles ; elle voit sa taille s'épaissir, ses cuisses et ses hanches s'infiltrer de cellulite. Le ralentissement des mécanismes vitaux, particulièrement des organes émonctoriels : foie, reins, poumons, peau, intestin accroît la fatigue ; les toxines non éliminées, en altérant la cellule nerveuse, sapent les énergies, développent un état asthénique qui se traduit par la lassitude, le découragement, le dégoût de l'existence. Ainsi que nous l'avons développé dans un autre ouvrage (1), les toxines qui encombrent l'organisme corrompent le milieu lymphatique et provoquent l'irritation du tissu conjonctif ; c'est ainsi que se constituent les agglomérats cellulitiques qui s'organisent en masses de plus en plus compactes. On observe alors que les chairs changent de structure ; elles s'élaborent en une composante où le muscle, atrophié, cède la place à la rétention de liquides organiques, aux cellulites (hyperplasie du tissu conjonctif) et à la graisse. Ces tissus pathologiques se localisent en des territoires de prédilection, nuque, hanches, etc., qui déforment le corps. On observe un facteur commun à la surcharge pondérale, quel que soit l'amalgame qui le compose : la perte de la souplesse du revêtement cutané, soit qu'une graisse dense empêche de le soulever, soit que des adhérences entravent son glissement normal sur les plans sous-jacents. Dans les cas spécifiques aux états cellulitiques, à la rétention hydrique, **les chairs deviennent flasques** et cela contribue à assombrir le moral du sujet qui grossit.

Les poisons qui stagnent dans l'organisme freinent l'activité métabolique, c'est-à-dire que le sujet qui grossit voit son métabolisme basal diminuer, autrement dit, **il consomme moins de calories pour une activité identique à celle qu'il avait auparavant.** Mais au ralentissement métabolique correspond la diminution de l'activité physique et surtout, ce qui échappe trop souvent à l'observation, de profondes modifications du comportement : à la baisse de l'énergie succède une apathie physique et intellectuelle qui diminue encore la dépense calorique : le sujet se déplace plus lentement, devient avare de ses gestes, manifeste une tendance au repos et à l'inaction. Aussi, en dépit d'un régime plus sévère, le poids continue à augmenter en proportion des calories non utilisées. Pour reprendre l'exemple précédent, si un sujet qui grossit a 500 calories d'excédent par jour, l'abaissement de son métabolisme conjugué avec le ralentissement de son activité peut augmenter ce chiffre de moitié ; il prendra 3 kilos en un mois au lieu de deux.

---

1. *Psychosomatique de la cellulite* (Maloine). Voir également : *Maigrir par la détente nerveuse* (Dangles).

Il arrive un stade où la personne qui grossit, psychiquement diminuée, **installée dans le renoncement musculaire et parfois sexuel,** a une véritable répulsion pour tout ce qui est effort ; même la marche lui déplaît ; elle est devenue une paresseuse physique. C'est alors qu'intervient le phénomène de compensation. La sensualité est univoque ; les goûts, les désirs, les instincts **doivent trouver leur satisfaction et leurs exutoires** ; le corps, en partie sevré des joies essentielles qui tiennent à la satisfaction des besoins physiques, ne peut plus trouver son plaisir que dans une activité qui n'exige aucun effort, c'est-à-dire dans les satisfactions de la table qui font cumuler l'apport massif de calories des mets gastronomiques avec le farniente des repas et de la période de digestion qui leur succède.

Ces processus sont encouragés par la gourmandise à laquelle on attache un sens trop souvent culpabilisant. C'est qu'en effet le sujet qui prend du poids **cherche instinctivement à lutter contre sa fatigue par l'absorption d'aliments très caloriques** qui font un apport momentané d'énergies, donc par les plus grossissants : les sucres et les graisses. La femme qui « craque » et se précipite dans une pâtisserie après trois semaines de régime le fait sans le savoir, **parce que son organisme est carencé et fatigué** ; c'est le besoin organique qui commande sa préférence pour tel ou tel mets. Nous touchons là au fond du problème : celui du gauchissement des commandes nerveuses et glandulaires qui s'opère insidieusement sous l'influence des facteurs que nous n'avons pu ici que résumer (2).

2. Les mécanismes régulateurs

Nous savons qu'un environnement agressif, des préoccupations et soucis permanents, des traumatismes psychiques perturbent le système nerveux. De même l'anxiété, voire l'angoisse que développe chez une personne la hantise de grossir ou de ne pouvoir perdre le poids excédentaire, dérèglent des mécanismes particulièrement délicats, cependant conçus pour résister aux agressions de toutes sortes. Aussi n'est-ce qu'après la répétition de nombreuses fautes d'hygiène physique et mentale que les centres de la commande nerveuse commencent à se perturber. C'est la phase où la personne qui grossit **ne parvient plus à maigrir malgré un régime draconien** et même, prend encore du poids ; elle est l'indice de l'anarchie qui s'est emparée de ce que Chauchard a intitulé *« le chef d'orchestre des harmonies organiques »* : l'hypothalamus.

2. *Cours de relaxologie.*

La découverte du rôle hypothalamique a relégué l'hypophyse au second rang dans la hiérarchie des glandes endocrines ; il a été établi par des expériences qu'il serait trop long de relater que c'est l'hypothalamus qui abrite les leviers de commande de la régulation de l'appétit et de la satiété.

Chacun de ces centres a une action spécifique, l'un commandant l'activité donc l'appétit, l'autre l'inhibant par l'intervention de la satiété par rapport aux besoins de l'organisme. Quel est le mécanisme qui préside à ces oscillations dont l'intégrité conditionne la stabilité pondérale ? C'est ce que nous expliquent Albeaux-Fernet et J.-D. Romani (3) : « *La carence de ravitaillement cellulaire en glucose* (4), *issue d'un abaissement du deltaglucose lui-même repérable à tout endroit de l'organisme, excite, à mesure qu'elle se prolonge, le centre de l'appétit par suite de la défreination du centre de la satiété qui le contrôle. A l'inverse, la satisfaction des besoins cellulaires en glucose, exprimée à l'étage tissulaire par l'augmentation du deltaglucose, restitue aux cellules gluco-sensibles du centre de la satiété ses possibilités de contrôle sur le centre de la faim et engendre la satiété.* »

Les mêmes auteurs précisent par ailleurs : « *...il n'est pas douteux, en effet, que les facteurs corticaux puissent, avec ou malgré certains mécanismes régulateurs végétatifs, déterminer un trouble dans l'activité des centres hypothalamiques régulateurs des besoins alimentaires.* »

Notons encore que l'appétit serait une sensation purement psychique, la faim une sensation somatique en rapport avec des composantes humorales et mécaniques et la satiété, manifestation pouvant aller jusqu'au dégoût, interviendrait également sous l'effet de la réplétion gastrique.

La conclusion qui nous est apportée par ces spécialistes des problèmes de nutrition est formelle : « *L'obésité peut, dans un grand nombre de cas, résulter d'un dérèglement du centre hypothalamique de la faim ; ce dérèglement est, dans la très grande majorité des cas, fonctionnel : il résulte de facteurs familiaux, sociaux, psycho-affectifs, parfois d'une véritable névrose obsessionnelle.* »

Il ressort de cette brève étude et des observations que nous avons pu recueillir dans l'application de notre méthode, que les traitements physiques, quels qu'ils soient, des surcharges pondérales de toute nature (surcharge graisseuse, obésité, cellulite) sont nécessairement

---

3. *L'Obésité et ses problèmes* (Masson et Cie).
4. Sucres.

inadaptés aux cas considérés **en un temps où chaque individu est soumis à une tension nerveuse excessive.**

Ce n'est que par une action psychologique associée aux traitements physiques qu'il est possible, dans un contexte élargi, d'obtenir des résultats satisfaisants et stabilisés dans le temps.

Les données de « l'amaigrissement psychosomatique » répondent à ces impératifs.

3. Les bases de l'amaigrissement psychosomatique

a) Action physiologique

— Prise de conscience et éducation de la fonction respiratoire.

— Oxydation des graisses et des déchets au niveau des poumons et dans l'intimité des tissus par sur-oxygénation.

— Action mécanique sur les fonctions nerveuses, circulatoires, digestives et émonctorielles (massage organique musculaire et diaphragmatique).

— Augmentation du métabolisme basal et abaissement du quotient respiratoire par suggestions modificatrices de l'activité physique et du comportement.

b) Action psychosomatique

— Régulation des centres de la commande nerveuse.

— Agissant sur le sympathique et particulièrement sur l'hypothalamus, l'influence exercée sur l'hypophyse contribue à rééquilibrer les fonctions endocriniennes.

— Détente par la relaxation des crispations tissulaires et résolution des tensions organiques responsables des stases sanguines et lymphatiques, des rétentions hydriques et toxémiques.

c) Action psychique

Toute idée imposée au subconscient tend à se traduire en actes ; cette loi est appliquée à l'amaigrissement psychosomatique. Le système nerveux végétatif y est particulièrement sensible, ainsi que l'ont démontré les observations qui ont été faites.

Les centres de la faim et de la satiété, dont la fonction est gauchie chez l'obèse, sont régulés par suggestion. Celle-ci opère vraisemblablement par ensemencement du subconscient, mais aussi par effet rééquilibrant en créant de nouvelles habitudes alimentaires. Il semble qu'il y ait également action directe sur les fonctions nutritionnelles qui se régularisent et sur les processus métaboliques.

La post-suggestion paraît exercer ses effets à distance, le recul des observations ayant déjà permis de constater des stabilisations pondérales dans des cas de surcharge graisseuse et d'obésité qui, auparavant, récidivaient dès la cessation du régime.

d) Action psychologique et « reconditionnement psychophagique (5) »

L'observance stricte d'un régime amaigrissant, l'adoption de nouvelles disciplines de vie sont incompatibles avec le climat psychologique de l'obèse, ainsi qu'avec ses capacités volitives souvent émoussées.

La méthode d' « amaigrissement psychosomatique » ne requiert du sujet aucun effort d'attention et de volonté. Le reconditionnement moral et psychologique s'opère par l'entremise du subconscient. Cette éducation constitue en fait une restructuration du mental par rapport à l'état du sujet.

La suggestion enregistrée exerce les effets suivants :

— Régulation et diminution de l'appétit ; cessation de l'hyperphagie.

— Désaffection pour les aliments obésigènes et inadéquats.

— Elévation dans le subconscient de barrages infranchissables concernant les excès de nourriture (freinage de l'appétit).

— Reconditionnement de l'instinct dans les perversions du goût.

— Développement de nouveaux concepts nutritionnels observant les lois du régime équilibré.

— Reconditionnement psychophagique par rapport à l'équilibre des recettes et des dépenses.

— Besoin accru ou nouveau pour l'exercice et les pratiques d'hygiène physique, désir d'activité sportive.

e) Restructuration du mental

En marge de ces effets précis, la méthode participe grandement de l'hygiène mentale.

---

5. Terme déposé par l'auteur.

Le sujet qui a pris du poids est souvent un anxieux, un inadapté qu'aucun traitement classique n'intervenant pas psychologiquement ne peut rééquilibrer. Les séquences consacrées à l'hygiène du mental développent un climat psychologique qui favorise la détente morale et donne naissance à des sentiments euphoriques tonifiants.

Le tonus moral et physique étant relevé, on n'observe aucune lassitude ou fatigue physique et intellectuelle. On constate un accroissement des forces vitales ainsi qu'un renforcement des facultés intellectuelles, particulièrement de la concentration et de la mémoire.

f) L'oxygénation

La maîtrise respiratoire constitue l'un des facteurs essentiels de la « méthode d'amaigrissement psychosomatique » (voir chapitre III). L'enregistrement verbal éduque la fonction, dirige les mouvements respiratoires, prémices de la détente neuro-musculaire. L'augmentation de la capacité pulmonaire favorise l'oxydation des graisses au niveau des poumons. Associée à l'oxygénothérapie, ou à la carboxygénothérapie qui accroît l'ampliation, la respiration dirigée par l'enregistrement utilise une plus grande surface pulmonaire et permet, en un temps réduit, de fixer un taux plus important d'oxygène.

g) Le régime alimentaire

Les directives enregistrées de régime alimentaire participent du régime équilibré ; elles n'interdisent aucun aliment et font litière de la **fausse notion de « basses calories ».** L'appétit se trouve freiné et normalisé sans que le sujet éprouve le phénomène de dépression et d'anxiété que l'on rencontre dans les régimes privatifs ou carencés en certains éléments nutritionnels indispensables.

h) Normes de la cure d'amaigrissement psychosomatique

La cure, selon l'excédent de poids, est de l'ordre de dix à vingt séances à une fréquence de deux ou trois séances par semaine. La constante diminution de poids, de l'ordre de 1 à 2 kilos par semaine, n'entraîne aucune fatigue. Des surcharges graisseuses n'excédant pas 6 kilos peuvent être réduites sans fatigue ni privations dans un délai de quatre à six semaines.

La durée de chaque séance est de 30 minutes environ. L'application de la méthode ne requiert qu'un temps très limité de la part du praticien qui ne doit cependant pas rompre le lien relationnel qui s'établit au début et à la fin de chaque séance (explication préambulaire et contrôle des effets éprouvés et des résultats pondéraux). Le matériel professionnel habituel peut facilement être utilisé pour l'application : siège de relaxation, poste d'oxygène, lecteur magnétophone ou lecteur de cassettes classiques. La méthode peut être associée à d'autres soins qui, sans être indispensables, n'en constituent pas moins des moyens adjuvants venant en renforcer et en accélérer les effets (chapitre II).

i) Effets majeurs observés

La méthode constitue un reconditionnement physique et moral qui permet, en éliminant la fatigue, de restituer aux sujets traités un poids normal. Elle apporte dans les cas d'exception (adiposo-génitaux par exemple) qui ressortissent du domaine médical, une importante contribution aux traitements classiques. Dans des cas tenus jusqu'ici pour irréductibles, l'action psychique donne généralement d'excellents résultats.

On observe les résultats suivants :

— Diminution pondérale régulière, plus rapide que par tous autres moyens physiques : culture physique, massages, sauna dont l'action n'est que physique.

— Accélération des résultats obtenus par les traitements physiques quand la méthode d'amaigrissement psychosomatique leur est associée.

— Stabilisation du poids normal obtenu, postérieurement à la cure.

— Accroissement du taux de vitalité. Relèvement du tonus moral avec résolution des états de fatigue et de l'asthénie. Amélioration de l'état général.

Ces résultats encourageants doivent être attribués à l'action psychologique que la méthode d'amaigrissement psychosomatique est seule à pouvoir pratiquement exercer.

4. Généralités structurales sur la méthode

La méthode d'amaigrissement psychosomatique n'est pas immuable. Composée à l'origine de six enregistrements d'une durée de 30 minutes, elle a subi des modifications successives à la suite des perfectionnements de la technique et des enseignements que nous ont apportés les observations des applicateurs ; les relaxologues ont toujours pu, sur leur demande, bénéficier de nouveaux enregistrements que nous avions établis. Cependant, les principes que nous avons à l'origine définis n'ont pas varié (6) ; l'expérimentation n'a fait que les valider. Nous ne ferons ici que les énoncer, résumant par ailleurs les séquences enregistrées mises à disposition des relaxologues dont nous assurons la formation (voir page 64).

1° **Il est procédé à une recherche de la position la plus physiologique de la relaxation,** puis, le calme étant obtenu, à une éducation respiratoire fractionnée qui est une prise de conscience de la fonction respiratoire et, en particulier, des mouvements diaphragmatiques ; une initiation à la détente neuro-musculaire succède à ce préambule respiratoire qui peut se dérouler sous oxygène.

2° **Les temps de la respiration complète sont prolongés** puis, le sujet apprend à bloquer sa respiration, à discipliner les temps réservés à l'inspir et à l'expir. Une séquence est réservée à l'oxygénothérapie ; elle accroît le temps de l'inspiration et diminue le temps de l'expiration pour chasser complètement l'air complémentaire, vicié, et solliciter la contraction vigoureuse des muscles expirateurs, en particulier des abdominaux. La seconde moitié de la séquence perfectionne la détente neuromusculaire et commence à développer un état de torpeur pendant lequel des post-suggestions interviennent qui ont pour but d'accélérer les processus de détente au cours des séances suivantes.

3° **L'état de torpeur est approfondi jusqu'à l'effacement de la conscience** qui rend la suggestion efficace (chapitre VII). Il est procédé par suggestion à une restructuration du mental par rapport à la morphologie idéale, à la pensée, etc. La recherche de l'instinct alimentaire précède des suggestions de régime équilibré (régime hétérogène) qui développent des habitudes rationnelles. Des suggestions directes agissent dans un sens régulateur sur les centres de la faim et de la satiété. Enfin, la post-suggestion influence le métabolisme des graisses : « *Vous continuerez à maigrir — vous maigrirez de plus en plus, etc.* »

4° **L'état de vide mental est approfondi** pour parvenir à la phase fruste du sommeil hypnotique pendant laquelle les suggestions sont

---

6. Méthode déposée. Voir *Maigrir par la détente nerveuse* (Éditions Dangles).

irrésistibles ; certains sujets peuvent s'endormir plus profondément, jusqu'au somnambulisme. Dans cet état, la relaxation est absolue, le sujet est totalement décontracté. Les suggestions influencent directement les commandes sympathiques, rééquilibrent l'hypothalamus, freinent l'appétit et donnent le dégoût momentané pour les aliments obésigènes. Le sujet dont l'appétit est partiellement diminué et dont les métabolismes sont stimulés perd du poids régulièrement. La post-suggestion exerce ensuite une action stabilisatrice : « *Vous ne reprendrez plus jamais le poids perdu, etc.* »

5° **Le sujet, après la détente obtenue par la respiration complète qui inaugure chaque séance, parvient rapidement à un état qui confine à l'hypnose.** La suggestion porte sur les frustrations, les tensions et l'anxiété inhérentes à l'accroissement pondéral. Des séquences spécifiques peuvent être associées à diverses techniques de sudation. Elles comportent des suggestions d'élévation thermique ; elles accélèrent la transpiration.

6° **La suggestion est intensifiée** en même temps qu'un état plus profond d'hypnose est recherché afin de renforcer et de développer les effets déjà acquis. Une stimulation des émonctoires est obtenue par des suggestions longuement répétées qui imprègnent le subconscient du sujet. La sudation est accélérée dans les applications couplées, cependant que des post-suggestions intercalées prolongent la vasodilatation périphérique après que la séance ait été achevée.

Ces séquences sont évidemment amalgamées **en fonction des cas particuliers** ; certaines d'entre elles peuvent être renouvelées, ainsi, celles concernant l'éducation respiratoire ou l'approfondissement du sommeil quand le sujet parvient plus difficilement à maîtriser son rythme respiratoire ou à effacer le conscient ; certains applicateurs intercalent des séquences réalisées en d'autres domaines : le médical, l'obstétrique, la gérontologie, etc. L'adaptation à une situation donnée n'est pas exclue : cas du responsable surmené et obèse pour lequel la relaxation doit dominer et constitue une adaptation à des méthodes actives d'exercice et de sudation, sans laquelle elles ne seraient pas sans danger.

Selon leur spécialisation, les applicateurs sont habilités à utiliser tels ou tels enregistrements qui correspondent à leur domaine spécifique.

*

* *

5. L'association avec les traitements physiques

Bien entendu, l'association de la relaxation et des principes de l'amaigrissement psychosomatique avec des traitements physiques ne peut qu'accélérer les résultats obtenus par la méthode. Le médecin peut ordonner un régime alimentaire conçu en regard d'une affection déterminée ; le kinésithérapeute fera suivre la séance de manœuvres massothérapiques ; l'action psychique accélérera, comme en certain centre de thalassothérapie, les effets des bains d'algues bouillonnants, ou du sauna finlandais pour les sujets robustes ; l'esthéticienne fera appel à la sudation individuelle, aux applications de produits amincissants, à l'ionisation, etc. ; quant au professeur de culture physique, il personnalisera l'exercice en fonction de la résistance du sujet, pour progressivement l'intensifier jusqu'à l'obtention d'une suée n'entraînant aucune fatigue. La séance de relaxation, dans ce cas, succédera à la leçon de culture physique ou au sauna si celui-ci a été ensuite conseillé.

Comme on le voit, ces méthodes **qui ne mobilisent aucunement le temps du praticien** sont adaptées aux moyens dont disposent les divers spécialistes de la santé et de l'esthétique corporelle.

6. La relaxation en kinésithérapie

Collaborant étroitement avec le médecin, par exemple dans le cadre d'un cabinet de médecine physique, un établissement de thalassothérapie, une clinique, etc., le kinésithérapeute ayant reçu un enseignement adéquat doit pouvoir seconder le médecin dans l'application sans que cela nuise au lien médecin/malade, le médecin pouvant alors consacrer moins de temps au patient. En de nombreux établissements, instituts de culture physique, saunas, instituts de beauté comportant un service de kinésithérapie, il semble que les cas « légers » puissent être traités, sous contrôle médical.

Ayant suffisamment décrit les effets de la détente neuromusculaire sur les états de tension si gênants en rééducation et en massage, nous ne ferons que souligner l'intérêt de la relaxation dans les hypertonies, contractures et leurs manifestations douloureuses, authentiques ou subjectives, les arthroses, le rhumatisme, etc. Procédant à des soins sur un autre, le kinésithérapeute peut obtenir **sans que sa présence soit indispensable,** la résolution des tensions d'un sujet qu'il traitera ultérieurement.

Les besoins les plus importants concernent les dirigeants, cadres, commerçants, travailleurs de tous secteurs de l'économie qui doivent pouvoir pratiquer une relaxation non médicale associée à la respiration dirigée sous oxygène, comme ils font du yoga, de la culture physique, du sauna ou se font masser.

Une autre raison peut inciter à l'application de la relaxation en kinésithérapie en marge des difficultés rencontrées pour l'application par le médecin ; c'est l'association physiothérapie/relaxation. La méthode d'amaigrissement psychosomatique participe de nos méthodes de relaxation. Elle peut être conjuguée avec un traitement physique.

Afin de donner un exemple de cette association, qui peut être envisagée en médecine physique, comme en kinésithérapie, nous avons obtenu de G. Bouffange qu'il nous permette de donner un extrait de ses travaux sur les applications en électricité médicale (7). Nous trouvons là effectivement un moyen de choix dans le traitement des cellulites et surcharges graisseuses en kinésithérapie, conjuguant l'action physique et l'action psychique, l'audition de notre méthode pouvant succéder à l'application dont voici la description :

7. La tonification neuro-musculaire dans le traitement électrique des cellulites

Un courant électrique de forme, de fréquence et d'intensité déterminées, appliqué au niveau de l'articulation neuro-musculaire, provoque une libération physiologique des médiateurs chimiques d'où, contraction des unités motrices musculaires. Cette excitation ouvre bien entendu la porte aux différentes fonctions humorales, à savoir :

— Tout d'abord, une dilatation de toute la vascularisation intra- et extratissulaire ; cette vasodilatation provoque un apport de sang frais, donc, fortement oxygéné et chargé de protéines, d'où amélioration de la nutrition cellulaire, accélération des échanges et amélioration de la circulation de retour, entraînant ainsi les déchets de combustion et d'oxydation.

— D'autre part, cette activité musculaire tonifie les unités motrices, leur assure un jeu plus souple et améliore le glissement des consti-

7. *Précis pratique d'électricité médicale à l'usage du kinésithérapeute,* n'ayant pas été publié par suite de circonstances imprévues.

tuants musculaires. Cette tonification est obtenue par une action passive de la part du sujet, **car il n'y entre aucune participation volontaire,** mais en revanche au niveau du muscle, ce travail est par définition hautement actif. On remplace ainsi la commande volontaire par des stimuli électriques appliqués soit en excitations isolées, soit en trains d'impulsions ; mais plusieurs impératifs sont à respecter scrupuleusement, à savoir :

a) La forme de l'onde

Pendant de longues années ont été utilisés des courants faradiques ou galvano-faradiques. Aujourd'hui, grâce aux progrès faits en électronique, il faut les abandonner. Le courant faradique et ses dérivés (faradique écrêté-homofaradique) n'apportent qu'un effet d'hypertonification passager qui disparaît lorsque cesse le traitement. C'est un courant d'un temps de passage trop rapide de l'ordre du millième de seconde, qui excite les unités motrices et les fibres musculaires trop rapidement, en ne maintenant pas cette hyperhémie décrite plus haut, le train d'impulsion de ce même type de courant n'apportant pas d'amélioration sensible. C'est pourquoi on assiste, quelques semaines après l'application d'un tel traitement, à un état voisin ou aggravé de ce qu'il était auparavant.

Pour obtenir un résultat positif et durable, on utilise actuellement des formes de courant rectangulaire qui facilitent la maintenance de l'hyperhémie et par là même la tonification des myofibrilles. **Le résultat est durable quand il est conjugué avec le reconditionnement psychique que nous préconisons.** L'application peut être faite en impulsions isolées ou en trains d'impulsions d'un temps de passage cent fois plus long que celui du faradique.

b) La fréquence (8)

Il est bien entendu qu'un muscle peut être sollicité un certain nombre de fois par seconde, sans apporter de troubles secondaires ; mais à la longue, s'installera une certaine charge de toxines (produits d'oxydation, produits de combustion ou de dégradation telle celle de la cholinestérase) ; l'amplitude de la contraction en sera réduite. Ce phénomène est appelé accoutumance et oblige le praticien à intervenir

---

8. La fréquence est le nombre d'impulsions électriques appliquées pendant une seconde. C'est le hertz ou cycle, ou période-seconde.

sur un autre paramètre, celui de l'intensité. En général, la fréquence utilisée se situe aux environs de deux à trois périodes-seconde, ce qui permet un travail musculaire valable, suivi d'une période de repos au moins égale. C'est au cours de cette période que la circulation sanguine entraîne les déchets et évite l'accumulation des toxines ; **mais cela est encore insuffisant pour lutter contre l'accoutumance musculaire.**

c) L'intensité

L'intensité d'un courant électrique se chiffre en quantité de courant délivré par le générateur. Si l'on préfère, le potentiomètre d'intensité n'est en réalité qu'un robinet limitant le débit au même titre qu'une vanne régularise la quantité ou le volume d'eau à utiliser.

En général, l'intensité du courant chiffrée en millième d'ampère (9) est de l'ordre de 2 ou 3 pour pouvoir obtenir une réponse ou excitation des fibres musculaires ; toutefois, chaque individu ne réagit pas de la même façon au passage du courant pour des raisons diverses (hypersensibilité, résistance électrique de la peau trop élevée freinant le passage du courant, émotivité, couleur de la peau ou pigmentation marquée, etc.) ; le praticien sera donc appelé à une grande prudence car une intensité trop élevée (débit ou volume trop important) risquerait de rendre l'application désagréable, voire douloureuse. On doit rechercher la contraction musculaire pleine et entière, sans occasionner la moindre douleur. D'un autre côté, une contraction insuffisante n'atteint pas le but recherché. Il faut donc se souvenir du théorème suivant :

« Tout muscle au travail consomme une grande quantité d'oxygène qui oxyde les graisses et les transforme en déchets entraînés par la circulation vers les organes excréteurs. »

C'est justement ce théorème qui conditionne un bon traitement de cellulite, en déchargeant le muscle de ses masses graisseuses parasites qui l'asphyxient, et lui redonne sa tonicité première. J'ai souligné que toutes ne répondent pas aux propriétés du courant excito-moteur qui est quelquefois insuffisant pour mener à bien un traitement efficace. Il faut alors s'aider des propriétés du courant électrique à l'état constant, qui permet une migration de certains ions d'actions diverses dans l'organisme. Cette opération s'appelle « *ionisation* » et complète avantageusement dans certains cas l'action du courant excito-moteur.

---

9. L'ampère est l'unité de mesure de quantité de courant électrique utilisé.

Les ions peuvent être d'action résolutive et entraîneront les surcharges hydriques vers l'appareil excréteur — le rein — ou d'action oxydante, principalement sur les graisses, les transformant en déchets qui subissent le même processus d'élimination.

d) Les électrodes

Elles peuvent être en métal, étain ou alu, en caoutchouc graphité ou non, recouvertes d'une viscose fortement mouillée afin de n'offrir qu'une faible résistance au passage du courant électrique. Leur lieu d'application doit être le plus proche de la projection cutanée de l'articulation neuro-musculaire (plaque motrice).

Lèur contention est assurée par sangles individuelles ou par système pneumatique, afin d'obtenir une action « *contre résistance* » réglable correspondant à une charge de plusieurs kilos.

Si nous devions conclure, nous porterions le point sur l'importance de l'utilisation des courants électriques de basse fréquence et de l'ionisation dans le traitement des cellulites, mais aussi, pour le médecin et le kinésithérapeute, sur la connaissance indispensable des formes de courant utilisé.

Ajoutons que ce traitement ne présente en général aucune contre-indication, mais dans des mains inexpertes, il peut être la source de petits incidents, **d'où la nécessité d'être bien informé en ce qui concerne ces applications.**

CHAPITRE XI

La relaxation psychosomatique en thermothérapie, thalassothérapie et thermalisme

Les procédés classiques de sudation : bains de chaleur, sauna, bains chauds en baignoire, paraffine, etc., peuvent être conjugués avec la méthode d'amaigrissement psychosomatique qui en renforce singulièrement les effets ; elle en élimine ce qu'ils ont d'agressif pour les personnes qui ne sont pas en parfaite santé. La méthode peut être appliquée quels que soient les moyens utilisés, soit au cours du traitement spécifique, à l'aide du repose-nuque à bas-parleurs, ou par enceinte acoustique, soit à la suite du traitement (relaxation authentique après sauna, ou bain en thalassothérapie et thermalisme).

Les effets observés sont les suivants :

— **Détente neuro-musculaire** abolissant toute tension et tout sentiment d'anxiété ou de claustrophobie.

— **Résolution de l'hyperesthésie.**

— **Freinage remarquable du rythme cardiaque** qui s'élève plus lentement (conjugaison de la position en relaxation physiologique et de la suggestion freinatrice).

— **Prolongation des possibilités individuelles de résistance à l'élévation thermique,** d'où sudation mieux supportée et sueur plus abondante.

— **Accentuation de l'état de torpeur** inhérent au bain de chaleur et favorisant de l'action suggestive.

— **Accélération de la suée par suggestion directe** pendant la seconde moitié du traitement.

— **Sudation prolongée par suggestion** et post-suggestion après traitement.

— **Elimination par post-suggestion de la fatigue** consécutive à la sudation.

Les résultats en désintoxication et amaigrissement obtenus en associant l'action psychique aux procédés de sudation **n'ont aucune commune mesure avec ceux qu'on obtient par les procédés limitatifs des moyens classiques de sudation :** sauna finlandais, application de paraffine, etc. Leur supériorité tient aux facteurs que nous venons de résumer, mais sur lesquels il convient d'insister.

La sudation provoquée produit une élévation de la température du corps qui, quel que soit le procédé utilisé, est toujours une agression. Cette agression est nécessaire, elle est un stimulant pour l'organisme, mais, à condition que le sujet qui la subit soit en parfaite santé. Or, ce sont les personnes qui ont grossi qui subissent ces traitements et nous avons vu que l'individu dont le poids est excédentaire **n'est jamais en bonne santé** ; en marge de toute atteinte lésionnelle, qui n'est pas exclue, les organes, et spécialement le système cardio-vasculaire qui va être mis à l'épreuve, ont nécessairement perdu de leur qualité fonctionnelle, de leur résistance. D'autre part, nous savons que le système nerveux des sujets qui ont grossi, des cellulitiques surtout, est hypersensible et par cela même extrêmement vulnérable aux agressions, quelles qu'elles soient.

L'agression d'un sauna seulement chauffé à 80° est extrêmement brutale ; elle sollicite brusquement les artères et le cœur dont le rythme s'élève facilement de 40 à 50 pulsations, pendant parfois plus d'une demi-heure quand le traitement est mal surveillé. Les mécanismes régulateurs, en gros la fonction nerveuse, ne sont pas moins violemment sollicités ; ils doivent répondre à une économie soudainement bouleversée et cela entame la disponibilité vitale. L'hyperesthésie des cellulitiques se trouve encore accentuée par l'action de la chaleur sur des tissus **qui sont déjà le siège d'inflammations et de troubles vasomoteurs.** L'irritabilité ne peut que se communiquer par voie corticale et sympathique au système nerveux autonome dont on n'ignore pas qu'il est déjà perturbé chez ces sujets.

Ces constatations sommairement exposées nous conduisent à la conclusion suivante :

Le sujet, dont le poids est excédentaire et qui désire associer la sudation provoquée par sauna, paraffine ou tout autre moyen produisant une hyperthermie rapide, **doit d'abord se faire examiner par son médecin** qui en jugera l'opportunité ; en certains cas, le traitement médical précédera la cure de sudation ; ce sera l'exception.

La cure de sudation doit être menée **d'autant plus progressivement que le sujet a un poids excédentaire important** et que le moyen utilisé pour maigrir est agressif pour l'organisme. Prenons l'exemple du sauna finlandais. En dépit de tout bon sens, ce sont les personnes dont le poids est le plus excessif qui entrent dans les saunas les plus surchauffés, soit souvent à 90° et plus de 100°. Nous savons bien qu'il y a une accoutumance, mais ce que nous savons aussi, **c'est que des accidents secondaires peuvent avoir lieu** en ces conditions quand les séances sont fréquentes : fatigue cardiaque, aggravation des varices, épuisement nerveux, exagération de la cellulite.

Le sauna finlandais que nous avons été le premier à introduire en France avec de Winter, sous forme de saunas démontables, et en multipliant les conférences, est cependant une merveilleuse discipline. Mais nous aurions tort d'oublier qu'à l'origine, le sauna n'était utilisé que par des individus en bonne santé, rudes bûcherons et paysans, **comme moyen hygiénique et prophylactique** et non dans le but de maigrir. Il conserve toute sa valeur à condition que son application soit adaptée au contexte sanitaire de notre époque. C'est-à-dire que cette discipline doit être abordée avec prudence, **dans la recherche de procédés qui peuvent permettre de la rendre progressive** et d'en écarter les inconvénients pour les sujets dont la robustesse n'est pas reconnue.

1. L'application rationnelle du sauna finlandais

L'adaptation au sauna finlandais peut se faire de diverses manières : chez les grands obèses, par des moyens de sudation moins agressifs. Le sauna étant par définition une discipline qui s'applique en commun, il entre plusieurs personnes dans la pièce et il est impossible de régler à une température minimale (par exemple de 60°) qui permettrait une adaptation progressive à une plus forte chaleur ; il suffit qu'une personne obèse et surmenée se trouve faire le traitement en même temps qu'un athlète en pleine forme accoutumé au sauna, pour qu'il soit nécessaire d'en élever la température à plus de 100° ; certains sujets la supportent au-delà de 110°. Il existe cependant une possibilité de réduire les risques d'agression trop forte, c'est de sortir du sauna dès qu'on ne peut plus supporter la chaleur, de passer sous la douche froide et d'y retourner de nouveau, cela à plusieurs reprises. **Il n'empêche que le sujet en mauvaise condition physique pâtit d'une agression trop brutale pour un organisme en état de déficience.** Cela est si évident que tous les établissements sauna se réclament d'un service de relaxation. C'est jouer à la fois sur les mots et avec l'ignorance de la clientèle.

En réalité, dans la grande majorité de ces établissements, on ne fait pas de relaxation, **on se repose seulement**, c'est-à-dire que la personne est placée sur un lit de repos ou généralement sur un fauteuil de camping amélioré, dans une position **qui est déjà loin de la position physiologique que nous avons décrite.** Elle est enveloppée dans des couvertures et, dans le meilleur des cas, on lui place un masque d'oxygène sur le visage, obstacle à la relaxation comme nous l'avons vu (voir chapitre III) sans lui apprendre à respirer. Il n'est aucunement question de relaxation dans tout cela et c'est prêter à l'équivoque d'en parler et d'en faire état dans des publicités alors que le terme qui correspond à l'application réelle est séance de repos, à la rigueur, d'oxygénation, bien que la technique utilisée soit imparfaite. Aussi, sommes-nous bien d'accord avec le docteur J. Stuchlik quand il déclare : « *Aucun repos quel qu'il soit n'est, dans le sens précis du terme, une relaxation s'il lui manque justement l'élément d'intention active* » ou, à notre sens, une action psychologique autre que celle de déclarer **abusivement** à une personne venant de sortir du sauna : vous allez faire votre relaxation, au lieu de : vous allez vous reposer, ce qui correspond mieux à la réalité.

La même confusion règne en de nombreux établissements de thalassothérapie où la clientèle croit, de bonne foi, faire de la relaxation, alors qu'il ne s'agit que de repos sur des sièges inadaptés, quelquefois dans une ambiance musicale nullement appropriée à la détente.

Nous avons composé une séquence enregistrée post-sauna dont les caractéristiques sont les suivantes :

— **respiration dirigée** qui peut ou non être associée à l'oxygénothérapie sous cockpit ; les directives respiratoires tiennent compte du temps nécessaire pour le retour au calme, c'est-à-dire qu'au début de l'audition le rythme personnel se trouve respecté ; il ne fait pas de doute que la sur-oxygénation est particulièrement bénéfique dans l'intensité des échanges que provoquent les bains de chaleur ;

— **recherche de la détente neuro-musculaire,** effacement du conscient en vue d'une action suggestive qui prolonge la vasodilatation en agissant sur le subconscient par des formules suggestionnantes de chaleur et de sudation renforcées par un fond sonore évocateur qui favorise encore la sudation ;

— enfin, **post-suggestions euphorisantes** assurant un immense bien-être après le traitement et se prolongeant dans le temps. La séquence d'une durée de 30 minutes peut être écourtée à 20 minutes selon le temps disponible et les exigences de l'application.

Les résultats enregistrés sont remarquables, tant sur le plan psychologique que physiologique. La sudation qui suit le sauna **se trouve accélérée pendant que le cœur revient plus rapidement à un**

rythme normal. Les suggestions d'amaigrissement exerçant les mêmes effets que ceux précédemment décrits augmentent la perte de poids par rapport à des applications suivies seulement de repos ; **la post-suggestion assure la stabilisation des résultats obtenus** (1).

2. La sudation individualisée

Les états de tension retentissent sur le fonctionnement des émonctoires qu'ils paralysent. De même que la ventilation pulmonaire se trouve entravée par des contractures inconscientes des muscles thoraciques, la peau, émonctoire particulièrement sensible, est incapable d'assumer pleinement sa fonction sudoripare en présence de crispations musculaires et nerveuses. Le sentiment d'anxiété qui accompagne les premières applications sauna (« *Vais-je pouvoir supporter la chaleur ?* »), la position inconfortable sur des caillebotis en bois, exagèrent ces crispations qui se communiquent par voie nerveuse aux tissus dont la surface cutanée (dont les phénomènes de vasodilatation assurent l'écoulement de la sueur) se rétracte au lieu de s'épanouir.

Il fallait donc pour obtenir cet épanouissement que le corps fût placé dans une position de relaxation physiologique et que le sujet fût rassuré pour le libérer de son anxiété. Ainsi, la détente neuromusculaire étant obtenue dans son intégralité, la fonction sudoripare pourrait jouer pleinement son double rôle éliminateur. Cela ne pouvait se concevoir que dans un appareil individuel de sudation **éliminant la position assise ou horizontale et contracturante habituelle,** comportant un système d'écoute individuel permettant d'exercer parallèlement à la sudation une action psychologique.

Ainsi la méthode d'amaigrissement psychosomatique pouvait être associée à un bain de chaleur sèche, légèrement humidifié comme l'est le sauna, mais dont les effets amaigrissants se trouvaient renforcés, cependant que les inconvénients, anxiété, contracture, tension nerveuse, blocage émonctoriel, étaient éliminés. Ici l'audition revêt une importance capitale. Le fond sonore aux motifs répétés produit rapidement un effacement du conscient qui empêche le sujet de penser aux sensations pénibles plus ou moins imaginaires qu'il pourrait

1. Ces applications se font en certains Psycho-center équipés pour la sudation.

éprouver : accélération cardiaque, suffocation, claustrophobie, etc. Il est rassuré et se sent bien, puis, dans un état de demi-inconscience, il entend bientôt (après 12 minutes) un chant de cigales, le bruit des vagues qui viennent mourir sur le rivage, pendant que la voix, doucement évocatrice, lui donne le sentiment d'être étendu sur la plage immense, sous les rayons brûlants d'un soleil tropical ; la sudation s'en trouve fortement accélérée. Cette action psychique freine l'élévation du rythme cardiaque et permet au sujet de supporter la même température plus longtemps et sans fatigue ; le repos n'est pas indispensable à la suite de l'application, les derniers instants de la séquence étant consacrés au retour au calme, aux développements ultérieurs d'effets tonifiants.

Dans le bain individuel, la température est élevée progressivement de 40° à 80°, ce qui est largement suffisant, la suggestion favorisant une transpiration plus abondante pour une chaleur moindre ; la durée de la séance est de 35 à 40 minutes et cependant la perte de poids est supérieure à celle obtenue en une séance plus longue de sauna.

Ainsi comprise, la sudation connaît très peu de contre-indications. **La cure d'amaigrissement peut être menée très progressivement.** Il est possible, quand il s'agit d'une forte obésité, de consacrer les premières séances à une initiation à la relaxation dans une température de 40° à 50°, puis d'élever cette température au fur et à mesure de l'accoutumance du sujet à la chaleur et selon ses réactions. Le procédé est particulièrement intéressant quand l'excès de poids dépasse 15-20 kilos, car ainsi, par la méthode d'amaigrissement psychosomatique, le sujet peut perdre déjà 5-10 kilos en chaleur douce avant d'être soumis à des températures plus élevées qu'il n'eût pas autrement pu supporter sans dommage ; à quelques kilos de son poids normal, il peut sans inconvénient aborder le sauna finlandais et la post-relaxation sous oxygène.

Rejoignant les principes du docteur Schultz, le bain de sudation individuel présente l'avantage, en laissant la tête à l'extérieur, de lui conserver la fraîcheur, alors que beaucoup de personnes, les obèses sanguins étant des congestifs, supportent difficilement la chaleur de la tête et des bronches. Effectivement, Schultz s'exprime ainsi à propos de l'effet d'un bain chaud : « *Le training autogène peut être comparé à un bain. Or, on sait que l'effet sédatif d'un bain chaud se trouve intensifié si l'on applique une compresse fraîche (mais non pas froide) sur le front. On dit aussi d'un homme bien équilibré, qu'il a le cœur chaud et la tête froide ; toute nervosité fait monter le sang à la tête.* »

Le contraste entre la température intérieure du bain individuel et la température extérieure donne au sujet le sentiment que le front reste frais ; ce peut être, selon l'argument de Schultz, une raison supplémentaire mais non négligeable de son efficacité. Il existe d'autres procédés d'amaigrissement par sudation dont nous traitons par ailleurs ; ils ont le tort de négliger l'action psychique, car ainsi que l'affirme le docteur J. Touze dans une thèse qui résume remarquablement le problème de l'obésité : « *L'obésité est toujours psychosomatique. Elle comporte en effet à la fois des aspects somatiques et psychologiques.* » Or, les frontières sont floues entre l'obésité et la surcharge graisseuse, ne fût-elle que de deux ou trois kilos, **l'action psychologique se justifie dans tous les cas,** ne serait-ce que pour normaliser le comportement alimentaire.

3. Thalassothérapie et relaxation

Un ouvrage, qui eut un certain retentissement voici plus d'une décennie et dont la grande presse se fit l'écho, répandit dans le public la notion de la thalassothérapie, discipline cependant vieille comme le monde. Le mot, par son caractère hermétique, ne manqua pas de faire florès parmi une clientèle toujours à l'affût de l'insolite. Il est cependant teinté d'allégresse, n'est-il pas le cri que poussèrent les *dix mille* en apercevant, après leur retraite, la mer « Thalassa » qui la désignait. Les deux terminologies grecques associées (thérapie) indiquaient désormais une pratique au plus haut point bénéfique pour les femmes et les hommes surmenés de notre époque. La *Cure de rajeunissement* d'André Mahé, journaliste réputé, relatait les observations faites au centre de Roscoff par une équipe médicale qui jetait les bases physiologiques de la thalassothérapie moderne (2). De nombreux établissements, s'inspirant des résultats obtenus à Roscoff, ont été édifiés au long des côtes françaises, notamment sous l'impulsion de Louison Bobet dont la notoriété contribua à l'essor de ce genre de cure. La thalassothérapie exerce ses effets bienfaisants par les vertus associées de l'eau de mer et du climat maritime. Mais c'est aux pionniers que furent en ce domaine Quinton et Ménétrier (3) qu'il nous faut revenir si nous voulons comprendre comment s'exercent ces effets.

2. *Ma cure de rajeunissement* (Le Seuil).
3. La médecine fonctionnelle.

Voici comment s'exprime Quinton qui soignait par des injections d'eau de mer : « *Nous savons aujourd'hui qu'une dose infime d'éléments peut être indispensable à la vie. Les zéros et les virgules qui chiffrent nos dosages, ne chiffrent aucunement, du point de vue physiologique, l'importance des éléments par rapport aux autres. Dans l'eau de mer, aussi bien que dans l'organisme, un sel de césium, par exemple, que révèle l'analyse spectrale, doit être considéré jusqu'à preuve absolue du contraire, comme présentant une importance biologique égale à celle du chlore et du sodium, qui constituent à eux seuls les 84 centièmes des sels dissouts. Sans doute ces 17 corps ne s'y trouvent pour la plupart qu'à l'état infinitésimal, mais, au point de vue biologique, la dose d'un élément dans une dissolution ne mesure aucunement l'importance du rôle qu'il y joue. Il y a toute une microchimie physiologique, à peine commencée, qui montre à n'en pas douter, le rôle capital que jouent certains corps dans la vie, à des doses extraordinairement réduites et à ces doses seules.* »

Ainsi, la thalassothérapie ne tend rien moins qu'à rétablir l'intégrité de notre milieu intérieur où ces doses infimes d'oligo-éléments (4) ont un tel rôle équilibrant.

Tous les oligo-éléments se trouvant dans l'eau de mer et les algues marines, on conçoit le bienfait que les organismes fatigués et carencés peuvent retirer d'une cure d'eau de mer chaude en des baignoires munies de dispositifs dont le bouillonnement exerce un massage aussi purifiant que doux et complété par celui, manuel, du spécialiste. Des bains en piscines où la rééducation motrice se fait dans l'eau complètent le traitement ainsi que des soins hydrothérapiques dont l'essentiel réside dans l'administration de douches chaudes au jet puissant. Bien entendu, les traitements se font sous surveillance et direction médicale ; la diététique y occupe un poste privilégié. Dans le concert de ces soins, voyons la place qu'occupe la relaxation. Il apparaît que c'est celle du parent pauvre, alors qu'elle devrait être prépondérante.

En elle-même, la thalassothérapie est déjà une relaxation ; le brassage du corps en eau chaude le détend merveilleusement et cela n'est pas sans retentir sur le psychisme par voie somatopsychique. **La personne est momentanément déconnectée par rapport à ses préoccupations quotidiennes** et à ses responsabilités socioprofessionnelles et familiales, ce qui abaisse sa tension nerveuse et rejaillit favorablement

---

4. Voir, du docteur Claude Binet : *Oligo-éléments et oligothérapie* (Éditions Dangles).

sur un état général en voie de redressement sous les effets conjugués de l'eau et des brises marines, souvent aussi, de l'ensoleillement.

Les conditions les plus propices se trouvent donc réunies pour l'application d'une relaxation authentique conjuguée, pour les sujets ayant une surcharge graisseuse, avec les possibilités d'un reconditionnement psychophagique.

Les premiers établissements de thalassothérapie qui ont été créés ne paraissent pas avoir exploité toutes les ressources de la physiothérapie moderne ; comme en d'autres domaines **le repos obligatoire qui suit les bains ne peut être qualifié de relaxation,** les sièges rudimentaires (chaises longues pompeusement baptisées) étant inadaptés et la personne abandonnée au farniente.

Par ailleurs, si l'air marin fortement oxygéné et chargé de particules et rayons vivifiants peut dispenser de la cure d'oxygénothérapie, ne conviendrait-il pas de procéder pendant le séjour **à une rééducation complète de la fonction respiratoire,** assouplissement et déblocage thoracique, initiation aux divers modes respiratoires permettant d'obtenir la maîtrise de la fonction **et de prendre conscience de ses relations organistiques et psychiques.**

Nous sommes persuadé, et avec nous des praticiens disposés à réaliser cette synthèse dans des établissements de thalassothérapie, que les excellents effets de ces cures seront considérablement renforcés par les services d'une authentique relaxation. Quant à la cure d'amaigrissement psychosomatique, elle trouvera dans ces établissements les conditions les plus rationnelles de son application : contrôle médical, diététique, ambiance déconnectante, soins associés, possibilité de courts séjours de huit à dix jours, consolidation des résultats acquis par le prolongement des traitements dans des centres urbains utilisant des moyens similaires.

4. La relaxation en thermalisme

Les indications de la crénothérapie (du grec *krênê :* source) se sont précisées depuis le XVIIIe siècle parallèlement au progrès de la médecine ; mais depuis l'Antiquité des privilégiés bénéficièrent des vertus thérapeutiques qu'on attribue aux cures thermo-minérales ; en notre temps, les avantages que confère la Sécurité sociale ont mis la cure thermale à la portée des malades pour lesquels elle comporte des indications médicales précises. Mais en dehors de ces traitements spécifiques, la cure thermale réunit les mêmes facteurs rééquilibrants qu'on reconnaît à la cure de thalassothérapie. Ils sont remarquablement précisés par le docteur Hélène Quet qui conseille, quand faire se peut, de replacer le postulant d'une cure de relaxation dans son milieu naturel : « *Si un traitement ambulatoire est possible, il est indiqué de replacer l'individu pour un temps plus ou moins long, dans une ambiance telle qu'il y retrouve, grâce aux composantes primitives du milieu, tous les facteurs de rééquilibre nécessaire, à savoir :*

— Un climat sédatif ou tonique suivant le cas.

— Le milieu primitif de l'homme : la nature avec ses forêts (harmonie des verts et des bleus) ; le soleil (vecteur de l'énergie universelle) ; l'eau (berceau de l'origine de la vie) ; l'oxygène.

— Une existence reposante sans aucun ennui ni facteur psychique perturbant et notamment pas de bruit.

— Des possibilités de développer son dynamisme (promenades et sports).

— Des relations humaines normales, en retrouvant un groupe homogène à même tendance (malades) placé sous la direction d'un chef influent (le médecin).

— La suppression des situations conflictuelles (direction de la vie, éloignement du cadre familial et professionnel) (5).

Ces conditions sont celles de la majorité des stations de thermalisme situées hors des agglomérations dans un milieu naturel. »

L'intérêt d'une cure de relaxation dans une station thermale réside dans son couplage avec les indications de la cure thermominérale. C'est le cas de certains établissements de thermalisme, à Vittel où est appliquée la méthode Schultz, à Contrexéville, Enghien et notamment à Vichy où nos méthodes de relaxation psychosomatique ont été adoptées. Des traitements satellites viennent encore renforcer l'effet des cures, ainsi à Vittel la cure d'exercice inaugurée par Boigey, à Vichy l'oxygénothérapie associée à la relaxation, la rééducation dans le service de mécanothérapie le plus important d'Europe dont les indications sont précisées par le docteur Apperçé, à Enghien, les services massothérapiques et esthétiques du Centre annexe de physiothérapie. Il sort de notre cadre d'entrer dans le détail des affections justiciables de la crénothérapie et de montrer les connexions qui peuvent s'établir entre les applications du thermalisme et la relaxation psychosomatique ; nous ne donnerons que quelques exemples parmi les plus caractéristiques des possibilités qu'offre l'association de ces moyens mis en œuvre sous le contrôle du médecin.

---

5. La médecine psychosomatique dans le cadre des stations thermoclimatiques.

Des stations thermales comme Néris, Saujon, Divonne, spécialisées dans le repos et le traitement des psychonévroses sont toutes désignées pour apporter à une majorité de surmenés et de « petits nerveux » une discipline spécifique de leur état dont l'application, oxygénothérapie dirigée et relaxation, ne peut qu'exercer des effets bénéfiques sur la cellule nerveuse et le système neurovégétatif atteint de dystonie.

Les indications de la relaxation s'adaptent particulièrement à des stations comme Royat, les états de tension retentissant sur les spasmes artériels, ainsi que nous l'avons déjà souligné ; en outre, la respiration dirigée sous carbogène superposerait les effets de ce gaz, que nous avons soulignés par ailleurs, aux bains carbo-gazeux et aux infiltrations dont on connaît les propriétés thérapeutiques.

Les dystonies hépato-biliaires sont justiciables des cures de relaxation associées à une crénothérapie spécifique ; les excellents résultats obtenus à Vittel (méthode Schultz), à Contrexéville, à Vichy en témoignent. Cependant qu'à Vichy les affections gastro-entérologiques bénéficient de la cure de relaxation psychosomatique, à Contrexéville elle apporte une intéressante contribution au traitement des troubles rénaux et gynécologiques.

Ayant montré les effets que peut exercer la relaxation dans les affections et séquelles cardio-vasculaires, dans les maladies de la circulation de retour, en gynécologie et rhumatologie, je n'insisterai pas sur l'utilité de coupler cette discipline avec les cures correspondant aux atteintes reconnues par le médecin ; une mention particulière doit être réservée aux stations thermales telles qu'Enghien, Uriage, Maizières, les affections de la peau étant étroitement liées au dérèglement neurovégétatif.

Il est inutile d'insister sur l'intérêt que présente l'application de la **méthode d'amaigrissement psychosomatique** dans les stations thermales spécialisées dans les maladies de la nutrition, l'obésité et la cellulite qui reçoivent nombre de responsables, de cadres surmenés par une existence harassante : Brides-les-Bains, Évian, etc. En réalité, l'amaigrissement psychosomatique peut faire l'objet d'une cure parallèle pour la clientèle pléthorique de toutes les stations thermales, les effets thérapeutiques, indéniables, de la réduction pondérale renforçant et consolidant dans le temps les résultats des cures thermales.

Le docteur Hélène Quet, déjà cité, conclut dans son étude : « *Nous pensons que crénothérapie et relaxation agissent dans le même sens. Leur association, dans certains cas bien choisis, peut permettre la potentialisation de leurs effets. Cette association reste mal-*

gré tout rare, du fait des difficultés techniques... Il faut admettre que la méthode de Schultz présente des obstacles le plus souvent insurmontables quand il s'agit de passer du stade de la théorie à celui de l'application pratique : impossibilité d'engager les nombreuses monitrices en relaxation nécessaires pour une application attentive de la méthode, qui exige la présence du praticien. On ne peut sérieusement envisager dans un service fonctionnant à plein régime, comme c'est le cas en thalassothérapie et crénothérapie, de n'avoir qu'une ou deux assistantes qui seraient contraintes de n'accorder que quelques instants aux exercices de détente de chaque sujet. L'application se heurte aux difficultés de recrutement d'un personnel qualifié, à des problèmes insolubles d'organisation et de financement qui expliquent le peu d'audience que la méthode, qui n'est pas à incriminer car elle a fait ses preuves, a rencontré en dehors des considérations théoriques, tant auprès des médecins que des administrateurs financiers. »

Nous avons vu comment nos concepts tout différents, sans négliger l'efficacité, ont résolu ces problèmes. En ces domaines riches de perspectives promotionnelles, une relaxologue ou une diététicienne initiée à nos méthodes est capable, à elle seule, d'assurer le bon fonctionnement du service.

Il serait dommage que les effets si bénéfiques de méthodes dont le besoin se fait de plus en plus sentir, ne puissent, par suite d'application pratiquement irréalisable, être étendues en milieu thermo-climatique ainsi qu'il ressort d'une communication de Mme Paillard-Varin faite à Vittel où se trouve soulignée l'heureuse influence du climat dans les cures de détente : « *L'étude analytique et scientifique du reflet du climat sur nos humeurs est des plus délicates. L'action sur chaque être apparaît essentiellement individuelle, mystérieuse et cependant la certitude d'efficience est indéniable, elle est faite d'observations sans possibilité d'unité de mesures précises... Que l'on demande à une cure de repos, de détente, ou d'eau minérale d'avoir une fonction modificatrice du métabolisme nutritionnel, celle-ci se réalisera d'autant mieux que la bénéfique influence d'un climat viendra la compléter... Quelles que soient les actions des cures en elles-mêmes, celles-ci sont donc multipliées plutôt qu'aidées par cet ensemble de facteurs climatiques sur lesquels il ne semble pas qu'on ait, jusqu'alors, suffisamment insisté* (6). »

---

6. Premier congrès de médecine psychosomatique.

CHAPITRE XII

La relaxation dans la vie affective et sexuelle

La relaxation est manifestement la discipline pouvant le mieux contribuer à l'harmonie conjugale et à l'entente familiale, qui conditionnent la quiétude du foyer. Celle-ci est subordonnée à de nombreux facteurs qui ressortissent à la relaxation et que nous allons examiner.

L'autorité du chef de famille ne peut s'exercer efficacement en dehors de sa parfaite maîtrise : c'est elle qui lui confère sa dignité. La femme n'aime que dans la mesure où elle admire. Or, l'admiration qu'elle porte à l'homme de son choix est fonction de certaines qualités et certains défauts qui contribuent à le magnifier à ses yeux. Ils participent du rayonnement de la personnalité. Ce sont donc les qualités positives, celles qu'on reconnaît aux fortes personnalités, qui la séduisent : la maîtrise de soi, l'énergie, la volonté, l'esprit de décision. En notre temps, la solidité du Moi s'est substituée, pour l'homme, à la force musculaire. La femme n'a plus besoin d'être protégée de la convoitise des autres mâles de l'espèce, mais des circonstances adverses qui menacent son bonheur et l'avenir de ses enfants. **Elle a une soif de sécurité qui ne peut être comblée que par la force morale de l'homme dont elle partage l'existence.**

C'est cette force, qui émane de l'harmonie et de la solidité des structures mentales, qui assure à l'homme la permanence de l'effort dans la poursuite des buts qu'il s'est fixé, la fermeté dans la décision, l'intelligence de ses actes ; c'est elle qui lui permet d'organiser l'existence de la communauté familiale pour assurer son bonheur dans la sécurité présente et à venir. Or, cette force morale ne va pas sans une stricte hygiène du mental dont nous avons vu que la relaxation constitue la base essentielle. Cette discipline confère au foyer une atmosphère de détente qui ne peut que favoriser les échanges entre les différents membres de la famille et resserrer les liens qui les unissent. L'autorité du père de famille est sapée dès l'instant où la femme, déçue dans son idéal masculin, cesse d'admirer l'homme qu'elle aime, ayant découvert ses faiblesses. L'indécision, l'inconstance de ses entreprises, le manque d'énergie et la faiblesse de la volonté, le laisser-aller qui conduisent à des échecs répétés, le dévalorisent à ses yeux ; elle est désillusionnée par ce qu'elle a découvert derrière la façade ; elle ne lui pardonne pas d'avoir terni ses idéations.

Cette force morale, chez la femme comme chez l'homme, n'est pas incompatible avec la tolérance, la compréhension, la douceur et la gentillesse qui forment la trame de l'accord réciproque du couple. Cette attitude faite de douceur et de fermeté se reflète dans l'éducation des enfants ; **elle est impensable en dehors d'une parfaite maîtrise de soi.** Les enfants bénéficient d'une éducation reposant sur les principes de l'hygiène physique et mentale. Nous avons toujours vu dans les camps nudistes des enfants beaux, bien équilibrés et dont l'éducation sexuelle s'accomplissait sans heurts ni situations complexuelles ; ces enfants contractent des habitudes hygiénistes qui les préservent des agressions que nous avons énoncées. Complétant cette formation physique où l'exercice, le sport et l'hygiène alimentaire occupent une place importante, l'atmosphère de détente de l'ambiance, d'où sont bannies les mésententes et les disputes, contribue à assurer aux jeunes enfants un équilibe nerveux dont la stabilité se répercutera à toutes les étapes de leur existence.

La femme, particulièrement la mère de famille qui doit faire face à des tâches diversifiées, et par cela même fatigantes et énervantes, **trouve dans la relaxation intégrée à son comportement le moyen de conserver son calme et sa bonne humeur** en dépit de ses responsabilités, d'un environnement qui pourrait être déprimant (maladie des grands ensembles), des jeux bruyants et des cris des enfants. Retrouvant, quand il rentre du travail, un mari lui-même détendu, elle se montre souriante et aimante, ayant pu récupérer ses énergies au cours de la journée par de courtes relaxations dont la durée peut ne pas dépasser 5 minutes. Ces 5 minutes représentant **2 heures de repos** ne sont pas du temps perdu ; elles permettent au contraire d'en gagner en développant l'ardeur pour le travail, en perfectionnant la coordination des mouvements. Celle-ci, sous l'égide de la détente, s'extrapole aux tâches ménagères, comme au travail effectué à l'extérieur. **Il en résulte une grande économie de fatigue en fin de journée.**

On comprend tout le bénéfice que peut retirer la vendeuse de magasin par exemple, obligée de rester souriante et détendue devant une clientèle parfois exigeante ou irrascible, au milieu d'une ambiance bruyante et survoltée, de cette discipline qui s'oppose à la montée tensionnelle, à l'énervement, à la fatigue qui, autrement, finit par s'accumuler, se traduit par des troubles pouvant affecter l'équilibre psychosomatique. Nous ne nous appesantirons pas sur les ressources de la relaxation dans les périodes cruciales que sont pour la femme la grossesse et la ménopause, ni sur l'intérêt de cette discipline dans ce qui constitue parfois une crise difficilement surmontable dans la vie du couple : la maladie ; ces sujets sont abordés dans une autre partie de l'ouvrage.

1. Relaxation et sexualité

La vie sexuelle est faite d'étapes dont chacune participe en définitive à la réussite ou à l'échec de l'individu ; d'où l'importance qui lui est justement attribuée.

C'est d'abord **l'enfance** avec ses dangers complexuels, ses liquidations avortées qui peuvent ultérieurement se traduire par la réactivation de conflits archaïques. C'est ensuite **l'adolescence** avec ses poussées instinctuelles, ses débats intimes, ses crises émotionnelles, ses troubles de l'affectivité dont est responsable le remous hormonal. Puis, **le vécu sexuel** de cette adolescence débouche sur une autre situation qui sera ou non conflictuelle, qui est la formation du couple, le mariage. Enfin, c'est **la vie en couple** gratifiante ou traumatisante, avec ses problèmes, et quelquefois ses crises, qui peuvent affecter la personnalité jusqu'à ce qu'une ultime étape puisse, si elle est mal préparée, apparaître sous un jour angoissant : c'est **la ménopause** et, pour l'homme, **le franchissement de la cinquantaine,** qui ne sont pas encore le renoncement, mais en sont les signes précurseurs. Nous glisserons sur la période infantile, les conflits névrotiques présentant un réel caractère de gravité ressortissant de l'analyse.

La majorité des anomalies du comportement sexuel est justiciable de la relaxation psychosomatique, du moment que le médecin a reconnu qu'il n'y a aucune atteinte lésionnelle ou affection qui serait du ressort du gynécologue. Les troubles que nous allons évoquer tenant au contexte psychologique, à une éducation gauchie sont de loin les plus fréquents et l'application de nos méthodes y remédie rapidement. Nous disposons de moyens diversifiés qui expliquent les résultats que nous obtenons. Nous ne nous cantonnons pas dans un contrôle tonico-émotionnel limitatif, mais utilisons largement l'action de la suggestion et de la post-suggestion qui, en ce domaine, **ont un effet souverain.** Tous les praticiens reconnaissent que les spécialités destinées à vaincre l'impuissance doivent leur efficacité en partie à l'effet de placebo qu'elles exercent par déblocage psychique. Nos moyens adjuvants, tonifiants, n'en jouent pas moins dans le même sens et confèrent aux sujets une meilleure maîtrise de leurs réactions.

2. L'éveil de la sexualité

Dans un ouvrage consacré à la sexualité masculine, nous définissions ainsi cette période fluctuante qu'est l'adolescence : « *...l'adolescence est un mûrissement, tant physique que psychologique. C'est l'âge des incertitudes, des tempêtes sentimentales, des élans mystiques. Le jeune garçon a un esprit subjectif qui lui fait prendre ses imaginations pour la réalité. Beaucoup d'adolescents se complaisent dans le mensonge, sont des mythomanes... des troubles psychiques plus graves sont également décelables lorsque l'adaptation est entravée dans son déroulement. On observe alors des états névrotiques qui sont du ressort de la psychiatrie : anxiété, angoisse, repli sur soi-même pouvant atteindre à la schizophrénie qui est un détachement du réel... Mais plus fréquemment, la phase de l'adolescence n'est marquée que par les manifestations atténuées des symptômes précédents. Elles donnent lieu cependant à un comportement particulier du jeune garçon qui peut se définir ainsi : timidité, avec pour corollaire une réaction d'agressivité portant, dans le domaine de la sexualité, à la peur et au mépris de la femme...* »

Troubles de l'affectivité, hyperémotivité, inhibition, tous ces facteurs exerçant des influences disparates et s'intriquant, caractérisent la timidité. Pour Jean-C. Filloux, il faut invoquer à l'origine de la timidité des mécanismes psychanalytiques : « *Chocs affectifs dans l'enfance, influence de l'éducation et de l'instruction, constellation familiale, milieu social ayant provoqué un dérèglement du comportement du sujet à l'époque infantile au moment où se crée le premier contrôle des tendances.* »

Traitant de l'attitude du timide par rapport à la relation sexuelle, nous écrivions : « *N'oublions pas que l'hyperémotivité constitue la trame de la timidité. Le timide est un être sensible, sinon toujours intelligent, du moins subtil. L'homme aux instincts forts et mal équarris ne s'embarrasse pas de complexes. Aussi le timide reste-t-il toujours dans une expectative qui l'écarte de l'action ; il se trouve partagé entre ses désirs, une fantasmagorie imaginative qui le représente sûr de lui, irrésistible séducteur, et les interdictions de son subconscient, qui, le paralysant, font naître des troubles tant physiologiques que psychiques. Il s'agit là d'un phénomène inhibiteur, mais dont nous verrons qu'il n'est pas particulier à l'adolescent.* »

Effectivement, les troubles du comportement sexuel remontent le plus souvent à des situations complexuelles de l'enfance et de l'adolescence que nous avons examinées en divers ouvrages. En démontant le mécanisme de ces inhibitions qui affectent l'adulte impuissant, nous évoquerons les problèmes sexuels de l'adolescence qui empruntent les mêmes voies formatives. Cela nous conduit à démonter le mécanisme de l'échec sexuel et, par analogie, de la crainte de l'échec qui, chez l'adolescent timide (complexé), est à l'origine des anomalies de son comportement.

3. L'inhibition sexuelle

Ce n'est qu'à la puberté que la libido du garçon, qui se libère auparavant dans l'onanisme, se transpose sur le sexe opposé ; encore ne s'agit-il que d'un comportement passif que seul le hasard des rencontres peut faire évoluer vers une sexualité active dès le jeune âge. Dans ce cas, par l'éducation érotique (1), les rapports sexuels avec le sexe opposé normalisent la fonction. Ce n'est cependant pas aussi simple. A cet âge, le garçon n'a pas toujours liquidé ses complexes ; **la femme lui apparaît comme un mystère** et il doit franchir les barrières de l'ignorance et de certaines pusillanimités liées à la révélation des particularités du sexe. Il en résulte des inhibitions qui entravent le mécanisme érecteur ; le garçon, qui, lorsqu'il est seul, doit se libérer de ses érections spontanées, se retrouve impavide au contact du sexe opposé. C'est **le complexe d'échec,** dans la majorité des cas l'impuissance, qui se trouve être la base d'anomalies qui empêchent l'homme de donner une pleine satisfaction sensuelle à la femme (éjaculation précoce, acte bref). Mais par quel cheminement physiologique la crainte de l'échec et celle de ne pouvoir poursuivre longuement le coït, se traduisent-elles par l'impuissance partielle ou totale ?

---

1. Self-méthode : *Sex-control.*

Deux facteurs étroitement intriqués interviennent dans l'impuissance totale : **le facteur complexuel** qui paralyse l'érection en faisant remonter à la conscience, au moment des rapprochements sexuels, la somme du vécu négatif (échecs) et des interdits qui tiennent à l'éducation, à la morale traditionnelle et conformiste, et **le facteur émotionnel** qui paralyse le sujet en inhibant la fonction par action autosuggestive : « *Je n'y arriverai pas... je ne vais pas me montrer à mon avantage... je vais être ridicule... etc.* » Nous rejoignons là la psychologie de tous les timides, que Filloux décrit ainsi : « *C'est la préoccupation de l'opinion d'autrui qui devient la raison essentielle de la timidité... l'opinion des autres est pour le timide un danger menaçant qu'il craint. Et pourquoi le craint-il ? Parce qu'il a peur d'être mal jugé, d'être infériorisé. On peut donc conclure et mettre à la racine de la timidité un sentiment d'infériorité. Le timide serait donc une variété d'inhibé.* »

Il n'est pas inutile, pour comprendre comment l'émotion influence la capacité d'érection, de rappeler certaines notions fondamentales concernant la fonction nerveuse.

Le phénomène de vasodilatation (afflux sanguin) qui remplit de sang les corps spongieux de la verge et la durcit, est déclenché par l'entremise du système nerveux. Ce sont les nerfs qui inhibent ou activent la contraction des muscles et la sécrétion des glandes par l'effet de leurs médiateurs (ou substances) chimiques, à savoir : l'**acétylcholine** à effets inhibiteurs et la **sympathine** à effets activateurs.

L'**acétylcholine** produit l'érection par vasodilatation des vaisseaux artériels qui desservent les corps caverneux de la verge ; c'est elle qui, à partir des nerfs affecteurs de la moelle, à partir du plexus sacré, provoque la contraction des muscles striés et **élève la tension du liquide céphalo-rachidien,** qui correspond à l'excitation.

A cette action se superpose celle du **parasympathique,** dont le nerf érecteur qui part de la partie basse du système est essentiel pour l'érection qu'il provoque par la dilatation des artères qui alimentent les organes sexuels.

Nous nous trouvons alors en présence d'un système complexe. D'une part, nous avons une action stimulante, accélératrice des centres émotionnels, qui élève la tension céphalo-rachidienne avec laquelle se conjugue l'effet stimulant des glandes surrénales alertées, qui se traduit **par des décharges d'adrénaline correspondant aux bouffées du désir** ; puis, l'action du sympathique proprement dit, également accélérateur, tend à faire prédominer la sympathine également activatrice.

D'autre part, le **parasympathique** lui, tend à donner la prédominance aux effets inhibiteurs, freinateurs, de l'acétylcholine et, parallèlement, produit l'érection par le nerf érecteur qu'il commande.

Excès de sympathine et d'adrénaline provoquant une excitation que rien ne vient freiner produisent donc une éjaculation trop rapide, incontrôlable ; **c'est le mécanisme de l'éjaculation précoce et de l'acte bref.**

Dans l'appréhension de l'échec, l'émotion produit diverses modifications physiologiques qui contrarient les processus normaux de l'excitation sexuelle. Au lieu dc rester décontracté, l'homme, inquiet, est victime de sa tension tonico-émotionnelle.

« La contraction musculaire inconsciente (génératrice de tension nerveuse) donne naissance à des toxines de fatigue ; elle est productrice d'anhydride carbonique qui est normalement éliminé par la ventilation pulmonaire. Sans cette élimination au cours des rapports sexuels, la respiration, au lieu de rester calme et profonde, accroît son rythme, cependant que le cœur accélère ses battements. Cela s'observe particulièrement quand l'exercice sexuel s'accompagne d'une constriction thoracique liée à l'émotivité. Les mouvements respiratoires deviennent courts, saccadés et n'arrivent plus à libérer le sang du CO_2 *qui l'encombre, ce qui a pour effet de produire une libération de la sympathine dont nous avons vu qu'elle agit sur le centre éjaculateur. L'accélération du rythme cardiaque a aussi pour effet de produire des décharges d'adrénaline, dont l'action, renforçant celle de la sympathine, rend l'orgasme incontrôlable.*

« Dans le fiasco, ces phénomènes sont accentués ; le sujet est submergé par l'angoisse qui produit une constriction thoracique, qui exagère anormalement la transpiration ; les mécanismes qui commandent la tumescence du pénis sont complètement bloqués.

« Pour que l'érection s'accomplisse sans entraves, les mécanismes qui mettent en jeu le nerf érecteur et les muscles striés doivent jouer librement, sans qu'interviennent, du moins dans une première phase, les facultés conscientes et l'imagination dont le danger est qu'elles se nourrissent de résurgences dépressives. Pour cela, il faut déconnecter le mental au profit de la congestion des organes génitaux, en même temps que rester détendu et libérer le jeu thoracique de toute entrave. C'est le rôle de la respiration contrôlée et de la relaxation psychosomatique. »

*
* *

4. Relaxation et troubles de la puissance sexuelle

Une sexualité normale constitue l'un des piliers sur lesquels repose l'équilibre de l'individu. Cet équilibre résulte de l'harmonie de divers facteurs dont voici l'énoncé :

Un état de santé satisfaisant qui interdit à la maladie d'amoindrir la fonction sexuelle.

Une grande abondance de forces viriles capables de se renouveler jusque dans l'âge extrême.

Une maîtrise de soi qui rend maître de l'acte sexuel et permet de faire dériver les forces explosives de la libido vers des objectifs bien définis dont la réalisation enrichit la personnalité.

Une sexualité qui s'exprime dans les limites du normal ou qui, en dehors de ce que tolère la morale conformiste, se libère des tabous de la perversion lorsque les tendances sont irréversibles.

Dans *Virilité et puissance sexuelle* dont ces données sont extraites, nous développons par le détail un autre aspect, complémentaire mais essentiel, de la maîtrise sexuelle chez l'homme : la science du comportement amoureux et viril, en précisant toutes les techniques qui y sont afférentes (2).

En ce qui nous intéresse ici, il nous faut retenir que la méthode d'initiation respiratoire que nous avons exposée apporte la possibilité du contrôle du respir au cours de l'acte sexuel et dans ses préambules, **ce qui empêche les mécanismes activateurs de déborder l'action inhibitrice du parasympathique.** La maîtrise de la détente neuromusculaire, en réduisant les tensions a minima, en opérant la déconnexion du mental, interdit, du moins dans un premier temps en attendant que l'acte se « mécanise » sous l'effet du parasympathique, aux réminiscences subconscientes d'envahir le conscient pour y développer l'émotivité du sympathique agissant. La conscience n'est autorisée qu'ensuite à intervenir, mais à ce moment elle s'équilibre avec la prédominance acétylcholinique, **pour maintenir par la pratique érotique l'intensité du désir,** permettant ainsi de prolonger le congrès aussi longtemps que les partenaires en décident.

L'autosuggestion en hypnose, et particulièrement la post-suggestion, sont **remarquablement efficaces** pour lever l'inhibition sexuelle ; nous l'avons conjuguée avec la technique de « *sex-control* » dans l'enregistrement de séquences en cassettes réalisant un recondi-

---

2. Voir aussi : *Techniques de l'acte sexuel* (épuisé).

tionnement adapté aux cas d'impuissance partielle ou totale. Nous recommandons, parallèlement à ce qui constitue une initiation à la maîtrise sexuelle, de suivre un traitement médical par touches nasales dont l'effet de rééquilibration sur le sympathique est remarquable ; mais, bien entendu, le médecin reste seul juge du traitement à instituer **qui varie selon les causes de l'impuissance,** l'âge du sujet, etc. ; ainsi, l'administration de testostérone, hormone mâle, peut apporter une impulsion initiale capable de renverser l'obstacle, généralement psychique, cause de l'inhibition.

5. L'accord du couple

C'est souvent l'homme qui est responsable de la mésentente sexuelle du couple, parfois par les impuissances que nous venons d'évoquer, mais aussi à cause d'une optique aberrante des rapports sexuels et des desiderata de la femme. C'est dans ce contexte que nous avons, dans un ouvrage consacré à l'éducation sexuelle de la femme, exposé la pratique exhaustive des rapprochements amoureux : *« L'érotisme introduit une nouvelle notion dans les relations du couple en modifiant profondément la psychologie sexuelle de chacun des éléments qui le forment. L'homme est débarrassé de l'assujettissement au coït exclusif, souvent quotidien, qui, quelles que soient ses capacités, le mène inéluctablement à la lassitude sexuelle, à un désir incompressible de changement de partenaire. Plus raffiné dans son comportement, il recherche avec avidité tous les moyens qui peuvent procurer davantage de joie sensuelle à la femme objet de son amour. C'est dans cette recherche que le couple peut trouver le renouvellement permanent de sa libido, en même temps que la quiétude dans l'assouvissement de ses désirs* (3). »

Cette conception implique **la participation active de la femme dans le coït** et suppose que, comme son partenaire, elle puisse dominer et diriger ses sensations sexuelles ; c'est lui apporter à la fois le moyen de vaincre la frigidité et la technique lui permettant d'éprouver des orgasmes successifs qui, selon le docteur Masters et Mrs. Johnson peuvent atteindre le nombre de 50 en un seul coït (4).

---

3. *L'Épanouissement sensuel de la femme* (en self-méthode).
4. *Les Mésententes sexuelles* (Robert Laffont).

Pour la femme, comme pour l'homme, la maîtrise sexuelle consiste en une prise de conscience des sensations cœnesthésiques particulières à son sexe, qui implique chez elle **le contrôle de ses muscles vaginaux et périvaginaux** et **l'apprentissage d'une détente concomitante,** que nous avons condensé dans un enregistrement destiné à apporter sa contribution au traitement de la frigidité.

Pour la femme comme pour l'homme, le sympathique agissant peut être le responsable des inhibitions qui, en ce qui concerne la partenaire sexuelle, se traduisent par l'indifférence relative et la frigidité ; c'est ce que nous avons souligné dans l'ouvrage précédemment cité : « *L'orthosympathique est sollicité par tous les sentiments négatifs paralysants tels que la crainte de la grossesse, celle de ne pouvoir parvenir à l'orgasme, et par toutes les inhibitions qui remontent à la surface de la conscience. C'est donc à sa déconnexion qu'il faut procéder pour laisser le champ libre au parasympathique vasodilatateur qui ouvre la voie à la congestion sexuelle qui entraîne chez l'homme l'érection du pénis et pour la femme l'épanouissement de son sexe dont les sécrétions lubrifiantes préparent l'admission de l'organe mâle. La déconnexion du sympathique agissant, dans les cas de frigidité ou d'incomplétude sexuelle, participe de la relaxation qui libère la femme de sa crispation généralisée ou circonscrite à son sexe (vaginisme), vectrice d'anxiété et d'angoisse.* »

Les mêmes disciplines, mais adaptées à sa fonction spécifique, assorties d'une gymnastique initiatrice des mouvements de basculement du bassin et de la prise de conscience cœnesthésiques, de post-suggestions de détente neuro-musculaires composent également à l'usage de la femme des enregistrements capables de lever ses inhibitions (5) ; ces enregistrements en cassette lui enseignent en outre la maîtrise de la respiration qui, dans une autre perspective, celle de la préparation à l'accouchement sans douleur, ne peut que lui être bénéfique (voir chapitre XIII).

Ainsi la relaxation psychosomatique, par ses incidences sur la vie conjugale, et plus particulièrement sur les rapports sexuels du couple, s'inscrit dans une éthique capable d'enrichir la vie affective des femmes et des hommes de notre temps et, par cela même, de consolider la cellule familiale menacée par des structures traditionnelles inadaptées à l'évolution des mœurs.

---

5. Méthode d'application professionnelle et self-méthode.

CHAPITRE XIII

Relaxation et accouchement sans douleur

1. La maîtrise intégrale du corps

La maîtrise intégrale du corps est le but que se propose la relaxation psychosomatique. Cette souveraineté de l'esprit sur la matière ne s'affirme pas en sa totalité en quelques semaines ; elle est le résultat d'une longue ascèse. Cependant, la rapidité avec laquelle des femmes étrangères à nos disciplines s'initient aux méthodes d'accouchement sans douleur témoigne de l'efficacité des principes que nous avons jusqu'ici exposés, qui y sont apparentés. Empruntons au docteur Vellay le descriptif des cours de préparation à l'accouchement sans douleur qui comporte neuf leçons : « *Le premier cours se situe vers le quatrième mois de la grossesse. Il a pour but d'expliquer à la femme ce que peut lui apporter la connaissance et la mettre en garde contre les dangers auxquels l'exposait jusqu'alors l'ignorance. Elle est instruite de son anatomie, de ses organes de reproduction, de la formation et de l'évolution de l'œuf, enfin de la vie du fœtus dans la cavité utérine. Les huit autres cours s'échelonnent sur les deux derniers mois de la grossesse.*

« *Six traitent de l'éducation neuro-musculaire avec exercices appropriés.*

« *Le huitième traite de la dynamique utérine au cours du travail (dilatation du col, expulsion de l'enfant). La neuvième rappelle schématiquement les mécanismes du cerveau.*

« *Un film vient clore cette préparation, en retrace les stades par l'image et apporte la preuve de ce que toute femme préparée peut espérer obtenir par l'application pratique de l'enseignement.* »

Ainsi les cours (huit sur neuf) **ne précèdent que de deux mois l'accouchement** ; il est juste de signaler que la femme doit répéter les exercices chez elle, si possible avec la collaboration de son mari.

Le docteur Vellay a publié de nombreuses relations de femmes ayant accouché sans douleur par la méthode psychoprophylactique, dont Lamaze se fit le propagateur en France après qu'il y fut initié à l'Institut Pavlov en Union soviétique. Nous reproduirons le récit que fait une primipare de son accouchement ; il nous paraît aussi convaincant qu'émouvant, il s'agit d'une femme de 22 ans : « *Vers 3 heures, j'eus une première contraction assez faible que je surmontai aisément grâce à la respiration lente. Cela se produisait toutes les 20 minutes environ puis à 6 heures les contractions devinrent plus fortes et plus fréquentes. La sage-femme m'examina alors, j'étais " à 2 francs "* (1). *Elle téléphona tout de suite à la préparatrice qui arriva vers 7 heures. Les contractions étaient alors très fortes et se produisaient toutes les 3 minutes. Je constatais avec quelle aisance la respiration haletante permettait de les surmonter. Entre chaque contraction nous plaisantions avec mon mari et Mlle G. J'arrivais ainsi " à grande paume " sans la moindre douleur. Le docteur arriva vers 8 h 25 et nous commençâmes l'expulsion 10 minutes après. J'avais une confiance absolue et n'avais aucune appréhension. Tout le monde était calme, détendu et nous parlions du tour de France. Dès qu'une contraction se manifestait, je poussais de toutes mes forces stimulée par les ordres du docteur. La contraction finie, la discussion reprenait — mon mari riait avec moi. Chaque contraction exigeait de plus en plus d'efforts, mais si la fatigue commençait à me gagner, je ne ressentais par contre aucune douleur. Je trouvais cela formidable et la pensée de voir bientôt apparaître mon enfant me faisait redoubler d'ardeur. Bientôt je vis apparaître les cheveux, puis le front, le nez, la bouche ; encore un dernier effort et je sentis le bras du bébé sur mon ventre. J'étais folle de joie. Le docteur sortit complètement l'enfant, le posa sur mon ventre — mon mari cria " c'est un garçon " et se mit à pleurer de joie... Aucune piqûre, aucune déchirure et une grande, très grande joie.* »

C'est aux alentours de 1950 que se déclencha une campagne de presse de grande envergure qui alerta l'opinion sur l'accouchement sans douleur. Depuis, les progrès en anesthésie l'ont, semble-t-il, relégué au second plan. Notre propos n'est pas de confronter des opinions diversement exprimées, mais d'examiner dans quelle mesure nos méthodes nous paraissent devoir apporter leur contribution non

---

1. En obstétrique, terminologie indiquant la dilatation du col de l'utérus.

seulement à l'accouchement sans douleur, mais **à la condition physique et morale de la femme pendant la période de gestation,** également à l'harmonie de la vie sexuelle qui précède la conception. C'est effectivement dès l'adolescence que la femme doit s'exercer à la maîtrise du corps, opérer **la prise de conscience de sa mission à la fois érotique et génitale.**

Pour nous, la préparation de la femme à l'accouchement sans douleur commence **avec la recherche de l'épanouissement de sa féminité et non vers le quatrième mois de la grossesse.** C'est que cette recherche implique pour la femme de savoir se détendre et d'apprendre à se servir activement de ses muscles intimes ; ces exercices renforcent les muscles du plancher pelvien, dont la tonicité et la faculté que la femme a de les contrôler au moment de l'accouchement sont si importantes. C'est ce que nous soulignions dans un précédent ouvrage où nous donnions tous les moyens, à d'autres fins, de les cultiver (2) : « *C'est en prenant conscience de ses muscles intimes que la femme conquiert la plénitude sensuelle. Personne ne lui enseignant l'anatomie de son sexe ni surtout celle de ses muscles qui le cernent, et à quoi ils peuvent servir, on conçoit qu'à part quelques femmes particulièrement douées ou le découvrant par hasard, peu d'entre elles savent faire intervenir leurs muscles au cours du coït. De le faire, bouleverse cependant les rapports sexuels, tant sur le plan physique que psychologique. Pour nous la guérison de la frigidité est davantage une question de gymnastique sexuelle que de traitement psychothérapique classique. C'est en réalité par le détour de la prise de conscience de son sexe que la femme inhibée peut le mieux se libérer de ses conflits qui tiennent le plus souvent de son attitude passive physique et mentale. L'éducation musculaire générale et localisée aux régions sexuelles ne peut que déboucher sur la plénitude de la sensation orgasmique. C'est pourquoi elle est si importante.* »

On ne peut s'empêcher de tracer un parallèle entre cette éducation et celle de la préparation à l'accouchement sans douleur : même recherche de la détente, du contrôle musculaire, de la réception des messages cœnesthésiques des organes génitaux. Nous n'insisterons pas sur l'utilité de cette éducation que nous avons minutieusement décrite dans l'ouvrage auquel nous avons emprunté cet extrait ; nul doute qu'elle ne s'inscrive dans les moyens qui permettent de mettre les organes sous la tutelle de l'esprit.

---

2. *Le Comportement sexuel de la femme* (épuisé).

2. Relaxation et gestation

Traiter des méthodes d'accouchement sans douleur par rapport à la relaxation invite à un effort de synthèse qui déborde singulièrement le domaine de l'obstétrique. Il ne s'agit plus alors de commencer la préparation de l'accouchement sans douleur quelques semaines seulement avant la naissance de l'enfant mais, déjà, d'apprendre à la fillette ce qu'est son corps, quelles sont ses fonctions et ses possibilités, de lui en enseigner la maîtrise. Logiquement, cette préparation devrait commencer très tôt, en classe primaire et au lycée, car ce n'est pas en quelques semaines qu'on assimile des notions précises d'anatomie, de physiologie et, surtout, qu'on se constitue une sangle abdominale parfaite. La respiration, la relaxation exigent également un certain nombre de séances éducatives pour être maîtrisées. C'est donc aux éducateurs, aux parents, qu'il appartient de préparer la jeune fille à son rôle de femme, afin qu'un jour elle aborde la maternité avec toutes les chances d'avoir une bonne gestation, un accouchement normalement indolore, **et de donner naissance à un bel enfant** (3). Cette optique pourrait modifier profondément la génétique et promouvoir une plus belle et plus robuste humanité, la femme se trouvant au moment de la conception dans la plénitude de l'épanouissement physique et de son équilibre nervo-endocrinien.

C'est à partir de cette conception que devraient pouvoir être mis en œuvre les moyens dont la femme disposerait de par des disciplines intégrées depuis longtemps dans son *modus vivendi*. Parmi celles-ci, **la respiration et la relaxation psychosomatique nous paraissent devoir occuper une place de choix** (4).

Ayant montré tous les aspects bénéfiques de l'oxygénation sur l'organisme, nous n'insisterons pas sur l'utilité de ces cures pendant la période de gestation ; elles permettent à la future maman, pendant neuf mois, de s'initier parfaitement aux techniques respiratoires et, par conséquent, d'assimiler la respiration haletante et le blocage, d'oxygéner son organisme et celui qu'elle porte en elle. C'est que l'oxygène véhiculé par le sang de la femme enceinte traverse le placenta et pénètre dans l'organisme du fœtus par les artères ombilicales ; le sang de celui-ci, chargé de produits toxiques, se confond par la circulation de retour avec celui de la mère dont les profondes expira-

---

3. Du même auteur : *Santé et beauté plastique de votre enfant* (épuisé).
4. Voir l'ouvrage de Thierry Loussouarn : *Transformez votre vie par la sophrologie* (Éditions Dangles).

tions, en rejetant l'anhydride carbonique, épurent son sang **et celui du petit être qu'elle porte.** Cette éducation respiratoire, dont le but est d'accroître la capacité pulmonaire de la jeune maman, n'est pas sans avoir d'heureuses incidences sur la croissance et la vitalité du fœtus. La mobilisation des muscles expirateurs renforce leur tonicité dont on sait qu'elle conditionne, pour une large part, la rapidité et la facilité de l'accouchement.

3. L'action mentale sur le fœtus

Si l'influence des disciplines physiques de la femme enceinte sur le fœtus n'est pas niable, il semble que les effets qu'elle peut exercer par son action mentale ne le sont pas moins.

Le magazine *Votre Santé* soulignait « *que les médecins admettent aujourd'hui que l'état moral et psychique d'une femme enceinte peut influer sur l'enfant qu'elle porte, et publiait un rapport du psychologue anglais, D.H. Scott, de l'université de Bristol, que je reproduis : " Dans un rapport sur le cas de 102 enfants arriérés, il déclare que 55 d'entre eux seulement doivent leur retard mental à des maladies de première enfance. Pour tous les autres, les causes étaient d'origine prénatale. Dans 24 cas, la mère avait été malade ; dans 38 cas, elle avait souffert de chocs moraux : deuils de proches, disputes graves avec le mari, abandon de celui-ci, rupture de promesse de mariage... quelquefois seulement ennuis de logement "* ». Le docteur Scott note qu'outre le retard mental, plusieurs de ces enfants présentent des tares physiologiques (pied bot, bec-de-lièvre, palais ouvert) qui ne semblent pas directement héréditaires, mais le choc a pu faire reparaître une tendance remontant à plusieurs générations.

Si l'action physiologique sur le fœtus par l'intermédiaire de la mère est rarement mise en doute, l'action psychique est généralement réfutée. Cependant, la littérature psychique abonde en faits qui ne laissent pas d'êtres troublants (5). Émanant d'hommes de science dignes de foi, ils tendraient à prouver **l'influence psychique de la mère sur l'enfant qu'elle porte en son sein** ; l'argumentation selon laquelle le fœtus n'est pas relié nerveusement n'a qu'une valeur relative et ne permet pas de rejeter *a priori* cette opinion qui, si elle était confirmée, ouvrirait d'intéressantes perspectives à l'action suggestive sur la femme enceinte. Nous pensons qu'on ne peut nier l'action télépsychi-

5. *La Magie de l'amour* (épuisé).

que ; dans ce cas, pourquoi le mental de la mère n'exercerait-il pas une influence sur le petit être si proche et si malléable ?

Quoi qu'il en soit, en l'absence d'observations suffisantes, nous nous trouvons dans l'impossibilité de déterminer si les suggestions sur la femme enceinte ont une réelle efficacité sur la croissance du fœtus, si elles peuvent retentir sur le physique de l'enfant et par conséquent sur son équilibre psychosomatique. Mais nous restons convaincus que nos méthodes sont susceptibles de forger un petit être plus beau et plus vigoureux, **ne serait-ce que par la confiance, la détente et la joie qu'elles apportent à la future mère.**

4. La cure morale de la femme enceinte

Les techniques d'anesthésie qui permettent de rendre l'accouchement indolore sont maintenant bien au point et il semble que l'enfant ne souffre pas des composants des produits utilisés à doses moins massives qu'autrefois et perfectionnés dans leurs formules. Mais de nombreux arguments plaident en faveur de l'accouchement naturel, consciemment contrôlé et sans douleur. **L'accouchement sans douleur, lorsqu'il est maîtrisé, constitue pour la femme un acte exhaustif,** c'est un dépassement de soi. Si nous sommes d'accord avec Élisabeth Parker quand elle écrit : « *La vie et la procréation sont des expériences merveilleuses et mystérieuses qu'il ne faut jamais essayer de réduire à une expérience physique* », nous ne la suivons plus quand elle déclare : « *Parmi les femmes qui choisissent l'accouchement sans douleur, il en est qui iront presque nécessairement vers un échec parce qu'elles souffrent d'un déséquilibre psychique... On se demande même si certaines femmes qui, apparemment, ont réussi leur accouchement sans douleur, n'ont pas échoué en réalité, tant elles sont ridiculement fières de leurs performances. Cet égotisme qui se double d'un sentiment de supériorité, peut être difficile à supporter pour leur entourage, pour l'enfant surtout.* » Dans un rapport consigné par le docteur Vellay, une autre femme, médecin, ayant accouché sans douleur semble balayer les doutes du docteur Parker, elle conclut : « *Il est impossible de ne pas reconnaître les bienfaits de l'accouchement sans douleur sur le psychisme de la femme.*

a) Avant l'accouchement : *par un climat de confiance, d'attente heureuse, suppression de l'angoisse, de la hantise de l'accouchement.*

b) Pendant l'accouchement : *celui-ci n'est plus un acte humiliant qu'elle subit en hurlant ; en être évolué elle agit, elle aide son* *enfant à venir au monde. De plus par la suppression de la douleur et de l'épuisement, sa joie sera plus entière au moment de la naissance de son enfant, et cela sans qu'elle ait l'impression pénible d'avoir eu à la payer chèrement.*

« Sans inconvénient aucun, la méthode psychoprophylactique apporte donc, en plus de la suppression de la douleur, facteur primordial, toute une gamme d'avantages indiscutables pour la mère et l'enfant. Et pour finir ce rapport, il me reste à souhaiter tant en femme qu'en médecin que le trop fameux " tu enfanteras dans la douleur " ne soit plus qu'un souvenir dans quelques années. Il me semble en effet inadmissible maintenant — à moins d'être une très grande originale ou une masochiste — qu'une femme puisse encore vouloir " accoucher " avec " douleurs ". »

Des échecs il y en a, comme en tous domaines, mais leur nombre est dérisoire ; ils tiennent généralement à des facteurs extrinsèques à la méthode. Les femmes qui échouent, le plus souvent partiellement la douleur étant fortement diminuée, ont le désir de renouveler l'expérience à leur grossesse suivante. En réalité, la femme qui accouche sans douleur **remporte une grande victoire sur elle-même** qui la libère de complexes d'infériorité qui, autrement, ne peuvent qu'être renforcés par le sentiment de son impuissance et de son incapacité à surmonter la douleur par le contrôle de soi. On ne peut raisonnablement mettre en balance les inconvénients et les avantages, ces derniers l'emportant trop largement. Il nous apparaît cependant que les difficultés rencontrées dans l'application des méthodes d'accouchement sans douleur pourraient être écartées si une autre conception de la maîtrise du corps chez la femme prévalait.

Ne semble-t-il pas aberrant qu'il faille qu'une femme ne doive conquérir cette faculté qu'à la faveur de son accouchement ? Il est des circonstances où la femme isolée ou mal informée n'apprend cette possibilité d'accoucher sans douleur que dans les semaines qui précèdent la venue au monde de l'enfant et alors se justifie cette formation tardive au contrôle de son corps. La propagande reposant sur le cours s'étageant sur neuf séances nous semble, hélas, écarter de cette maîtrise les femmes, les plus nombreuses, qui ne sont pas enceintes, puisqu'on n'alerte que celles qui le sont, et encore, **seulement à partir du quatrième mois !**

L'accouchement sans douleur — réussi — ne devrait-il pas être le satisfecit de disciplines depuis longtemps maîtrisées pouvant s'appliquer à toutes les circonstances de la vie ? En dehors de la facilité avec laquelle la femme assimilerait la méthode psychoprophylactique, elle serait depuis longtemps rompue aux exercices préparatoires dont elle aurait, elle et son enfant en formation, bénéficié.

C'est dans cette perspective que nous avons conçu des techniques préambulaires débouchant sur l'accouchement sans douleur quand se présente cette période — la plus importante — de la vie d'une femme : **la maternité.**

5. L'initiation préalable à l'accouchement sans douleur

Nous ne considérons ici que le cas de la femme dont l'acte procréateur a eu lieu en pleine connaissance du désir d'avoir un enfant et de celle qui se trouve enceinte. C'est donc sur un minimum de sept mois que les disciplines seront appliquées. Deux ou quatre mois précèdent donc la première séance du cours d'accouchement sans douleur, mais entre celle-ci et la deuxième séance, il s'écoule encore cinq mois pendant lesquels la femme ne subit pas une préparation active, puisqu'elle **ne débute réellement que deux mois avant l'accouchement.**

Nous savons que la méthode de relaxation psychosomatique demande de six à huit semaines pour être maîtrisée à raison de deux séances par semaine. Elle initie la femme enceinte à la respiration, accroît sa capacité pulmonaire, lui apprend à contrôler strictement les temps d'inspir et d'expir, à bloquer sa respiration, enfin, à contracter énergiquement ses muscles expirateurs. En réalité, dans les métropoles où l'air est pollué, on peut s'étonner que des séances d'oxygénation ne soient pas recommandées à la femme enceinte pendant toute la durée de la gestation ; elles devraient être non seulement indiquées par le médecin, mais remboursées par la Sécurité sociale. Ces cures d'oxygénation intégrées aux séances de la relaxation doivent bien entendu être conduites dans les principes que nous avons précédemment exposés, c'est-à-dire en utilisant toute la surface pulmonaire **et en se gardant d'employer le masque incompatible avec l'état des femmes enceintes** et dont l'une d'elles disait : « *Mais la sensation inhabituelle du masque enfermant la bouche et le nez suscite l'idée que je ne sais plus — ou que je ne peux plus respirer convenablement* (6). »

La cure de relaxation psychosomatique appliquée par les relaxologues en de nombreux centres **est une excellente introduction aux méthodes d'accouchement sans douleur** dont elle facilite l'application. Cependant, à l'intention de nos relaxologues, nous avons établi

---

6. *Témoignages sur l'accouchement sans douleur,* Dr Vellay (Le Seuil).

des séquences qui marquent une étape entre la maîtrise de nos disciplines et l'enseignement de la méthode d'accouchement sans douleur donné par le médecin et ses assistants dans les cliniques spécialisées. Ces séquences concernent **le renforcement du tonus moral** chez la future parturiente, **son conditionnement psychologique** par rapport à la gestation ; elles tendent également à agir par suggestion sur le fœtus par **l'imprégnation du subconscient** de la femme enceinte, puis, **par post-suggestion,** à faire jouer pendant l'accouchement les mécanismes qui facilitent les « contractions » et résolvent les crispations qui entraînent des manifestations douloureuses.

Les suggestions sont enregistrées sur un fond musical, toujours le même, dont la répétition intentionnelle a pour objectif la création de réflexes conditionnels de détente et de mise en condition pendant l'accouchement ; il est composé de variations sur un thème classique euphorisant évocateur de la joie rayonnante qui est celle de la jeune maman. Cet enregistrement est tenu à la disposition des cliniques d'accouchement équipées en sonorisation ; le rappel que produit sur la parturiente ce motif musical fait pleinement jouer les mécanismes réflexes qui se sont développés pendant tout le cours de l'éducation préalable.

Trois séquences d'une durée de 30 minutes complétant la méthode de relaxation psychosomatique sont consacrées à l'initiation préalable, aux méthodes d'accouchement sans douleur ; elles sont valables pour les diverses techniques dont on sait qu'elles sont variables selon les écoles, mais dont les buts sont identiques. Elles se définissent comme suit :

Première séquence : respiration dans l'accouchement sans douleur ; initiation progressive.

Deuxième séquence : contrôle musculaire périnéal et abdominal.

Troisième séquence : suggestion et post-suggestion obstétricale. Ainsi la future parturiente a la faculté pendant la période de gestation de se rendre dans des centres où elle trouve non seulement des applications d'oxygénation dirigée, l'initiation préalable aux méthodes d'accouchement sans douleur, mais encore des traitements massothérapiques, hydrothérapiques, électrothérapiques dont on s'étonne que renforçant le tonus musculaire sans requérir d'efforts incompatibles ils n'aient pas été utilisés pour les soins de la femme en gestation ; souvent les futures mamans fréquentent ces centres bien avant leur grossesse pour y entretenir leur ligne ; elles ne feront qu'enchaîner sur des pratiques plus spécialisées. Entre ces séances, elles pourront, chez elles, renforcer les automatismes relaxionnels à l'aide de l'entraînement préconisé ; il ne comporte, aux dires des médecins auxquels nous l'avons soumis, aucune contre-indication.

6. L'accouchement sans douleur

Dans aucune clinique d'accouchement, et c'est très regrettable, on ne trouve réunis les moyens physiothérapiques et esthétiques mis à la disposition de la femme enceinte dans nos centres de « Relaxation psychosomatique » où elle trouve **des techniques personnalisées.** On ne peut nier qu'elles soient extrêmement favorables à son équilibre physiologique et psycho-affectif pendant toute la durée de la gestation ; par exemple, l'esthétique des seins, du ventre, des jambes, les soins du visage et de la chevelure ne peuvent que relever son tonus moral **au moment où sa beauté se trouve la plus menacée.** Nous avons la conviction que dans un avenir proche, des instituts se spécialisant dans les soins que nous venons de décrire seront réservés à la femme enceinte.

Mais, rappelons-le, il ne s'agit que d'une étape **préparant l'accès aux méthodes médicales d'accouchement sans douleur.** Parallèlement, dans les mois précédant la grossesse, la femme doit prendre contact avec l'équipe qui se donne pour tâche sa préparation à l'accouchement sans douleur qui comporte neuf cours. Ainsi que le précise Pierre Vellay : « *Entre les femmes et les membres de l'équipe vont s'établir des liens affectifs solides, dépassant singulièrement la simple relation didactique de professeur à élève.* » Et c'est cela qui est important ; la femme ne se sent plus isolée, livrée à ses seuls moyens « *face aux mécanismes profonds affectifs de la peur* », mais constamment soutenue dans la recherche de la réussite de cette passionnante expérience qu'est l'accouchement sans douleur, par l'équipe (accoucheur, sage-femme, assistantes) à laquelle elle se trouve intégrée ; elle recueillera finalement en dehors de l'élimination de la douleur et **de la joie indicible de se voir mettre son enfant au monde,** d'immenses avantages...

Les conséquences de l'accouchement sans douleur sont incalculables. L'intérêt psychologique est indéniable ; il se peut que l'accouchement dans les douleurs crée certaines barrières entre la mère et l'enfant qui s'élèveraient dans les profondeurs du subconscient. D'autre part, la femme qui a accouché sans douleur remporte une **grande victoire sur elle-même** qui peut la libérer de complexes d'infériorités qui tiendraient à son désarroi, si elle considérait son accouchement comme une épreuve ou la rançon du plaisir. L'accouchement sans douleur, surtout quand le mari a participé à l'opération, resserre les liens qui unissent les procréateurs. Notre conception d'une préparation tendant à établir les conditions les plus favorables à la conception, puis à commencer très tôt les exercices que doit faire la future maman, rapproche encore le couple par une communauté de pensées. Sur le plan physiologique, l'accouchement sans douleur évite le recours à l'anesthésie dont l'enfant peut pâtir ; on a remarqué que les enfants qui naissent ainsi sont moins nerveux que les autres. La maman aussi acquiert, par le contrôle auquel elle s'est entraînée, plus de calme et de maîtrise d'elle-même ; l'apprentissage de la relaxation lui permet de se détendre nerveusement avec instantanéité dans toutes les circonstances de la vie et de récupérer ses énergies dans les semaines qui suivent la mise au monde de sa progéniture. On conçoit ce que cela comporte d'intérêt pour la quiétude d'un foyer où plusieurs autres enfants apportent sans cesse des motifs d'énervement.

Enfin, sur le plan de la religion, l'Église n'a-t-elle pas donné son accord pour une discipline qui élève l'être humain au lieu de le ravaler au rang de l'animal ? Sa sainteté Pie XII a consacré en ces termes la validité de l'accouchement sans douleur : « *Ainsi vue et comprise, la méthode est une ascèse naturelle qui garde la mère de la superficialité et de la légèreté ; elle influence positivement sa personnalité jusqu'à l'heure si importante de l'enfantement, elle manifeste la fermeté et la solidité de son caractère.* »

CHAPITRE XIV

La relaxation en esthétique

A la suite des observations que nous avions faites, tout en respectant les données de nos méthodes, nous les avons réadaptées aux besoins fondamentaux du domaine de l'application esthétique. Cela nous a permis d'y introduire de nouveaux concepts qui en élargissent l'audience en ce secteur professionnel. Loin de réduire le champ des applications, nous allons voir que cette récente formulation nous a permis de mettre à la disposition des esthéticiennes des éléments encore plus spécifiques des différentes modalités de leur art.

La résonance somato-psychique des soins esthétiques ne nous paraît pas avoir retenu suffisamment l'attention des non-spécialistes et il semble que, malgré les efforts des groupements professionnels de l'esthétique et le combat que mène une revue remarquablement documentée (1), hormis un petit nombre de médecins qui se sont intéressés à ces problèmes, **la plupart des thérapeutes ignorent le parti qu'on peut retirer des soins esthétiques** dont les effets psychosomatiques sont remarquables. Quel profane en la matière n'a pas remarqué la transfiguration de la femme qui sort de chez le coiffeur ou qui vient de se faire soigner le visage et maquiller à l'Institut de beauté ? Auparavant mélancolique, abattue, l'attitude maussade, la voilà qui sort, sûre de sa certitude de plaire, la démarche altière, le sourire aux lèvres. **C'est une autre femme** (2).

---

1. *Les Nouvelles esthétiques,* directeur Piérantoni.
2. Voir, du même auteur : *L'Esthétique corporelle* (Éditions Dangles).

1. Le reconditionnement psychophysique

Les chirurgiens en esthétique savent à quel point une disgrâce physique peut altérer le moral, être la genèse de névroses et même de graves affections psychotiques, quand ses racines plongent dans des complexes issus de la vie infantile ou sont réactivés dans l'adolescence. L'intervention qui consiste à refaire un profil (3), celle qui remodèle une poitrine insuffisante ou débonnaire, chez l'homme, l'implantation de cheveux qui supprime une calvitie frontale, sont autant de moyens qui peuvent restructurer du jour au lendemain un psychisme profondément perturbé. **Il est des cas où le chirurgien esthétique ou l'esthéticienne se montrent plus efficaces que le psychanalyste.** Que peut ce dernier quand l'angoisse est issue d'une situation affective ou sexuelle où la dramatisation tient au physique ?

Nous avons connu une jeune femme au visage et au corps magnifiques. Hélas, un nez très busqué et proéminent la déparait réellement ! Cette disgrâce l'avait infériorisée à un point que tout son comportement gravitait autour de ce qui était devenu chez elle une obsession ; elle faisait de l'hypocondrie, se refusait à fréquenter les amis de son mari, à sortir... l'accord conjugal s'en trouvait menacé. La perfection du corps n'arrivait pas à contrebalancer l'influence de cette disgrâce. Cette femme retrouva la joie de vivre du jour au lendemain quand elle eut suffisamment économisé pour pouvoir se faire rectifier le nez ; son visage était devenu d'une perfection rare. Fort heureusement aujourd'hui, par leur démocratisation, ces interventions sont à la portée de toutes les femmes, **même de celles qui ont un budget très modeste.** Combien de femmes avons-nous eues en culture physique qui se trouvaient au seuil du désespoir, car plus jeunes que leur mari et qui, ayant 10-15 kg d'excédent de poids corporel, craignaient qu'il ne se détache ; leur ligne retrouvée, leur angoisse de grossir disparue, elles se retrouvaient métamorphosées au physique comme au moral.

Le « peeling chimique » maintenant parfaitement sans danger, réalisé en clinique par le médecin redonne au visage 10 à 15 ans de jeunesse ; pour la femme comme pour l'homme, c'est le moyen de prolonger d'autant l'attrait d'un visage qui commençait à se flétrir.

Une femme que tourmente le difficile passage de la ménopause, se retrouvant quinze années en arrière, ne pensera plus qu'aux avantages de l'expérience et de la sécurité ; elle connaîtra une seconde vie

---

3. *Profiloplastie* (Dr P. Fournier).

sexuelle dans une plénitude sensuelle qu'elle ignorait auparavant, tant cette période peut être un renouveau (4).

Sous l'initiative de ses responsables, les soins esthétiques se sont extrapolés aux cliniques psychiatriques, aux maisons de retraite des vieillards. Les résultats obtenus sont très encourageants ; le moral comme l'équilibre psychique, bénéficie énormément de l'action somato-psychique qu'exercent ces soins adaptés aux malades mentaux et aux personnes âgées ; des observations très intéressantes que nous regrettons de ne pouvoir reproduire, fautc de place, on été faites (5). Nul doute que l'association des soins esthétiques avec la cure psychique de reconditionnement esthétique ne puisse donner des résultats encore supérieurs à ceux déjà observés.

2. La promotion de l'esthéticienne

Le concept archaïque de l'esthéticienne qui limitait son rôle au maquillage, a maintenant disparu. Autrefois, les soins du visage n'étaient que rudimentaires. On tablait sur l'apparence, sans bien discerner les interrelations de la santé et de la beauté du teint. Le perfectionnement de l'appareillage et les progrès accomplis en cosmétologie, une formation de plus en plus poussée de l'esthéticienne ont placé la science esthétique au niveau des techniques les plus avancées de notre temps. De ce progrès sont issues de nouvelles conceptions auxquelles nous sommes heureux d'avoir apporté notre modeste contribution.

L'institut de beauté tend vers de nouvelles formulations qui rejoignent la psychosomatique en ce sens qu'elles ne considèrent pas seulement le visage, mais la femme comme entité, dans son être psychique, permanent dans tout son corps. A partir de cette optique, l'esthétique devait s'infléchir vers les soins du corps et l'approche psychologique. Car comment ne pas recevoir le langage du corps pour une esthéticienne, comme pour un kinésithérapeute, quand on le manipule ? Si bien qu'autour de la cellule initiale, le fauteuil d'esthétique (6), se sont constituées d'autres cellules qui sont au moins aussi importantes.

Le kinésithérapeute collabore au sein des instituts dans l'indépendance de son service mais en liaison étroite avec l'esthéticienne, ce

---

4. *Le Comportement sexuel de la femme* (épuisé).

5. *Les Nouvelles esthétiques.*

6. Voir l'ouvrage de Georges Faure : *Les Relaxations sensorielles* (Éditions Dangles).

qui permet de résoudre des problèmes qui ne le seraient autrement que partiellement ; les soins des seins peuvent être associés avec l'expansion thoracique confiée au kinésithérapeute ; un traitement esthétique peut se montrer inopérant par suite de la compression d'un nerf résultant d'une hernie discale qui sera de la compétence de ce spécialiste. En amaigrissement, la cure de bronzage renforcera les effets du massage cellulitique. Nous pourrions multiplier les exemples de l'intérêt de cette collaboration qui a parfois ses prolongements dans la vie privée (mariage d'une esthéticienne avec un éducateur physique ou un kinésithérapeute).

Le médecin, sous certaines réserves, est habilité à consulter au sein des établissements non médicaux ; le contrôle médical se trouve ainsi établi pour des applications qui se font sous l'éclairage des moyens thérapeutiques ; une tension élevée peut inciter en amaigrissement à interdire un procédé de sudation agressif au profit du massage ou de l'exercice passif électrogène ; le médecin mieux informé des ressources de ce qu'on pourrait intituler *la physiothérapie esthétique,* **saura aussi mieux sélectionner les traitements pour une adaptation spécifique aux cas considérés.**

La sudation provoquée a pris un grand essor dans le domaine esthétique, en même temps que s'y développaient les applications hydrothérapiques : sauna finlandais réservé aux sujets en bonne condition, sudation individuelle mieux adaptée, plus supportable en position de relaxation, enveloppements sous infrarouges, paraffine surtout efficace pour les applications locales. Les bains bouillonnants, les douches hygiéniques aux jets plus ou moins appuyés complètent remarquablement les effets de la sudation. Le bain de mousse, où le corps transpire sans fatigue sous la couche hermétique, est une excellente spécialité de l'esthétique.

Les ressources de l'esthétique sont maintenant extrêmement nombreuses et nous ne pouvons toutes les énoncer. Il en est cependant qui exercent des effets psychologiques que nous ne voudrions pas passer sous silence. En marge des soins du corps (seins, taille, hanches), en particulier pour la femme dont ce sont les points faibles, le courant rectangulaire appliqué par l'esthéticienne lui permet de modeler le corps par régions ; mais en surplus, avec le même appareillage, elle a la faculté de procéder auprès de sa patiente à ce que nous intitulerons « *la gymnastique du bonheur* », ou psycho-chronaxie qui permet la mise en œuvre systématique des muscles du visage qui participent de l'expression euphorique. On conçoit que cette possibilité doive préférentiellement être utilisée par l'esthéticienne dont le postulat est de soigner le visage. Mais là nous laisserons la parole au spécialiste qu'est Georges Bouffange (7).

3. L'électricité en milieu esthétique

« Les conseils et les modalités d'application des courants électriques, de basse fréquence, trouvent leur pratique en traitements de la face et du cou.

On conservera toujours les mêmes formes de courant rectangulaire ou progressif, mais d'un temps de passage plus court, de l'ordre de cinquante mille secondes (50/1 000) (voir chap. IX, § 7).

Chacun de nous possède une mimique qui lui est propre pour réaliser les expressions de la vie courante. La mimique du sourire par exemple n'est pas effectuée de la même façon par les uns et par les autres, ce qui peut aller d'un léger frémissement unilatéral des muscles releveurs de la lèvre et de l'aile du nez en passant par la contraction des deux zygomatiques et du risorius jusqu'au sourire dit « franc », et entraîner la mise en action de tous les muscles de la face. Il en est de même pour toutes les expressions de tristesse, d'étonnement ou de joie.

Rien d'étonnant qu'en réalisant très incomplètement nos expressions, une partie de notre musculature présente une atrophie certaine. On se trouve alors devant une « fonte » musculaire semblable à celle que l'on constate en déplâtrant un membre longuement immobilisé. Et si l'on considère que ce travail incomplet date de plusieurs dizaines d'années, on se rendra compte facilement de l'état de nos « faciaux » qui sont l'armature de notre visage.

Si les muscles peauciers, constituant un précaire soutien, manquent de tonus, le tissu de recouvrement, en l'occurrence la peau, s'affaissera progressivement mais toujours d'une façon asymétrique prédominant au niveau de la projection cutanée du ou des muscles incriminés.

Nous préconisons une méthode de « réhabilitation » couramment utilisée en pathologie nerveuse, en l'adaptant au territoire neuro-musculaire de la face. L'innocuité de cette méthode, la constance des résultats nous font penser qu'elle doit être appliquée systématiquement de préférence à toutes les autres.

---

7. Déjà cité.

Permettez-nous un bref rappel anatomique du nerf facial ou septième paire. Son noyau est situé dans la protubérance au voisinage du noyau du moteur oculaire externe. Le nerf soŕt de la fossette latérale du bulbe pour pénétrer dans le conduit auditif interne. Il parcourt l'acqueduc de Fallope et se divise à l'émergeance du trou stylo-mastoïdien en deux branches temporo — et cervico — faciale. La branche temporo-faciale se distribue au muscle auriculaire antérieur, aux muscles de la face externe du pavillon, au frontal sourcillier pyramidal, orbiculaire des paupières. Une subdivision innerve les deux zygomatiques, l'éleveur de l'aile du nez et du dilatateur des narines, ainsi que le myrtiforme et la moitié supérieure de l'orbiculaire des lèvres. La branche cervico-faciale innerve le risorius, le buccinateur, la moitié inférieure de l'orbiculaire des lèvres, la houppe du menton et le peaucier du cou.

Ainsi, nous le voyons, le nerf facial est le nerf de la mimique et de l'expression ; seul le releveur de la paupière ne dépend pas du nerf facial : il est innervé par le nerf oculo-moteur.

Pour bien pratiquer une rééducation des nerfs de la face, il faut d'abord faire un « resting », ce qui n'est pas toujours facile car les mouvements de la face sont synergiques et présentent une mimique globale.

Jusqu'à présent, en appliquant des stimulations électriques, faradiques, galvano-faradiques ou interférentielles, on obtenait la contraction des principaux groupes musculaires de la face, à savoir :

— Groupe de la région orbito-frontale.
— Groupe de la région nasale.
— Groupe de la région labiale et péri-labiale.

Mais ce travail musculaire qui jusqu'à ce jour, pratiqué dans les cabinets d'esthétique, occasionnait d'innombrables « grimaces », tonifiait la musculature saine au détriment de la musculature « fondue ».

Nous avons voulu aller plus loin dans cette récupération des muscles de musculature non pathologique, *mais en voie de fonte.* Un appareil a été réalisé qui permet la réhabilitation musculaire en tenant compte de l'état de détérioration de la musculature : en fonction tout d'abord de sa rhéobase (quantité d'électricité nécessaire pour obtenir une faible contraction) et de sa chronaxie (temps de passage minimum pour obtenir une contraction en partant d'une double rhéobase). Ses formes de courants très particuliers permettent la mise en traitement de *chaque* muscle de la face de façon sélective sans déclencher la contraction des muscles dits « sains » par opposition à la musculature fondue.

Les mêmes précautions que celles recommandées au chapitre concernant l'application de ces courants aux cellulites et surcharges graisseuses doivent être observées dans le traitement du visage.

En apportant au sujet un moyen de prendre conscience de l'existence de sa musculature, on lui redonne une certaine « joie de vivre » en présentant ainsi à son entourage un visage rajeuni et mobile.

4. La cure psychique de reconditionnement esthétique

Nous avons jusqu'ici souligné les effets somato-psychiques des procédés de l'esthétique du visage et du corps ; cette action s'exerce des téguments, c'est-à-dire de la surface du corps en direction du complexe psychique et moral, ce dernier terme pris dans l'acception du climat, qu'elle est susceptible de modifier dans le sens de la rééquilibration et du réconfort. En ce sens l'institut de beauté dans sa nouvelle formulation est, au milieu de l'agitation des grands centres urbains, **une oasis de détente.** C'est dans ce contexte que s'inscrit **la cure psychique de reconditionnement esthétique** ; elle affirme les interrelations du corps et de l'esprit et, par cela même, renforce et consolide les résultats obtenus par les procédés externes. Il s'opère ainsi un double courant entre ce qui est l'expression matérielle, visible et préhensible de notre être : le corps, et nos instances psychiques, notre structure mentale et le composé caractériel. Mais en agissant sur ces derniers, nous modèlerons notre visage et notre corps aussi bien que nous avons modifié notre psychisme par le truchement du physique.

Nous ne ferons que résumer les données essentielles de la cure psychique que nous avons adaptée au domaine de l'esthétique. Cette cure repose sur les principes exposés tout au long de cet ouvrage, mais dans l'actuel postulat elle est élaborée dans la seule perspective esthétique. Si nous débordons en un autre domaine, c'est qu'au sein de l'institut peut fonctionner un service paramédical dirigé par un spécialiste qualifié.

5. Aspect psychique des soins

Précédant les soins esthétiques, un enregistrement permet à l'esthéticienne de conditionner la femme qui, arrivant crispée à l'insti-

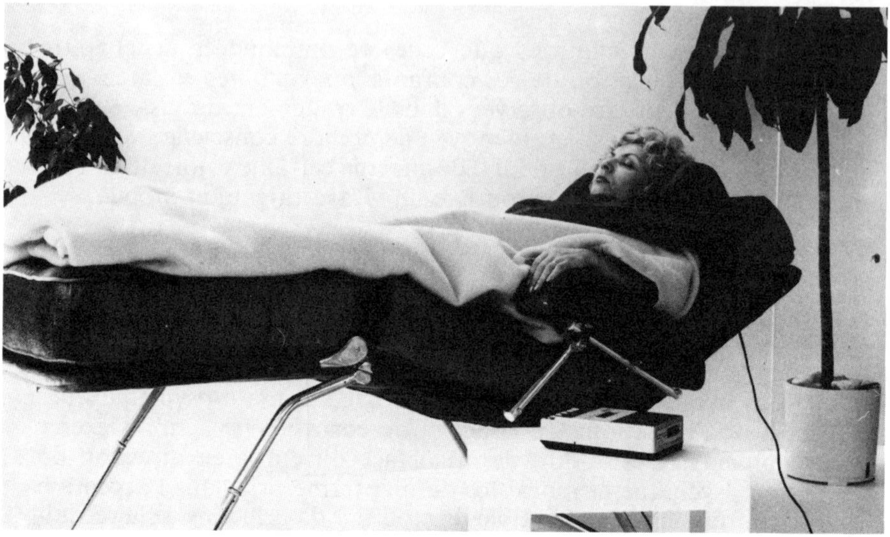

La relaxation psychosomatique et le reconditionnement psychophagique sont appliqués en Psycho-Center et en instituts d'esthétique, sous la direction de professionnels qualifiés.
Ici, fauteuil de relaxation avec appui-nuque et bas-parleurs incorporés reliés au lecteur de cassette.
(Photo prise à l'institut Ingrid Millet).

tut, « étant sur les nerfs », ne bénéficie pas pleinement des soins qui lui sont prodigués ; le même enregistrement facilite « la rotation » de la clientèle ; il donne la possibilité tout en détendant la cliente, de ne pas la faire attendre quand les rendez-vous sont décalés. Il s'agit de **courtes séquences de 15 minutes** portant sur la détente et l'euphorie, ainsi que sur des post-suggestions de persévérance dans les soins effectués et l'attitude mentale à observer par rapport aux effets recherchés. **L'enregistrement « post-sudation » est utilisé après les soins** lorsqu'ils comportent la sudation.

a) Détente euphorisante

D'une durée de 28 minutes, l'enregistrement est conçu en fonction d'une action psychique destinée à obtenir une détente musculaire et morale dans la perspective d'une action hautement euphorisante dont les prolongements dans la vie active sont obtenus par post-suggestions. Ce reconditionnement a lieu avant ou après les soins, selon leur nature ; la séquence de détente euphorisante peut s'intercaler avec d'autres séquences, elle ne peut qu'en renforcer les effets.

b) Reconditionnement psychophagique

Il ne s'agit pas d'un régime mais de séquences destinées à réguler le comportement de la femme par rapport à l'alimentation journalière, à ses erreurs alimentaires, à son hyperphagie ; associée aux soins du corps, ces séquences (2 fois 30 minutes) font perdre à la femme le poids en excès **sans qu'elle ait à suivre un régime** ; il ne peut y avoir de régime là où il n'y a pas privation.

c) Conditionnement pré-natal et post-natal

Nous n'insisterons pas sur ces séquences, les principes en étant exposés par ailleurs, qui concernent la femme au cours des six premiers mois de la grossesse et son reconditionnement psychophysique après la naissance de son enfant. L'institut de beauté nous semble mériter le terme de **haut lieu de préparation à la maternité.**

d) Psycho-rajeunissement et chirurgie esthétique

Une séquence qui peut être alternée avec les premières séquences décrites est consacrée à la prolongation de la jeunesse et au rajeunissement. **Elle adapte la femme à l'évolution naturelle de la ménopause,** renforçant psychologiquement les traitements médicaux, hormonaux ou autres de cette période quelquefois difficile de la vie féminine, et au troisième âge dans une perspective rajeunissante.

6. Relaxation et soins capillaires

L'intérêt que nous avons montré pour les techniques de soins capillaires et la possibilité de les associer à la relaxation se justifie largement par les interrelations qu'on peut relever dans les effets à distance des soins du cheveu et ceux non moins évidents de la détente nerveuse sur la santé capillaire. Il était exclu d'envisager une quelconque élaboration d'une technique spécialisée à l'intention des étheirologues, biosthéticiens et autres capilliculteurs dans le cadre de la relaxation médicale ou de toute autre méthode autoconcentrative ; la présence indispensable du praticien pendant toute la durée du traitement est incompatible avec celle du spécialiste en soins capillaires et d'autre part, si ce dernier est formé pour l'enseignement de techniques relaxantes, il se trouve dans l'impossibilité de les appliquer par suite de ses occupations : brossage, application de produits, etc.

Les principes et la technologie de la relaxation psychosomatique devraient permettre une adaptation dans un domaine en pleine expansion.

Il ne s'agit pas d'envisager de faire des cures de relaxation dans un salon de coiffure où l'ambiance ne s'y prête aucunement ; **elles ne peuvent être envisagées au sein de ces exploitations que dans un service spécialisé,** ou **intégrées aux soins esthétiques** dans une cabine spécialement aménagée selon les directives que nous avons précédemment données ; l'esthéticienne-relaxologue collabore avec le coiffeur spécialisé, elle est autonome, comme l'est le kinésithérapeute dans l'institut de culture physique.

Le plus souvent, l'espace étant limité, il y a impossibilité de créer un service couplé avec la cabine de soins capillaires ; la cure de relaxation proprement dite est exclue. Cependant, nos techniques ont permis de promouvoir une autre forme d'application, plus accessible et ne nécessitant pas de connaissance particulière : elle participe d'une synthèse élaborée entre un spécialiste de soins capillaires (8) et moi-même.

Précisons que dans les petites surfaces deux cabines bien aménagées permettent une rotation pour des traitements permanents où peuvent alterner soins capillaires et relaxation sans que cette dernière empiète aucunement sur le temps total habituellement réservé aux soins des cheveux ; à partir de cette conception idéale, la création d'instituts spécialisés beaucoup plus importants peut être envisagée. Mais, même avec une seule cabine de soins, l'application que nous définissons reste extrêmement valable.

Il sortirait du cadre que nous nous sommes fixé de traiter des soins capillaires dont les techniques varient selon les écoles. Mais nous avions remarqué qu'ils ont un point commun en une certaine phase du traitement : c'est le temps consacré à la pénétration du produit traitant (à base de plantes en étheirologie). D'une durée de 20 minutes, temps minimum nécessaire, il laisse trop souvent la personne immobile et dans une situation incommode, la tête renversée interdisant une lecture facile. **C'est ce temps de pose que nous avons**

8. René Furterer : créateur de l'étheirologie.

songé à utiliser pour une action psychologique qui viendrait renforcer les effets physiques et hygiéniques des soins. C'était innover, apporter la notion du *traitement capillaire psychosomatique* dont nous allons montrer les principes d'application.

7. Le traitement capillaire psychosomatique

Le système d'écoute que nous utilisons étant amovible **se fixe sur tous les sièges de soins.** Dans les soins des cheveux, la personne doit pouvoir être assise pendant la première phase du traitement, lavage ou brossage par exemple, puis au cours de la phase finale ; il est donc nécessaire que le siège puisse facilement prendre, en cours de soins, la position de relaxation et revenir à sa disposition première. Le confort du corps est une condition essentielle de la détente et contribue largement à l'efficacité du traitement. Si le sujet reste assis dans une position inconfortable, **il en résulte une tension généralisée musculaire et nerveuse qui empêche les effets des traitements de s'opérer avec toute l'intensité désirable.** Il n'y a aucune commune mesure entre ce que ressent une personne traitée selon des moyens trop souvent rudimentaires, restant assise, et la détente extraordinaire, le bien-être qu'éprouve celle qui a bénéficié **d'un traitement capillaire psychosomatique** effectué dans les conditions que nous décrivons ; on peut être assuré, en outre, que les résultats obtenus par les soins seront beaucoup plus rapides et spectaculaires.

L'oxygénation dans le cockpit dont nous avons vu pour le visage les effets bénéfiques, n'est pas moins intéressante dans le traitement des cheveux ; succédant au brossage, elle exerce des effets microbicides et régénérants qui, dans l'ensemble des soins, sont loin d'être négligeables.

Une autre séquence est utilisée en alternance, **qui initie le sujet à la détente à travers l'objectif du traitement capillaire** ; elle est auditionnée pendant les 20 minutes de pose, un prolongement sonore conditionné aux résultats à obtenir permettant, au gré de l'applicateur, d'augmenter le temps de pose des produits traitants.

Enfin, une troisième séquence est consacrée au reconditionnement psychologique destiné **à libérer le sujet de l'anxiété inhérente aux affections du cheveu** et aux dommages esthétiques dont elles sont responsables.

8. Un phénomène inquiétant

René Furterer, le créateur de l'*étheirologie,* grand spécialiste des soins capillaires, connu de toutes les vedettes de la scène et de l'écran dont la chevelure est particulièrement menacée, nous confiait que sa clientèle féminine s'était singulièrement accrue au cours de ces dernières années. Alors que la chute prématurée des cheveux (alopécie) semblait frapper surtout les hommes, on constate aujourd'hui que les femmes en sont de plus en plus victimes. Pour ce spécialiste nous assistons à un phénomène universel qui paraît irréversible, si on ne prend pas **de mesures préventives pour l'enrayer.** Les cheveux longs des jeunes **masquent en réalité une dégénérescence de la chevelure** qui se reconnaît à l'examen du cheveu ; la majorité sera à demi-chauve dès la trentaine ; le postiche dissimulerait les crânes dénudés à la maturité.

Pour nous cela n'a rien d'étonnant. Cette dégénérescence est liée aux agressions que nous avons énoncées dans la première partie de cet ouvrage, particulièrement à la pollution atmosphérique ; le cheveu manquant d'oxygène est souillé par les poussières des grands centres urbains. Chez le citadin, l'eau du shampooing est aussi révélatrice que la radiographie de ses poumons. L'asphyxie partielle qui résulte de l'existence en atmosphère confinée ralentit les métabolismes, ce qui retentit sur la nutrition du cheveu dont l'équilibre est tributaire de l'apport en certains éléments **dont la carence est révélatrice de déséquilibre** en acides aminés, vitamines, oligo-éléments, etc.

La tension nerveuse est certainement ce qui nuit le plus à la santé du cheveu par son retentissement sur le fonctionnement des glandes à sécrétion interne, du foie notamment. Le ralentissement de l'activité, la sclérose sous la circonstance aggravante de la sédentarité s'opposent à son rôle lipidique et antitoxique. Le ralentissement des combustions qui favorise l'obésité entraîne fréquemment la séborrhée ou hypersécrétion des glandes sébacées, qui se manifeste par l'apparition des pellicules. Les observations faites par René Furterer sur sa clientèle recoupent le diagnostic médical de l'insuffisance hépatique ; la sclérose du cuir chevelu, qu'on « décolle » plus ou moins facilement sur la boîte cranienne, aurait pour corollaire celle de la glande hépatique.

L'immobilisation de la région cervicale par une gangue de graisses et de cellulites provoque des crispations tissulaires, emprisonne des terminaisons nerveuses qui, sans toujours se traduire par des céphalées, produisent des hypertonies qui troublent la vascularisation de tout ce territoire. C'est à la normalisation de la circulation sanguine qu'on devrait attribuer le bien-être que beaucoup de personnes ressentent à la suite de soins capillaires effectués par des mains habiles à libérer la tête et le cou des obstacles qui l'entravent. Des exercices mobilisant la région cervicale agissent dans le même sens et contribuent au rétablissement d'une bonne nutrition capillaire ; nous les avons indiqués à de nombreux spécialistes du cheveu.

9. Psychosomatique des soins capillaires

Il n'est pas téméraire d'affirmer **que les soins capillaires participent des méthodes de santé** ; leur influence sur la détente nerveuse est indéniable et nombre de spécialistes sont comme M. Jourdain... En Extrême-Orient, des barbiers commencent par triturer la nuque de leurs clients avant de remplir leur office, afin de les soulager de leur fatigue. Les primitifs ont depuis toujours reconnu l'influence décontractante du massage du cuir chevelu et de la région frontale ou cervicale ; nous-même avons indiqué ce procédé qu'on peut appliquer soi-même pour favoriser l'exonération intestinale dans les cas de constipation d'origine nerveuse.

Dans une étude fort intéressante R. Bastide (9) signale les effets relaxateurs de l'épouillage que nous avons vu pratiquer dans l'Atlas marocain, un jour qu'un jeune couple s'étant baigné nu dans la rivière se rendait ce service mutuel ; nous étions dissimulé sans le vouloir et le spectacle était d'une grande pureté, au milieu de cette oasis de verdure qu'on trouve à Ifrane. « *L'exemple le plus pittoresque,* dit ce psychiatre, *est celui du " cafuné ". Le cafuné dérive de l'épouillage, qui est pratiqué par tous les peuples " primitifs ", mais ne commence qu'à partir du moment où la fonction prophylactique cesse pour être remplacée par la fonction relaxatoire ; le terme, d'origine Kibundo, désigne le bruit des ongles sur la tête comme si l'on tuait des petits poux ; mais en fait, si par hasard on trouvait bien un parasite, il serait interdit de le tuer, et même de le dire.* »

Le massage du cuir chevelu des régions frontales, temporales et cervicales recouvertes par les cheveux, ou les duvets, **a des effets défatigants et relaxants** ; le brossage complète cette action résolutoire de la détente nerveuse. Il semble qu'il exerce ses effets tonifiants par

---

9. Étude transculturelle. 3e Congrès international de médecine psychosomatique.

l'excitation des terminaisons nerveuses au voisinage des organes de la commande sympathique, décongestionnants par stimulation de la circulation périphérique, de diffusion par la dissociation des adhérences et extravasion des déchets, des toxines accumulées et leur acheminement vers les collecteurs lymphatiques. Bien sûr, **le kinésithérapeute habilité à poursuivre cette action vers les régions dorsale et axillaire obtiendrait des résultats encore plus probants.** Il ne semble pas qu'on se soit jusqu'ici beaucoup penché sur ces possibilités par rapport à la relaxation, bien que tous les praticiens de l'hypnose aient remarqué combien les diverses manœuvres, depuis l'imposition des mains jusqu'à la friction du vertex, **favorisent les états de torpeur et l'endormissement** ; il y a là toute une technique se suffisant à elle-même que nous exposerons par le détail dans une autre étude (10).

Le climat psychologique, la résonance affective ont souvent un rôle déclenchant dans les affections du cuir chevelu et la dégénérescence capillaire. Il est peut-être plus évident que pour n'importe quelle atteinte d'origine psychosomatique ; chacun sait qu'un traumatisme affectif particulièrement violent peut faire blanchir les cheveux en une nuit. Ce que nous intitulons « l'intoxication psychologique » développe un état toxémique dont l'effet le plus visible peut se traduire par la chute précoce des cheveux, **tant le climat moral paraît influer sur leur vitalité.** Des cheveux ternes, cassants, voire poisseux ne doivent pas seulement retenir l'attention du médecin généraliste qui peut soupçonner des déficiences organiques, mais également celle du psychiatre ou du psychologue qui peut trouver là matière à réflexion ; l'ulcère gastro-duodénal qui intéresse chacun de ces praticiens s'accompagne rarement d'une chevelure en parfait état ; leurs observations ne peuvent que se rejoindre sur le terrain de la psychosomatique.

Nous avons rencontré beaucoup de névroses qui s'étaient développées à la faveur d'une dégénérescence capillaire. Nombre de lettres nous sont parvenues où les correspondants, jeunes pour la plupart, nous disaient être désespérés de la chute de leurs cheveux. Certains nous envoyaient leur photo pour que nous puissions juger de leur infortune. Mais, fréquemment, nous nous trouvions devant l'image d'un garçon ou d'une fille possédant une chevelure luxuriante. Il y a là un phénomène banal entre autres, mais qu'on trouve rarement aussi accusé que lorsqu'il concerne la chute des cheveux. Une fatigue passagère entraînant la perte de quelques cheveux qui restent dans le peigne, ou donnant des pellicules, suffit parfois pour développer, et

---

10. *La Maîtrise de votre subconscient* (Éditions Dangles).

particulièrement au moment de l'adolescence ou l'équilibre sympathique est instable, **un état obsessionnel lourd de conséquences** ; le sujet s'examine dix fois par jour dans la glace, essaie tous les remèdes, suppute avec terreur l'aspect qu'il aura bientôt avec le crâne dénudé. Cet état dans lequel l'insomnie et l'hypocondrie sont de règle, car il est un syndrome, développe fréquemment un complexe d'infériorité envers le sexe opposé ; c'est grave pour les garçons qu'un échec peut rendre impuissants.

En marge de ces cas cruciaux, on peut dire que toute alopécie partielle, même insignifiante au début, affecte profondément ceux qui en sont atteints. **Les soins des cheveux, par les résultats spectaculaires qu'ils donnent, constituent donc une psychothérapie.** Mais celle-ci, pour être pleinement efficace, ne doit pas ignorer les ressources que lui apporte la relaxation.

10. Rôle essentiel de la suggestion dans les soins capillaires

Des traitements sérieux ont été élaborés dans ce domaine où l'inquiétude de tous ceux qui perdent leurs cheveux a été honteusement exploitée. Mais les trois ou quatre spécialistes qui ont fait école par suite du sérieux et de l'efficacité de leurs méthodes et produits, ne prétendent pas faire repousser les cheveux en cas de calvitie. Par contre l'alopécie plus ou moins grave **est toujours soignée avec succès,** en collaboration avec le médecin dermatologue quand il s'agit d'une affection générale ou locale nécessitant un traitement médical.

Déjà le premier entretien avec le spécialiste capillaire rassure le consultant ; il ne lui promet pas toujours de faire repousser les cheveux, mais il est en mesure de lui assurer qu'il va en arrêter rapidement la chute ; dans la majorité des cas, les cheveux épaissiront là où ils s'étaient éclaircis et souvent un léger duvet ira en s'étoffant. On peut dire que dans l'état actuel des connaissances, la cosmétologie aidée par l'examen microscopique du cheveu, **est armée pour stopper la chute des cheveux, quel que soit le cas qu'on lui soumette.**

Les pellicules étant éliminées, les cheveux ternes et cassants faisant place progressivement à des cheveux plus brillants et plus robustes, **le climat moral se modifie,** le vent tourne à l'optimisme.

La suggestion qui intervient au cours des 20 minutes de pose a une action souveraine ; elle réalise une authentique hygiène mentale. Les séquences sont enregistrées en fonction de la névrose capillaire que nous savons si caractéristique. Non seulement elles détendent le sujet, mais elles lui donnent confiance dans le traitement et l'incitent à le poursuivre régulièrement pour en obtenir les résultats qu'il est en droit d'attendre. Les suggestions qui agissent sur un double plan : somatique et psychique, sont alternées avec des post-suggestions dont le rôle est essentiel en ce domaine ; elles conditionnent le sujet à un nouveau comportement dont le contraste balaie définitivement les préoccupations, l'anxiété et les incomplétudes qui s'attachent aux états alopéciques (11).

Certains cas sont du ressort de la chirurgie esthétique, soit qu'une alopécie frontale ou en tonsure ancienne ne puisse être traitée efficacement par le spécialiste étheirologue, soit que certaine région ait particulièrement besoin d'être « reboisée ». On procède alors à la greffe de cheveux prélevés sur le sujet à la région cervicale, toujours abondamment garnie ; ce prélèvement qui porte, ainsi que la greffe, sur plusieurs séances ne se voit pas. Le spécialiste du cheveu peut établir un postiche adapté au sujet, qui le porte pendant tout le temps nécessaire ; quand il l'enlève, le résultat, spectaculaire, lui restitue la joie de vivre que la chute de ses cheveux avait ternie.

Pour conclure cet exposé nous mettrons de nouveau l'accent sur l'intérêt que représente le fond sonore sur lequel les suggestions viennent en surimpression ; en préambule, avec un bruitage spécialement étudié, il évite que le sujet, qui ne subit pas la formation progressive de la cure de relaxation, ne réagisse défavorablement à la méthode passive ; cette sécurité se trouve encore renforcée par le but poursuivi qui cristallise à ce moment ses idéations.

Certes le traitement psychosomatique du cheveu n'est pas une panacée, mais ne conviendrait-il pas en présence d'une anomalie caractérielle, ou psychique, alliée à une dégénérescence observable du cheveu, de l'inclure dans le concert des moyens classiques de la physiothérapie.

Nous avons la conviction que la **relaxation psychosomatique,** par sa souplesse d'application, son avance technologique, doit pouvoir être adaptée à de nombreux autres domaines ; nous n'avons eu l'intention que de montrer la voie.

---

11. *La Maîtrise de votre subconscient* (Éditions Dangles).

CHAPITRE XV

La relaxation et le sport

Notre méthode reposant sur le développement par la suggestion des réflexes conditionnels de détente **se différencie totalement des méthodes qui excluent la suggestion** en tant que facteur essentiel de relaxation. Rejetant celle-ci, elles se privent de surcroît de l'appoint considérable que pourrait constituer la suggestion hypnotique qui pourrait être utilisée en préparation sportive et dans le rendement optimum de l'athlète dans l'établissement des records. Ce préambule ne veut pas dire que les travaux effectués en ce domaine par des médecins de médecine sportive, éminents spécialistes, soient dénués de valeur.

Si le plafond des records s'élève toujours davantage, on le doit manifestement à la collaboration des médecins psychosomaticiens, diététiciens, et aux entraîneurs dont la formation scientifique n'a d'égale que la compétence en matière de technique sportive. Il nous apparaît seulement que les ressources que présente l'essence même de la psychosomatique, l'influence du psychisme sur le corps, n'ont pas été exploitées suffisamment par suite d'une systématisation qui tendait à rejeter les méthodes d'action subconsciente au profit de l'entraînement psychotonique et de la relation psychothérapeute/athlète. Les modifications du tonus musculaire que peut obtenir ce dernier par le contrôle de la fonction centrale et périphérique n'est certes pas négligeable ; nous dirons même que ce contrôle est essentiel dans la perspective de l'effort athlétique qui exige l'économie optimale de l'influx nerveux, la parfaite coordination des mouvements, la faculté au cours de l'action sportive de détendre certains groupes de muscles au bénéfice de ceux qui sont les plus sollicités et le sont électivement eu égard au sport pratiqué.

C'est un aspect de la relaxation sportive, mais il y en a d'autres qui ne sont pas moins importants et **que la relaxation psychosomatique met en relief.** L'action déterminante du moral du sportif nous paraît pouvoir être mieux résolue par nos méthodes d'ensemencement du subconscient que par le dialogue ; elles ne sont toutefois pas inconciliables avec les moyens de l'analyse psychologique. Quant à la concentration des énergies dans l'effort athlétique, nous verrons que **la suggestion nous ouvre de prodigieuses perspectives.**

1. Relaxation et développement musculaire

Traitant de préparation sportive, nous évoquerons le problème de la relaxation préparatoire au sport et celui de la fatigue de l'athlète.

Nous laisserons de côté l'entraînement sportif proprement dit sur lequel d'excellents travaux ont été publiés par les meilleurs entraîneurs, pour nous consacrer à un domaine qui nous est plus familier, celui de la musculation, **discipline issue de la culture physique athlétique devenue berceau de la préparation sportive.** C'est en citant un exemple personnel que nous montrerons les ressources de nos méthodes en ce domaine. Dans la période qui s'étend de 1930 à 1935, je me passionnais pour les sciences psychiques et plus particulièrement pour l'hypnose. Je cultivais avec acharnement les moyens d'influence, particulièrement la fixation du regard et la concentration d'esprit, parfois pendant 2 à 3 heures par jour. J'étais devenu très fort en hypnose et la pratiquais longtemps. Mais à cette époque, j'étais loin d'être un athlète. Aussi l'entraînement sans doute excessif auquel je m'étais soumis, provoqua quelques troubles mineurs, maux de tête, fatigue inaccoutumée...

Dans le même temps je fus émerveillé de la beauté plastique d'un splendide athlète qui se produisait sur une scène de music-hall : André Rolet dont le palmarès athlétique est inégalable. En dépit d'une structure peu encourageante, j'avais honte de ma largeur d'épaules quand je me comparais aux athlètes d'alors, je résolus de devenir comme Rolet et ainsi, de fortifier ma santé. Après plus de 5 années de culture physique, j'avais atteint mon but ; on sait que je remportai trois concours : *Apollon 35 - Plus bel athlète de France 1936 et 1943*. Je devais ces résultats à l'auto-hypnose et au pouvoir exceptionnel de concentration que j'avais développé par la pratique de ces sciences mentales. Je me transformais physiquement à vue d'œil selon l'image que je me faisais de la forme que je voulais obtenir et je dois dire aujourd'hui que mon développement musculaire a tenu davantage à l'auto-hypnose qu'à l'assiduité de mon entraînement, ayant toujours aimé m'intéresser simultanément à beaucoup de choses. En 1943, cette faculté de concentration m'a permis de prendre en un mois les 10 kilos de muscles que j'avais perdus sous l'uniforme. Cette digression n'avait pour objet que de faire comprendre **l'extraordinaire pouvoir plastique que possède l'esprit sur le corps.** Nous avions désiré nous équilibrer morphologiquement, mais si nous eussions pris comme objectif de devenir champion dans une spécialité, ce qui ne nous intéressait pas ayant d'autres projets, nous avons la conviction que nous nous serions également hissé au premier plan, **tant le pouvoir de la pensée est illimité.**

Examinons maintenant ces possibilités par rapport à la musculation. Dans un excellent ouvrage, nous trouvons la définition des objectifs de cette discipline et en quoi elle consiste (1) : « *L'entraînement athlétique a pour objectif le développement et l'entretien de toutes les fonctions organiques par l'exercice de l'une d'entre elles : la fonction musculaire. Il faut donc considérer cette action comme utile à la formation d'un muscle tonique, condition essentielle de la santé et de l'activité sportive. Ce travail athlétique (musculation) s'exécute à l'aide de charges additionnelles indispensables, dans le but de tonifier efficacement et progressivement toute la musculature quels que soient le cas, le tempérament et l'âge du pratiquant.* »

Le même auteur énonçant les principes devant guider l'entraînement du sédentaire, nous nous trouvons incité à examiner le rôle dont la relaxation peut être investie dans la reprise de l'exercice :

« *L'amaigrissement du sujet est la première étape de l'entraînement. Ce résultat s'obtient par le fait même du travail, par suite de la combustion des tissus de réserve.*

« *Il est rendu plus rapide par une foule de compléments : bains de vapeur, sauna, frictions, massages, survêtements chauds, etc. La deuxième étape est l'augmentation du volume musculaire, les muscles devenus plus gros augmentent la force du sujet et la résistance à la fatigue.*

« *La troisième étape est de favoriser le fonctionnement de la peau par une meilleure hygiène corporelle.*

« *La quatrième étape est de fournir au système circulatoire un meilleur rendement et à la respiration un air mieux oxygéné.*

« *Il faudra éviter dans l'alimentation tout ce qui peut favoriser la reproduction de la graisse perdue, et persister dans le travail musculaire qui apportera la stabilité des modifications acquises...* »

---

1. Lucien Demeillès : *Entraînement athlétique* (Amphora).

Cet énoncé met en évidence le facteur déterminant de ce qu'on appelle **la réhabilitation physique.** Si l'auteur insiste pertinemment sur l'amaigrissement recherché en une première étape, c'est qu'il n'ignore pas, en tant que spécialiste de la culture physique, ce qui échappe au praticien en général : que le sujet qui ne fait pas de culture physique ou de sport est gras, même s'il est maigre. Cela demande une explication. La graisse pathologique, indésirable, peut se localiser en certains endroits chez une personne dont le poids est insuffisant ; le muscle s'est atrophié, ce qui explique la diminution du poids, cependant que des coussinets de graisse se sont formés çà et là, particulièrement aux régions ventrale et fessière. Aussi pouvons-nous, en dehors de la maigreur constitutionnelle extrêmement rare, énoncer en axiome : « **Toute personne, quel que soit son aspect corporel, est grasse si elle ne fait pas un exercice suffisant.** » Il s'agit de surcharge graisseuse.

A la lisière de la santé et de troubles mineurs, tel l'essoufflement, elle regarde le professeur de culture physique et l'entraîneur sportif davantage que le thérapeute. Si nous disons l'entraîneur sportif, c'est qu'en de nombreux sports qui font appel sélectivement à des groupes de muscles déterminés par la spécialité, certaines régions du corps moins exercées présentent des muscles insuffisamment développés et une prolifération paradoxale du tissu adipeux. Ce peut être le cas pour les sportifs dont la spécialité ne fait appel qu'à la force des membres inférieurs qui présentent un fort développement contrastant avec l'insuffisante musculature des épaules et des bras : joueurs de football, cyclistes, coureurs à pied, etc. La musculation devra éliminer le poids inutile, pour lui substituer un poids utile.

Jules Ladoumègue qui avait pris avec nous un développement assez remarquable des épaules et muscles enveloppant le thorax, alors en fin de carrière, nous confiait qu'il eût certainement amélioré encore ses performances s'il avait au moment de sa grande forme songé à faire de la culture physique athlétique. **Aujourd'hui la musculation est intégrée à la préparation de l'athlète ;** elle lui a permis d'améliorer les records. Nous allons voir que sa pratique en préparation sportive rejoint la pratique courante qui ne vise que le développement corporel et l'augmentation de la résistance à la fatigue.

2. L'effort euphoriquement consenti

L'homme retire un bénéfice considérable des techniques de musculation. L'âge importe peu, **mais l'effort doit y être adapté.** Cela est rendu facile par diverses techniques qui consistent en bref à charger les barres plus ou moins, à ne faire qu'un nombre limité d'exercices ou de répétitions, à observer entre les séries des temps de repos déterminés. Il est hors de notre propos d'entrer dans le détail de cet entraînement exposé dans des ouvrages spécialisés. La musculation commence à intéresser vivement la femme dont elle améliore la ligne rapidement et raffermit les chairs. L'ouvrage que j'ai publié récemment, par l'audience qu'il a trouvé auprès du public féminin, montre que les générations d'aujourd'hui ont compris que ces techniques sont les garants de la jeunesse du corps et de la santé (2).

Nous avons déjà souligné l'universalité de la paresse physique qui tient à nos habitudes de vie et à la prééminence de l'activité cérébrale sur l'effort musculaire. Aussi l'écueil de la réhabilitation physique se situe-t-il au niveau du mental. La préoccupation de l'entraîneur sportif est similaire, car **l'athlète est souvent plus enclin à répéter les gestes de sa spécialité qu'à se soumettre à des exercices de musculation plus statiques, paraissant moins gratifiants.** Chaque entraîneur est conscient que des séances de musculation accomplies sinon à contrecœur, du moins sans enthousiasme, ne sont que partiellement profitables à l'athlète. Il faut d'abord susciter l'intérêt pour la musculation, puis maintenir à un haut niveau le désir de renouveler régulièrement les séances d'entraînement.

La mise en route est encore plus difficile pour le sujet débutant qui doit conjuguer l'initiation sportive avec la musculation sans connaître, dans l'immédiat, la joie de la perfection gestuelle et le stimulant de la compétition aux échelons élevés.

Mais que dire du profane qui aborde la musculation sans jamais avoir fait de sport, ou qui l'ayant autrefois pratiqué, mesure le fossé qu'il a creusé entre sa forme d'antan et son insuffisance d'aujourd'hui ?

Dans tous les cas, il s'agit de disciplines qui devront être poursuivies longuement ; c'est donc un nouveau mode de vie qu'il faudra adopter. Cela demande de la volonté et aussi de substituer à une forme de pensée insalubre — celle qui a conduit à la déchéance physique — d'autres concepts modelés sur les voies à emprunter pour parvenir au but qu'on s'est fixé.

On conçoit facilement que des méthodes ne faisant intervenir que l'entraînement psychotonique et la relation dans le dialogue de l'athlète avec le psychologue et l'entraîneur **ne puissent développer**

---

2. *L'Esthétique corporelle* (Éditions Dangles).

des motivations suffisamment fortes, puisque ces procédés ne sont que de surface par rapport aux méthodes d'action sur le subconscient qui développent ces motivations dans les profondeurs **d'où elles resurgissent au moment opportun.**

Quant à l'individu isolé qui ne bénéficie pas de cette direction et de ce dialogue, il se trouve entièrement livré à lui-même ; il faut que ses motivations soient bien fortes pour qu'il poursuive ses efforts ; c'est rarement le cas.

La suggestion est seule capable de développer de puissantes motivations qui constituent par leur élaboration dans le subconscient des incitations permanentes à poursuivre l'effort entrepris. Les suggestions, ou autosuggestions, concerneront l'idéation, c'est-à-dire la formation d'images mentales à pouvoir dynamique concernant la forme corporelle ou la valeur athlétique, l'accomplissement de hautes performances. Nous savons pour l'avoir nous-même expérimenté, **que la pensée a un pouvoir plastique** ; sans doute l'activité circulatoire, nutritionnelle du muscle peut-elle être accrue dans un territoire déterminé, comme le fait le training autogène par l'exercice de la chaleur (vasodilatation), mais d'autres influences plus subtiles interviennent à une phase plus élaborée de la relaxation qui confine à l'auto-hypnose, apportant toutes les possibilités de cet état. Avant de découvrir ces perspectives, nous verrons comment la relaxation peut s'intégrer à la séance de musculation.

3. La relaxation en musculation

La musculation a des objectifs diversifiés. Ce peut être **la poursuite d'un idéal de beauté plastique,** celle-ci reflétant nécessairement, par l'équilibre des formes qu'elle implique, l'état de parfaite santé ; ce peut être **l'accroissement de la résistance à la fatigue,** par exemple pour un dirigeant se sentant menacé par le surmenage, pour un guide de montagne, un navigateur devant fournir des efforts prolongés ; ce peut être **la recherche du rendement athlétique optimal** pour le champion d'une spécialité désirant améliorer un record. Les techniques de musculation sont donc adaptées au but à atteindre. Nous en trouvons l'exposé dans l'ouvrage de L. Demeillès :

« Quelle que soit la forme adoptée, faites chaque répétition d'exercice lentement si vous travaillez dans le but de prendre du volume musculaire. Une cadence très lente se rapproche de la contraction statique... Si vous recherchez la qualité puissance musculaire

en vue du rendement sportif, vous vous entraînerez aux poids moyens et mi-lourds à cadence active, avec des répétitions " explosives "... Si vous recherchez le relief musculaire, avec fonte des tissus graisseux, combustion des tissus de réserve, exaltation considérable des rythmes cardiaques et respiratoires, la cadence observée sera assez rapide et les poids utilisés légers et moyens. »

Mais quelle que soit la technique utilisée, nos méthodes consisteront en des variantes qui s'appliqueront à la forme mais ne modifieront pas le fond. Elles concerneront le comportement dans la vie, la motivation qui doit cristalliser les énergies, la détente au cours de l'entraînement, la récupération qui doit succéder aux fatigues de la séance de musculation, la prolongation des divers effets obtenus.

Nous retrouverons ces modalités d'application en préparation sportive, aussi ne ferons-nous maintenant que considérer l'aspect pratique de ces disciplines complémentaires de la musculation.

4. La salle de relaxation

L'exercice localisé aux groupes musculaires n'a été introduit dans les salles de culture physique que longtemps après que nous l'eussions inauguré à la Fondation culturiste de Nice. L'entraînement athlétique n'a pris son essor **que plus de 10 ans après que nous en ayons fait une première codification** et encore il fut présenté sous le terme de musculation que nous adoptons maintenant ; de même seront plagiées nos méthodes de relaxation et d'amaigrissement psychosomatique exposées dans cet ouvrage (3). Aussi, ce que nous préconisons aujourd'hui pour la relaxation en salle d'entraînement à la musculation ne verra-t-il, vraisemblablement, le jour que dans de nombreuses années... On a assisté, sous une impulsion à laquelle nous avons largement contribué, à l'extension des activités satellites de la culture physique : massage, sauna, application d'U.V., esthétique corporelle, etc. Curieusement, la relaxation a été incluse dans ces disciplines, mais seulement en tant qu'étiquette, non en application réelle ; **la relaxation consiste dans la majorité des établissements à faire étendre les gens sur un fauteuil dit de relaxation qui n'est qu'un simple siège de repos.**

---

3. Elles l'ont effectivement été sous diverses formes, depuis sa première édition.

La relaxation psychosomatique à base suggestionnante pourrait être développée dans ces établissements sous forme de boxes individuels où des séances de relaxation personnalisées seraient conjuguées avec la respiration dirigée sous oxygène qui permettrait une récupération plus rapide par l'élimination des toxines de fatigue. Une seule source sonore peut alimenter simultanément plusieurs postes d'écoute par des enregistrements en circuit continu dans le cas d'applications en collectif, **comme ce peut être le cas dans un établissement de culture physique où de nombreuses personnes s'exercent ensemble.** La relaxation, d'une durée de 20 à 30 minutes, se fait alors à la suite des soins hydrothérapiques. Chaque poste peut être rendu indépendant pour des applications spécifiques où se trouvent jouxtés deux traitements, par exemple : brunissement et relaxation, amaigrissement psychosomatique et relaxation, etc. La salle de relaxation collective, **dont notre méthode permet la réalisation pratique,** peut comprendre plusieurs postes, chacun pouvant être déconnecté, avec une audition standardisée par rapport aux indications de la relaxation en musculation ; un seul poste d'oxygène alimente les divers points d'application.

Nous ne doutons pas que par l'application de la relaxation psychosomatique, les résultats observés en musculation seraient supérieurs à ceux qu'on obtient aujourd'hui. Les pratiquants, aussitôt défatigués, en éprouveraient un réel bien-être.

5. Une nouvelle conception de la culture physique

Les observations que j'ai faites et celles émanant de mes lecteurs m'ont amené à élaborer une nouvelle méthode de culture physique. Effectivement, la majorité des hommes et des femmes d'aujourd'hui **peuvent difficilement s'adapter à une culture physique intense et prolongée** qui n'est pas sans inconvénients, car provoquant rapidement la fatigue et amenant la lassitude. Ce n'est que dans certaines salles de culture physique que l'exercice est réellement personnalisé, et surtout progressif de manière à conjuguer la détente et la reprise « en douceur » de l'effort musculaire. C'est justement cette recherche d'un exercice correspondant mieux aux nécessités sanitaires et au mode de vie qui est celui de notre époque — aussi à la fatigue qui imprègne la plupart de nos contemporains — qui a conduit, on ne peut le nier, à la désaffection de la culture physique en faveur du hatha-yoga.

Cependant, on peut reprocher au yoga (hatha-yoga) son absence de vertu dynamique, son intériorisation qui constitue un déphasage par rapport justement **au comportement dynamique** qui doit être celui de l'homme et de la femme de notre temps ; le yoga est une discipline de renoncement et non d'adaptation, et s'il n'en est pas ainsi, on le trahit en jouant sur les mots.

D'autre part, le hatha-yoga ne sollicite le muscle que dans une certaine direction : celle de l'étirement et de l'assouplissement ; **il néglige la recherche de deux qualités fondamentales :** la force et la détente, cette dernière étant tributaire de la première (4). La résistance est également fonction de la qualité musculaire, elle-même subordonnée à la plénitude et à la valeur tonique des divers groupes de muscles, également à l'harmonie et à l'équilibre de ces derniers.

Le hatha-yoga néglige de cultiver certains groupes de muscles dont on voit l'atrophie sur leurs adeptes ; ainsi bras et jambes ne sont sollicités que statiquement ; on constate qu'ils sont grêles chez la majorité des pratiquants, ce qui explique que le corps soit émacié et généralement inesthétique. Cela est surtout spécifique aux hommes dont le corps, pour être harmonieux, a besoin de posséder des muscles d'un volume suffisant, ce qui ne veut pas dire excessif.

La femme a besoin de moins de volume musculaire que l'homme, par suite de l'importance de son tissu conjonctif et de la graisse physiologique qui enrobe harmonieusement son corps. Ce qui fait que si on trouve de très belles pratiquantes de hatha-yoga, il s'en faut pour qu'on trouve l'équivalence chez les hommes. Mais aux alentours de la quarantaine, ou à l'approche de la ménopause, les exercices de hatha-yoga qui donnent plus de laxité que de tonus préserveront moins la femme qui y est sujette — de par sa structure particulière — des ptôses et descentes d'organes, des éventrations. La culture physique, qui exerce les muscles du ventre et du plancher pelvien **avec beaucoup plus d'intensité que le hatha-yoga ou n'importe quelle discipline,** permet à la jeune femme d'avoir une grossesse sans histoire, un accouchement facile (sans douleur), ainsi que de retrouver rapidement sa ligne quand l'enfant est venu au monde (5).

Nous avons donc conjugué dans de nouveaux enregistrements l'éducation respiratoire trop souvent négligée en culture physique et du moins inférieure à ce qu'apporte en ce domaine le hatha-yoga, l'assouplissement et la recherche de la détente en des mouvements lents et entrecoupés qui n'excluent pas, comme le hatha-yoga, la con-

---

4. *Le Dictionnaire de la Culture physique* (épuisé).
5. *Santé et beauté plastique de votre enfant* (épuisé).

traction systématique de grande étendue et l'usage de résistances qui sollicitent le muscle activement d'abord, énergiquement ensuite.

Malgré ces reproches, nous ne nous faisons pas contempteurs du hatha-yoga, nous nous refusons seulement à admettre qu'il convienne à tous et qu'il puisse, à lui seul, permettre le développement parallèle et complet de toutes les aptitudes du corps. Certaines postures intégrées à la pratique sportive et à d'autres activités physiques sont assouplissantes **et par conséquent bénéfiques** (6) ; par ailleurs, quand le corps a été intégralement cultivé par d'autres moyens, que les muscles ont obtenu un excellent développement, **celui qui donne la beauté corporelle,** il peut être entretenu à partir de la maturité par cette discipline qu'est le hatha-yoga dont on doit reconnaître les vertus délassantes et désintoxicantes qui tiennent aux exercices de respir, les mêmes que ceux pratiqués dans les cercles initiatiques de tout temps et que nous avons introduits dans notre méthode de « **culture physique de détente** » (7).

Ce nouveau concept de la culture musculaire nous a permis de mettre au point une méthode plus souple, moins contraignante, amalgamant relaxation et détente neuro-musculaire, respir et mouvement, pouvant s'adapter à tous les cas dont les plus nombreux ne peuvent que bénéficier de cette nouvelle méthode qui rompt délibérément avec les anciens principes qui ne correspondent plus aux desiderata de la clientèle.

Cette méthode participe de l'enregistrement en cassettes et, par sa nature, pourra être appliquée en salle par les professionnels de la culture physique. Sous une forme plus fragmentée, nous l'avons mise dès maintenant **à la disposition des particuliers,** des isolés qui n'ont aucun centre de culture physique à leur disposition par suite de l'éloignement des grandes villes, aussi, de tous ceux qui, se déplaçant fréquemment, seront heureux d'avoir **un moyen pratique et agréable de s'entretenir en bonne condition physique.**

6. La relaxation en préparation sportive

Les développements de cet ouvrage, les exercices pratiques de la méthode nous dispensent d'un exposé théorique sur la fatigue muscu-

6. Voir l'ouvrage de Thierry Loussouarn : *Initiation au yoga* (Éditions Dangles).
7. Chez le même éditeur : *Chassez la fatigue en retrouvant la forme.*

laire qui nous entraînerait en dehors des limites que nous nous sommes tracé. Nous ne désirons examiner la condition du sportif, son entraînement, les épreuves auxquelles il soumet son organisme **qu'à travers les modalités d'application de la relaxation,** qui nous sont particulières. Cela n'exclut pas la nécessité de définir en quoi l'entraînement parvient à repousser les limites de la fatigue et par quels symptômes, en dépit de cet entraînement si poussé soit-il, la fatigue finit par intervenir. Nous le ferons brièvement et seulement en fonction de la contribution qu'apporte la relaxation en ce domaine.

C'est aux techniques de musculation que nous emprunterons un exercice nous permettant de mieux appréhender les processus physiologiques par lesquels l'entraînement rend moins accessible à la fatigue. Cet exercice type est celui de **la flexion des membres inférieurs,** ou accroupissement, avec une barre chargée sur la nuque (squat).

L'exercice est pénible car il exige de maintenir l'équilibre et sollicite la contraction de groupes musculaires importants : cuisses et fessiers.

Au début, le manque de souplesse, une position défectueuse de la barre rendent l'exercice difficultueux. Des muscles intervenant rarement, par exemple ceux de la nuque, sont anormalement sollicités et cela produit une dépense supplémentaire d'énergie. La coordination n'étant pas parfaitement établie, le mouvement est heurté et l'équilibre du corps se trouve compromis ; son rétablissement exige encore une dépense neuro-musculaire superflue.

Les muscles habituellement peu exercés manquent de volume et de puissance. Ils doivent fournir un effort important en attendant les modifications structurales de la cellule musculaire. Cette transformation se traduira bientôt par son hypertrophie sous l'effet nutritionnel de l'afflux sanguin vers les régions sollicitées. Le rapport de masse de ces régions, eu égard au volume du corps, en sera modifié et cela accroîtra leur puissance, tout en assurant la stabilité du corps pendant l'exercice. **Il en résultera une moindre dépense d'énergie.**

Les muscles travaillant plus économiquement consomment moins d'oxygène, cependant qu'ils produisent moins d'acide lactique dont on sait qu'il est facteur de fatigue dans l'effort musculaire. L'exercice répété, en éliminant les graisses, réduit le poids superflu, alors que le poids utile, musculaire, augmente ; il y a donc d'une part économie d'effort et, d'autre part, accroissement de la capacité à l'accomplir.

Les effets généraux ne sont pas moins importants. L'entraînement des muscles leur donne plus de force et de résistance ; l'effort pour un travail donné se trouve donc réduit. Il en résulte que les fonctions cardio-vasculaires, la respiration se trouvent moins sollicitées ; elles se maintiennent ainsi à un rythme constant qui permet de prolonger l'effort et de l'intensifier, alors qu'au début de l'entraînement elles se trouvaient débordées, l'essoufflement, l'accélération excessive du cœur interdisant de poursuivre l'exercice. Parallèlement à cette accoutumance à l'effort, l'ampliation thoracique et la tonicité du muscle cardiaque s'accroissent, de même que se trouvent renforcés les vaisseaux sanguins, ce qui permet un travail plus intense et plus prolongé.

Par rapport à la fonction nerveuse dont nous avons tout au long de cet ouvrage souligné l'importance, Paul Chauchard (8) traitant de l'entraînement et de ses répercussions sur la fatigue déclare : « *Bien que nous connaissions encore mal tous les mécanismes de cet entraînement organique qui ne se manifeste pas seulement dans l'activité, mais améliore aussi le fonctionnement de repos, il n'est pas douteux qu'à l'inverse de la fatigue il consiste en un meilleur équilibre des régulations nerveuses centrales, une moindre fatigue des centres pour une même tâche, une diminution de l'effort dans l'augmentation d'efficacité. Cela retarde l'épuisement nerveux d'autant plus que l'intoxication organique n'est plus là pour bouleverser le fonctionnement central. L'entraînement est ainsi source de maîtrise en augmentant la précision du fonctionnement cérébral et le contrôle des centres hypothalamiques eux-mêmes moins susceptibles.* »

Cette élévation du seuil de la fatigue obtenue par l'entraînement se trouve encore accrue par le contrôle tonique.

7. Le contrôle tonique

La tension est un état physiologique inhérent à la nature de notre organisation psychique et à la structure de nos organes. Se situant entre l'excès et l'insuffisance, elle est le reflet de l'équilibre psychosomatique, c'est-à-dire de l'intégrité de nos commandes nerveuses, de la normalité de nos interactions glandulaires. Elle est ainsi l'expression de notre qualité vitale, de la constance de nos énergies. Que les mécanismes qui commandent notre tension se dérèglent et c'est l'hypotonie ou abaissement du tonus qui se traduit par l'asthénie, la lenteur de nos réactions, ou l'hypertonie qu'accompagne une excitabilité anormale menaçant d'épuisement les réserves nerveuses. Dans

8. *La Fatigue* (P.U.F.).

un cas comme dans l'autre, les troubles du tonus retentissent sur la transmission nerveuse, sur la contractilité des muscles et, par voie de conséquence, sur la coordination des mouvements. On voit par ce schéma combien les dystonies sont graves pour l'athlète et **pourquoi le contrôle tonique revêt une telle importance en préparation sportive.**

La fonction tonique subit, nous le savons, l'influence des stimuli provenant des agressions de l'environnement. Elles ont été fort bien résumées par rapport à l'adaptation de l'athlète dans une étude de médecine sportive. Traitant de l'enquête psychologique, les auteurs requièrent, pour que le dialogue puisse s'établir, la collaboration de l'intéressé avec le médecin-conseiller, le médecin spécialisé et l'entraîneur, cela « *dans un climat de confiance mutuelle* » (9). « *Cet entretien tentera de préciser l'adaptation de l'athlète à son environnement :*

— **familial :** *accord ou désaccord des parents, attitude rigide ou affectivité " captative " de la mère, conflit affectif avec le conjoint ;*

— **professionnel :** *vocation, travail accepté ou non, situation espérée ou non, sécurité d'emploi ;*

— **social :** *logement (voisinage, bruit), camarades de travail ou de sport (envie, jalousie). On pénétrera plus intimement dans la personnalité même de l'athlète : goûts, lectures, sexualité, loisirs, volonté, etc.* »

On comprend que ces facteurs puissent influer sur le moral de l'athlète et, par ce truchement, être responsables d'une tension intérieure dont on sait **qu'elle est reflétée par la tension musculaire inconsciente.**

Le rôle de la relaxation est donc au premier chef de réguler cette tension par les moyens dont elle dispose. Or, en relaxation psychosomatique, ils sont aussi variés qu'étendus.

Les dystonies, paratonies cruciales sont le fait de ces facteurs initiaux, mais on doit admettre qu'elles peuvent être la résultante d'une fatigue due à un entraînement pouvant avoir dépassé les limites de résistance de l'athlète, c'est-à-dire au surentraînement, de même que les états de tension peuvent être liés aux dystonies neurovégétatives. Dans cet état particulier où l'athlète frise le surentraînement, **le tonus moral subit le contrecoup de la fatigue,** l'idéation est moins précise,

---

9. Dr M. Vanek et E. de Winter (3e Congrès international de médecine psychosomatique).

les motivations moins vigoureuses ; il y a un assombrissement du moral qui fait que l'athlète se met à douter de lui-même et de ses possibilités ; en un mot il est dégoûté. Dans cette situation psychologique, les facultés de concentration sont amoindries, cependant que la volonté défaille. Il est donc difficile d'exiger de l'athlète « *qu'il se reprenne en main* ». **C'est cependant ce qu'on lui demande quand on lui applique une physiothérapie active.**

En relaxation psychosomatique, nous agirons par l'application de modalités différentes **qui ne demandent à l'athlète, du moins dans un premier temps, aucun effort volontaire.** Par la relaxation dirigée sous oxygène d'une part, par le « doping » moral que constituent des suggestions euphorisantes. Si bien que pendant que se régulariseront les mécanismes un moment troublés de la commande nerveuse, l'oxygénation et la suggestion associées par une double action désintoxicante et réconfortante redonneront à l'athlète la possibilité, en même temps que le désir, de se réentraîner.

A ce stade, il devient possible d'aborder le contrôle tonique par l'entraînement psychotonique. Il s'agit comme on le sait d'une prise de conscience cœnesthésique qui permet au sujet de déceler ses états tensionnels anormaux, les hypertonies globales ou localisées à certains muscles ou groupes de muscles, pour en obtenir volontairement la résolution par abaissement du tonus central et périphérique. Cette éducation ne reste pas limitée à cette faculté, mais doit s'étendre à la maîtrise absolue du contrôle tonique qui consiste en la possibilité d'abaisser ou de renforcer la tension musculaire ou organique, soit globalement, soit en un point déterminé du corps, qui consiste également à élever le tonus de certains muscles et à l'abaisser en des muscles différents ou antagonistes. Nous n'insisterons pas sur l'entraînement psychotonique indiquant en bibliographie les travaux d'éminents spécialistes.

Notons cependant les possibilités du contrôle tonique tel que nous le concevons :

— Relèvement du tonus musculaire par élévation consciente du tonus mental.

— Abaissement volontaire de l'hypertonie centrale avec retentissement sur l'hyperexcitabilité musculaire.

— Action sélective simultanée ou alternée hyper- et hypotonique sur les divers groupes musculaires et sur les fonctions organiques.

— Régulation volontaire et contrôle absolu de la fonction tonique dans toutes les amorces de dysfonctionnement dû à des causes intrinsèques ou extrinsèques.

— Prise de conscience de la dimension spatiale du corps, de son unicité, de sa réalité biologique et fonctionnelle.

8. Le sommeil chez l'athlète

Il y a une sorte de similitude entre les disciplines mentales qui permettent de devenir un athlète et de développer un puissant pouvoir hypnotique. Dans l'un et l'autre cas, la concentration des énergies est indispensable. Nous avons la conviction que nous rendrons aux sportifs d'appréciables services par les exercices de respiration rythmique et de concentration que nous indiquons ; ils leur permettront d'accumuler d'abondantes forces nerveuses, de les concentrer en leurs plexus afin d'en faire un usage explosif lors de l'effort compétitif. Qu'importe si ces pratiques débordent sur le domaine de l'occulte ; la parapsychologie qui puise aux sources de la tradition ne démontre-t-elle pas que des phénomènes paraissant insolites nous font mesurer notre ignorance ? **Ces méthodes ont le mérite d'éliminer les dangers du doping chimique** pour donner à l'athlète le moyen d'exploiter au profit de sa spécialité les plus enfouies de ses virtualités.

Le repos, un sommeil calme, profond et récupérateur à 100 %, doivent être la conséquence de la maîtrise de la relaxation. Les résultats obtenus par la relaxation psychosomatique dans l'insomnie **montrent l'efficacité de la relaxation psychosomatique dans la récupération du sommeil.** Mais, pour l'athlète, la possibilité de pouvoir s'endormir à volonté, quels que soient le lieu et l'environnement, doit être son objectif dans le domaine du repos. Cette faculté lui permettra de reconstituer ses énergies en un temps très court et d'échapper aux fatigues inhérentes aux déplacements fatigants des compétitions.

La relaxation psychosomatique est complémentaire de l'entraînement psychotonique et des moyens psychologiques, en ce sens qu'elle exerce son action sur le subconscient. Elle peut par conséquent **modifier le climat moral de l'athlète sans le heurter** par une intrusion parfois mal accueillie et inopportune dans ses problèmes personnels, voire sa vie intime. Nous partons du principe que le climat moral de l'athlète étant reconditionné dans le sens d'une libération de ses préoccupations les plus essentielles qui sont aisément révélées au psychologue ou au médecin, de l'instauration d'une nouvelle optique concernant les difficultés de l'existence, de la substitution aux sentiments négatifs, ou défaitistes, de sentiments dynamiques et euphoriques, il n'est pas besoin de faire appel à une volonté momentanément défaillante.

L'initiation que nous avons résumée dans la partie pratique conduit l'individu le plus débile à la maîtrise physique et mentale, ***a fortiori*** **l'athlète** qui subit une dépression momentanée, ou se trouve surentraîné.

Les exercices respiratoires, particulièrement la respiration rythmique, ont des effets tonifiants qui ont tôt fait de recharger les batteries nerveuses ; elles le seront d'autant plus rapidement que ces exercices seront accompagnés de séances d'oxygénothérapie conjuguées avec la relaxation.

L'exercice de la concentration est extrêmement précieux pour l'athlète ayant rétabli son moral et fortifié sa motivation, car il lui permet de réunir ses énergies en faisceau pour les employer explosivement ou avec mesure pendant l'effort. Mais qu'il s'agisse d'un sauteur qui les libère brusquement ou d'un coureur de demi-fond qui ne les emploie qu'en fonction du parcours et de la tactique de course, le problème reste le même. Le potentiel énergétique doit être aussi important au moment de l'épreuve, **aussi concentré que possible.**

9. La concentration des énergies

Cette concentration va s'opérer de plusieurs manières : d'abord par le moyen de l'économie des forces, **repos et sommeil suffisants** pris en de bonnes conditions d'environnement, mais dans le cas contraire, **initiation poussée à la maîtrise du sommeil volontaire** par l'auto-hypnose ; des rythmes de vie aussi réguliers que possible — le rythme est une force — nous n'évoquons que pour mémoire le rythme des repas qui conditionne les rythmes nutritionnels, rythmes de travail et d'activités alternées qui évitent la monotonie, épargnent les forces, équilibrent les idéations. Ensuite, il faut veiller à une économie nerveuse, fluidique par les méthodes rétentionnelles occultistes, cures de silence, rétention des paroles spontanées, de l'impulsivité, du bavardage oiseux, contrôle des gestes, de la démarche, des attitudes, du débit oral, de l'activité tout entière qui doit être mesurée afin que le calme, le flegme, le sang-froid en toutes circonstances deviennent naturels. Cette éducation n'exclut pas l'efficacité, la rapidité des réflexes ; **bien au contraire, l'énergie étant concentrée, elle les accroît.**

Ce comportement permet d'accumuler les énergies, mais celles-ci peuvent être encore développées par d'autres moyens qui participent de la relaxation psychosomatique.

10. L'athlète et la suggestion

Dans la pratique des sports individuels, il ne fait aucun doute que l'athlète qui se soumettra à nos exercices régulièrement **ne pourra qu'en retirer bénéfice pour son entraînement.** En dehors de l'amélioration de ses performances, il remportera la plus belle des victoires : **celle que l'on remporte sur soi.**

En marge de l'action directe de la suggestion dont nous faisons apparaître les perspectives par rapport à la compétition, il nous faut souligner le rôle non moins important qu'elle peut jouer sur le plan hygiénique. Elle peut agir sur les grandes fonctions organiques pour en stimuler ou en réguler l'activité, elle peut perfectionner la digestion et la nutrition, favoriser l'assimilation, rendre plus actifs les émonctoires, équilibrer les métabolismes.

On pourra soulever l'objection, judicieuse en soi, que la suggestion agit comme un doping, que le sujet dopé moralement peut dépasser les limites de sa résistance tendineuse et organique. Nous le concédons bien volontiers pour un sujet auquel on ferait accomplir des exploits sportifs en état d'hypnose profonde. Il n'en est pas de même pour la suggestion enregistrée, les exercices « *at home* » qui ne font **que donner une meilleure cohésion à la personnalité de l'athlète,** qui lui permettent de mieux exploiter ses possibilités **sans qu'il puisse outrepasser les limites de sa résistance.** C'est au médecin, à l'entraîneur qu'il appartient d'adapter ces moyens à la capacité de l'athlète et aux objectifs qu'ils lui ont fixés. En tout état de cause, le réconfort moral, car il ne s'agit pas de quelque chose d'artificiel, **nous paraît devoir éliminer le doping physique** qui ne développe pas, parallèlement à l'augmentation provisoire des forces, des qualités physiologiques concomitantes, comme peut le faire la suggestion.

11. Le moral de l'équipe

Dans les sports d'équipe, plus que dans les sports individuels, **le moral joue un rôle déterminant** ; il conditionne en grande partie la victoire ainsi que le démontrent les fluctuations du succès des grandes équipes de valeur sensiblement égale qui s'affrontent en poules de championnat.

Tout ce que nous avons exposé à propos de la préparation de l'athlète conserve toute sa valeur pour les équipiers de rugby, de basket ou autres sports comme le rowing où le moral doit être soudé.

Il est difficile d'envisager pour l'équipe que chaque joueur puisse être l'objet d'une éducation particulière de relaxation, d'entraînement psychotonique. Le nombre de joueurs s'oppose à une application réellement efficace et seule, le sauna finlandais a pu connaître en tant que discipline collective une certaine faveur.

La relaxation psychosomatique appliquée en collectivité ne pose absolument aucun problème d'ordre pratique et technique. Une salle de relaxation peut parfaitement être aménagée avec de nombreux postes de relaxation dirigée par une bande enregistrée et alimentés en oxygène, pour la respiration dirigée, par une seule bouteille. La bande enregistrée peut l'être en fonction du sport pratiqué, **dans l'optique d'un renforcement du moral de l'équipe** et même d'un objectif précis à atteindre. Des enregistrements particuliers pourraient aussi être établis en collaboration avec médecins psychologues et entraîneurs pour des joueurs momentanément en méforme **qui retrouveraient leur capacité athlétique.**

Ainsi, de la réhabilitation physique du sédentaire au conditionnement psychologique de l'athlète de haute compétition, en passant par la diversité de ses applications dont la majeure partie a été exposée dans cet ouvrage, la **relaxation psychosomatique** nous paraît désormais constituer une **discipline de choix** parmi toutes celles qui tendent à instaurer chez l'individu un équilibre psychosomatique permanent.

Appendice

En chaque secteur d'activité ou pôle d'intérêt, le lecteur devra, pour retirer le plus grand bénéfice de la méthode, se reporter aux différents chapitres qui lui apportent le complément nécessaire à la compréhension des exercices et à l'extension de l'enseignement concernant leurs applications et effets. C'est ainsi que la femme enceinte pourra adapter l'autosuggestion à l'influence sur l'enfant pendant le cours de la vie fœtale, à son équilibre psychosomatique pendant la période de gestation ; de même la femme désireuse de maigrir pourra utiliser l'autohypnose pour perdre du poids, sans avoir à se priver ; le sportif, lui, retirera la quintessence de notre méthode en en découvrant toutes les ressources dans les chapitres qui concernent la musculation et la préparation sportive.

Certains sujets, malgré l'importance de cet ouvrage, n'ont pas été développés, car cela nous eut entraîné trop loin. Mais le lecteur attentif s'apercevra vite que la méthode peut y être adaptée. Ainsi nous n'avons fait qu'effleurer la possibilité de vaincre la toxicomanie par l'autohypnose, de réduire et finalement de supprimer les narcotiques dans l'insomnie par l'autosuggestion, la relaxation et le basculement dans l'hypnose. Mais tout cela coule de source, les perspectives sont infinies (1)...

Par ailleurs, le lecteur retrouvera dans nos autres ouvrages des développements concernant plus particulièrement l'entraînement athlétique, les techniques de l'hypnose, l'esthétique corporelle, les problèmes de la vie affective et sexuelle du couple, etc., sur lesquels nous n'avons pu nous étendre davantage.

---

(1) Voir : *La Maîtrise de votre subconscient,* un important ouvrage sur l'autohypnose et les moyens pratiques de résoudre les problèmes personnels (Éditions Dangles).

Lexique abrégé relatif à la psychosomatique

Adaptation. — Faculté que possède l'individu de se mettre en harmonie avec son environnement, avec le mode de pensée et d'agir qui le caractérise et, ainsi, de maintenir son équilibre intérieur.

Adrénaline. — Hormone de la glande médullo-surrénale dont l'action stimulante élève le degré tensionnel. Par exemple : l'émotion sexuelle intense produit des décharges d'adrénaline qui accroissent la tension céphalo-rachidienne.

Affects. — États psychiques difficilement analysables, observés à travers les comportements auxquels ils donnent lieu. Se déplaçant, ils ne portent pas de noms bien définis comme la joie, la douleur, etc.

Agressivité. — Consciente ou inconsciente, l'agressivité naît de la disjonction du besoin vital, ou instinct de vie et d'une pulsion autodestructrice : l'instinct de mort. L'agressivité est partie intégrante de l'instinct sexuel dont elle favorise la satisfaction.

Aliénation. — Trouble mental de dissociation de la personnalité qui donne à l'individu un comportement éloigné de la norme et qui peut être dangereux pour la société.

Ambivalence. — État d'esprit d'un sujet qui éprouve simultanément deux sentiments contradictoires en face du même objet. Il en résulte des situations conflictuelles.

Anamnèse. — Opération qui consiste par l'analyse à provoquer le retour d'un sujet à son vécu antérieur.

Anorexie mentale. — Symptôme d'amaigrissement et de cessation des règles résultant chez la jeune fille du refus de sa féminité.

Anxiété. — Défaut d'intégration des pulsions inconscientes, l'anxiété se différencie de l'angoisse par l'absence de troubles physiologiques. Elle est l'indice d'une faiblesse du Moi impuissant à arbitrer les pulsions de l'instinct et de la censure du Surmoi.

Archaïques (images, situations, etc.). — Qui appartient au passé, qui remonte à la période primitive ou en provient.

Archétype. — Modèle primitif. Selon Jung, formes préexistantes faisant partie de l'inconscient collectif qui appartient au trésor commun de l'humanité.

Asthénie. — État neuropsychique dépressif caractérisé par la fatigabilité. Elle peut être due aux tensions émotionnelles inconscientes provoquées par des refoulements qui épuisent les forces vitales.

Break-down. — S'applique plus particulièrement au dirigeant qui « craque » sous le poids des responsabilités. C'est l'équivalent de la dépression nerveuse brutale.

Bulbe. — Le bulbe rachidien prolonge la moelle épinière et se situe à la partie inférieure de l'encéphale ; il renferme des centres nerveux importants (centres respiratoire, circulatoire, etc.) en un endroit appelé nœud vital.

Catharsis (de purgation). — Terme utilisé par Freud pour définir le rappel à la conscience des expériences à fortes charges émotionnelles profondément refoulées et dont la résurgence libère le sujet de ses complexes. La méthode cathartique est utilisée en psychanalyse et dans le psychodrame.

Censure. — Fonction psychique qui effectue le tri entre ce que la conscience peut admettre, car conforme aux normes socioculturelles et ce qui, les contredisant, se trouve refoulé dans l'inconscient et n'en conserve pas moins son pouvoir dynamique.

Chronaxie. — Temps minimum d'excitation pendant lequel un courant électrique doit parcourir un nerf pour exciter le muscle.

Cœnesthésie. — Sensations perçues provenant des organes internes, des contractures et de la détente des muscles, des organes qui échappent habituellement à l'attention vigilante, des fonctions circulatoires, nutritionnelles, nerveuses, endocriniennes, etc.

Compensation. — Mécanisme le plus souvent inconscient qui contrebalance par un autre investissement un manque, une frustration, une infirmité, ce qui donne lieu à un comportement qui peut être bien adapté à la réalité, ou à une compensation imaginative et fabulatrice dans la névrose d'échec.

Comportement. — Manière d'être et d'agir par rapport à soi et aux normes socioculturelles de la société dans laquelle on est inséré et de ses mœurs.

Complexe. — Ensemble des caractères acquis dans l'enfance influençant le comportement de l'individu adulte, qui n'en a pas conscience.

Complexe d'Œdipe. — Attachement érotique inconscient de l'enfant au parent de sexe opposé.

Conditionnement. — Comportement déterminé par le développement des réflexes conditionnés.

Conflit. — Affrontement de tendances, d'intérêts, de situations opposés entre lesquels l'individu doit opérer un choix. Les conflits non résolus sont générateurs d'anxiété, d'angoisse, d'affaiblissement du moi.

Culpabilité. — Sentiment qui, selon Freud, aurait sa source dans le complexe d'Œdipe. La faute, subjective, s'inscrirait dans le comportement et déboucherait sur la névrose. Par extension, la culpabilisation peut résulter d'un état conflictuel qui oppose la loi morale à un comportement qui l'enfreint (conflit).

Cortex. — Écorce cérébrale, le terme pouvant désigner dans le système nerveux ce qui participe de la conscience et des actes volontaires par rapport aux centres neurovégétatifs.

Décubitus dorsal. — Position du corps couché sur le dos ; ventral : couché sur le ventre.

Défoulement. — Retour à la conscience des pensées et tendances refoulées. La résolution des conflits et tension peut être obtenue par ce mécanisme qui permet d'en discerner les causes, c'est une prise de conscience favorisant la maîtrise et l'intégration au comportement.

Dépersonnalisation. — Trouble du sentiment de soi et de la perception du monde (Bouvet). Se caractérise par un sentiment d'irréalité, de transformation du monde dans lequel le sujet a l'impression qu'il est dirigé de l'extérieur, qu'il n'est plus lui-même. Cet état est marqué par la régression affective, l'écroulement des défenses du Moi.

Dynamique. — En psychologie, étude des forces qui s'exercent sur l'individu et influencent sa personnalité. Par extension, le pouvoir dont se trouvent chargés les idées et les mots. Peut être entendu dans le sens de l'action réalisatrice ; exemple : un comportement dynamique.

Dystonie. — Troubles du tonus et de l'excitabilité des systèmes ortho- et parasympathiques. La vagotonie et la sympathicotonie sont caractéristiques de cet état. La dystonie neurovégétative est responsable de nombreux troubles dits fonctionnels.

Ego. — Synonyme du Moi, ou instance psychique qui équilibre les tendances du Ça et du Surmoi.

Émonctoires. — Organes éliminateurs : poumons, foie, intestins, reins, peau, etc.

Endocrines. — Glandes à sécrétion interne (hormones) dont les produits se déversent dans le sang. Glandes : hypophyse, thyroïde, surrénales, pancréas, ovaires, testicules, etc.

Étiologie. — Étude des causes de maladies, de l'origine des organes et de leurs fonctions.

Extraversion. — Tendance à l'extériorisation des sentiments. L'extraverti s'ouvre au monde extérieur, recherche la société et les contacts humains à l'opposé de l'introverti qui les fuit.

Fantasme. — Apparition dans le champ de la conscience d'une image irréelle. Base du mécanisme par lequel les sujets névrosés échappent au réel en se réfugiant dans la rêverie.

Fonctionnels (troubles). — Troubles qui n'affectent pas la structure de l'organe, qui ne s'accompagnent d'aucune lésion organique décelable. Ces troubles peuvent à la longue retentir sur la structure même de l'organe et devenir lésionnels (vomissements préludant à un ulcère gastro-duodénal).

Frustration. — Tendances, besoins qui ne pouvant être satisfaits sur le plan affectif ou instinctif peuvent se trouver refoulés et dégénérer en états complexuels.

Gonades. — Se dit des glandes génitales.

Homéostasie. — L'homéostasie, ou maintien du fonctionnement normal d'un organe, est assurée par le système nerveux sympathique et les glandes à sécrétion interne.

Hyperesthésie. — Sensibilité exagérée de la peau, d'un organe. Peut être le symptôme de l'éréthisme nerveux ou d'une maladie : myélite, névrite, etc.

Hyperhémie. — Afflux de sang dans un organe mais plus spécialement à la surface de la peau sous l'effet de l'émotion, de la chaleur, d'un révulsif, etc.

Hypertonie. — Taux élevé de tonus musculaire et exagération de l'excitabilité nerveuse (voir Paratonies).

Hypophyse. — Glande de la grosseur d'une cerise située à la base du crâne. Reliée à l'hypothalamus dont elle reçoit l'influence, elle opère, par les hormones qu'elle secrète, une influence normalement régulatrice sur les autres glandes à sécrétion interne.

Hypothalamus. — Centre supérieur du système neurovégétatif. Situé à la base du cerveau, en liaison avec le cortex, il commande en réalité toute l'économie par le relais de l'hypophyse. Selon Chauchard, l'hypothalamus est le « chef d'orchestre des harmonies organiques ».

Hystérie. — Les crises d'hystérie sont la manifestation somatique de conflits affectifs et de refoulements résultant des interdits.

Idéo-dynamique. — En suggestion, accomplissement d'acte physiologique ou musculaire à partir de l'idée ou représentation mentale des actes suggérés.

Inadaptation. — Incapacité dans laquelle se trouve un sujet de s'adapter à son environnement, à la réalité, d'assumer son rôle au sein de la société. L'inadaptation peut être physique par suite d'infirmité ou morale, soit scolaire, familiale, professionnelle, sociale, conjugale, etc.

Incomplétude. — Sentiment de manque, d'inachevé, d'incomplet éprouvé par rapport aux pensées, aux émotions, aux actes, à la réalité qui ne comble pas les besoins et les désirs.

Inconscient. — Partie de l'appareil psychique échappant à la conscience où sommeillent les instincts refoulés, où se développent les phantasmes, où naissent les désirs, où s'organisent les liens interhumains et les comportements intuitifs.

Insuline. — Hormone du pancréas. S'utilise en psychiatrie pour provoquer le coma insulinique, dans les traitements du diabète, etc.

Intégration. — Idées, tendances instinctuelles pouvant devenir conflictuelles qui, au lieu d'être refoulées, sont admises avec des aménagements dans le cadre de la forme de pensée et de l'activité du sujet, donc intégrées à son comportement.

Intériorisation. — Opération mentale qui consiste à descendre en soi pour y reconnaître le vécu corporel (voir ce mot) ou y discerner les états d'âme, les conflits, etc.

Introspection. — Observation par la prise de conscience de ses états d'âme, de son contexte psychologique pour définir les raisons de son propre comportement.

Investissement. — Chargement d'une grande valeur affective par un individu d'un objet (personne, situation, idéal) ou charge de cet objet en énergie psychique.

Langage tonique. — Tensions musculaires, paratonies qui reflètent les difficultés et états conflictuels du sujet.

Langage du corps. — Il s'exprime par la relation psychosomatique qui fait que toute situation émotionnelle, conflictuelle, se transfère à la fonction tonico-musculaire et qu'ainsi les organes et les muscles deviennent le reflet du psychisme. Par cela même le physiothérapeute peut découvrir les tensions intérieures du sujet (par les hypertonies, paratonies cruciales ou résiduelles). S'entend également par les symptômes de maladies fonctionnelles destinées à masquer les conflits et angoisses.

Lipodexie. — Fixation des graisses.

Lipodiérèse. — Destruction des graisses.

Maturation. — Mûrissement de l'individu. Élaboration des structures mentales pour l'épanouissement de la personnalité.

Moi. — Synonyme d'ego. Le Moi se structure sous l'effet de la maturation affective et de l'éducation. Il est la synthèse des interactions et du comportement de l'individu par rapport à la satisfaction de ses besoins, à la résolution de ses conflits et aux exigences de l'adaptation à la vie en société. Un Moi faible, mal structuré conduit à des comportements paradoxaux qui s'opposent à la réalité.

Monoïdéisme. — État mental caractérisé par l'occupation du champ de la pensée par une seule image ou idée, à l'exclusion de toute idée parasite.

Morphologie. — Structure des tissus. Concerne l'étude et la définition de la forme des organes, de l'aspect extérieur du corps et de ses différentes régions.

Narcissisme (de Narcisse, amoureux de lui-même). — Continuation ou résurgence chez l'adolescent et l'adulte du stade narcissique de l'enfant, encore incapable de se différencier d'avec autrui et de se situer par rapport à son environnement, donc, d'investir l'affectivité et l'amour dans un objet extérieur à lui-même.

Névrose. — Exagération morbide de certaines tendances qui existent chez tout individu. Le sujet est conscient de son déséquilibre, mais ne discerne pas les causes de son anxiété et de ses angoisses, contrairement au psychotique qui élabore un monde imaginaire qu'il prend pour la réalité.

Paranoïa. — Psychose caractérisée par la distorsion du jugement, l'inadaptation sociale. État constitutionnel ou provoqué par une régression au stade primitif de l'agressivité.

Phobie. — Névrose qui peut confiner à l'angoisse par la peur sans motif apparent de situations, d'êtres, d'objets, etc.

Paratonies. — Tensions musculaires résultant des troubles de la fonction tonique, dont la résolution retentit sur la régulation centrale. Les paratonies peuvent être globales ; cruciales (zones clefs de paratonies localisées dont la recherche donne à la relaxation un caractère analytique et dont la détente exerce un effet décisif sur la détente générale. — Selon la méthode analytique de R. Jarreau et Mme Klotz) ; résiduelles : subsistent en certains points électifs malgré que la résolution ait été obtenue en d'autres territoires étendus.

Placebo. — Produit inerte dépourvu de toute action, mais l'exerçant par autosuggestion.

Phantasmes. — Hallucinations, ou par extension imaginations et rêveries dénuées de réalités objectives.

Potentialités. — Facultés ou idées à pouvoir dynamique en puissance, non encore exploitées mais qui peuvent se révéler par la prise de conscience ou sous l'effet de circonstances fortuites ou focalisantes.

Psychique. — Définit ce qui touche au mental, mais aussi aux facultés paranormales.

Psychodrame. — Technique psychothérapique (Moreno) qui consiste en une improvisation scénique théâtrale destinée à extérioriser les pensées des sujets participants, à fins d'analyse par le psychothérapeute.

Psychonévrose. — Désigne les affections nerveuses dont la genèse réside dans les troubles psychiques.

Psychosomatique. — De psyché (âme) et soma (corps). Conception de l'unicité de l'homme, de l'interdépendance et de l'interaction du psychisme et du physique, des facteurs émotionnels conscients et inconscients dont l'action répétée sur le système neurovégétatif retentit sur le fonctionnement des organes et sur leur structure (médecine psychosomatique). Relaxation psychosomatique : actions réciproques du psychisme et du corps dirigées et maîtrisées par la relaxation.

Psychose. — Caractérise la perte de contact avec le réel et la rupture du lien interhumain. Le sujet devient incapable d'adaptation (voir ce mot), il manifeste une tendance à l'isolement et se réfugie dans un univers aberrant qu'il façonne au gré de ses fantasmes selon une logique qui lui est personnelle. Le psychotique, contrairement au névrotique (voir névrose), n'a pas conscience de ses troubles.

Psychotique. — Psychose ou état d'un sujet évoluant vers la psychose.

Pulsions. — Expression des forces biologiques inconscientes dont la satisfaction réduit les états tensionnels auxquels elles donnent lieu lorsqu'elles ne sont pas satisfaites (faim, besoin sexuel, agressivité, etc.).

Réactivation. — Résurgence de situations archaïques développées ou refoulées dans le subconscient et qui y sommeillaient.

Reconditionnement psychophagique. — Terme créé et déposé par l'auteur désignant une méthode enregistrée à base suggestionnante ayant pour effet de rééquilibrer les centres hypothalamiques de l'appétit, de la faim et de la satiété.

Réflexe conditionné. — On dit réflexe conditionné ou conditionnel. C'est un réflexe acquis (par opposition au réflexe simple inconditionnel) par la mise en jeu de processus d'excitations et d'inhibitions. Chez l'homme, les réflexes conditionnés supérieurs se forment par l'intervention du psychisme, la répétition en un sens donné développant les centres coordinateurs de la fonction nerveuse (répétition des mêmes formules dans la méthode de relaxation psychosomatique).

Régression. — Retour à un état de moindre maturation. La cause en est souvent la frustration. Ne pouvant résoudre ses conflits, l'individu fuit la réalité en se réfugiant à un stade antérieur de son évolution.

Régulation. — Normalité de la fonction. S'emploie en psychosomatique pour indiquer le retour à la normale de la commande nerveuse, de la fonction tonique, etc.

Schizophrénie. — Affection caractérisée par le retrait de la réalité, le retranchement dans un univers morbide qui rend indifférent à l'entourage. Le schizophrène évolue le plus généralement en crises successives qu'on jugule par les neuroleptiques. Le traitement par l'insuline (choc insulinique) est actuellement utilisé, mais ses résultats restent aléatoires.

Sémiologie. — Partie de la science médicale qui étudie les signes des maladies et leurs symptômes.

Somation. — Se dit des maladies fonctionnelles résultant de troubles nerveux d'origine psychique qui affectent anatomiquement et physiologiquement les organes (de soma, le corps).

Somatique. — Atteinte structurale d'un organe. Dans l'optique psychosomatique, cette définition nous paraît suspecte : toute maladie n'est-elle pas plus ou moins déterminée (éventuellement par affaiblissement du terrain) par des troubles psychiques, de même que ces derniers peuvent apparaître à la suite de la lésion accidentelle d'un organe ?

Somato-psychique. — Influence du corps sur l'esprit ou d'un trouble organique sur le psychisme.

Sous-cortical. — Partie du cerveau située au-dessous de l'écorce cérébrale, du cortex.

Optiques (couches). — Centre coordinateur de toute la sensibilité de relation (Chauchard).

Spécificité. — Ce qui caractérise une maladie et le traitement qui lui est particulier.

Stimuli. — Sensoriels et psychiques, les stimuli désignent davantage des stimulations (ou excitations) répétées, que le stress.

Stress. — Agressions psychopathologiques qui agissent sur le système nerveux et perturbent l'hypothalamus. Les stress finissent par leur répétition ou leur violence par saper la résistance de l'individu qui « craque » soudainement (Break-down).

Subconscient. — Représente par rapport à l'inconscient (indisponible) ce qui est latent et disponible. La fonction entre ces deux instances n'est pas nettement tranchée, mais la psychanalyse admet que l'oublié, ou le refoulé, qui gît dans le subconscient, tend à revenir à la conscience et influence le comportement.

Sublimation. — Mécanisme d'adaptation de l'individu à son milieu par lequel il transforme ses besoins et pulsions instinctuelles en énergie pour la poursuite de buts élevés, idéologiques, sociaux, professionnels, etc.

Surmoi. — Fraction du psychisme composée des interdits moraux et socioculturels qui exercent leur censure sur les pulsions instinctuelles (le Ça).

Surrénales. — Glandes qui coiffent les reins et sécrètent l'adrénaline.

Sympathicotonie. — Sensibilité élective de l'orthosympathique par rapport au parasympathique.

Syndrome. — Ensemble de symptômes, de troubles pouvant être observés en divers états, mais ne permettant pas de définir spécialement une maladie (syndrome des dirigeants).

Tachycardie. — Accélération anormale des battements du cœur.

Thermorégulation. — Régulation de la température du corps par le système neurovégétatif.

Tonico-émotionnel. — Concerne les tensions produites par l'émotion, par les troubles de l'affectivité, par l'excitation sexuelle, etc., qui se traduisent par des troubles du tonus (hypertonies organiques et musculaires).

Tonus. — Contraction permanente et normale du muscle. Tension équilibrée du système nerveux et du psychisme (tonus mental).

Totalité. — Notion de la médecine psychosomatique qui considère l'homme dans son unité (unicité), c'est-à-dire dans l'indissolubilité de son être somatique et psychique.

Toxémie. — État d'intoxication chronique qui se traduit par la fatigue pathologique.

Toxines. — Poisons des bactéries qui pénètrent dans le sang, mais par extension tout poison ou produit de désassimilation (acide lactique) qui séjourne dans l'organisme et ne peut être normalement éliminé.

Transfert. — Report sur des objets ou sur autrui des impressions et émotions archaïques. En psychanalyse, le transfert est le report sur le psychanalyste, par le sujet, des attitudes affectives ou hostiles de l'enfance, ce qui permet dans l'analyse une compréhension du comportement et des difficultés de l'adaptation. Le contre-transfert caractérise l'attitude de l'analyste ; il lui permet de libérer le patient des liens que le transfert avait noués au cours de la cure psychanalytique.

Vagotonie. — Cet état indique la prédominance du parasympathique sur l'orthosympathique.

Vasodilatation. — Dilatation des vaisseaux sanguins correspondant à l'afflux du sang.

Vasoconstriction. — Diminution du calibre des vaisseaux sanguins par contraction de leurs fibres musculaires.

Vécu corporel. — Désigne l'ensemble des impressions sensorielles ressenties par le corps par rapport à la dimension spatiale, dans la vie antérieure et actualisée.

Vécu tonique. — Perception cœnesthésique dans l'appréciation du tonus musculo-organique.

Verbalisation. — Expression de la pensée, des tendances par la parole et recherche de formules précises pour cerner les sentiments, définir les nuances de la psychologie.

N.B. : un lexique beaucoup plus important a été publié dans *La Maîtrise de votre subconscient* (Éditions Dangles).

Bibliographie

Aboulker, Chertok, Sapir : *Les Applications de la médecine psychosomatique* (L'Expansion française).

Albeaux-Fernet et Romani J.-D. : *L'Obésité et ses problèmes* (Masson et Cie).

Alexander : *La Médecine psychosomatique* (Petite Bibliothèque, Payot).

Andrivet, Chignon, Leclerc : *Physiologie du sport* (P.U.F.).

Bibliothèque pratique de médecine psychosomatique : *Introduction à la compréhension psychosomatique* (Édouard Privat, éditeur).

Bize P.-R. : *Le Surmenage des dirigeants* (L'Entreprise moderne).

Delay J. : *Études de Psychologie médicale* (P.U.F.).

Cloutier François : *La Santé mentale* (P.U.F.).

Colas R. : *La Pollution des eaux* (P.U.F.).

Chauchard Paul : *La Médecine psychosomatique* (P.U.F.).

Baruk Henri : *Psychoses et névroses* (P.U.F.).

Baudouin Charles : *Suggestion et autosuggestion* (Éditions Delachaux et Niestlé).

Bibliothèque pratique de psychosomatique : *Introduction à la compréhension de la médecine psychosomatique* (Édouard Privat, éditeur).

Bouffange G. : *Précis pratique d'électricité médicale à l'usage des kinésithérapeutes.*

Boule P.-I. : *L'Hypnose et la suggestion* (Éditions Doin).

Durand de Bousinguen : *La Relaxation* (P.U.F.).

Boyer Jean : *Hygiène de la vie quotidienne* (P.U.F.).

Chauchard Paul : *La Fatigue* (P.U.F.).

Chertok (Dr L.) : *L'Hypnose* (Masson et Cie).

Chertok L. et Sapir M. : *Congrès international de médecine psychosomatique* (Édouard Privat, éditeur).

Demeillès : *L'Entraînement athlétique* (Amphora).

Deay J. : *Études de Psychologie médicale* (P.U.F.).

Durville H. : *Magnétisme personnel* (Perthuis).

Fluchaire Pierre : *Bien dormir pour mieux vivre* (Éditions Dangles).

Filloux J.-C. : *Le Tonus mental* (P.U.F.).

Filiatre Jean : *Hypnotisme et magnétisme* (Perthuis).

Guyonnaud (Dr J.-P.) : *Endormir par l'hypnose* (Perthuis).

Humphreys Christmas : *Concentration et méditation* (Éditions Dangles).
Jagot P.-C. : *Méthode pratique de magnétisme, hypnotisme, suggestion* (Éditions Dangles) et *Théorie et pratique de l'hypnotisme* (Éditions Dangles).
Jung (*adaptation* Dr Roland Cahen) : *La Guérison psychologique* (Librairie de l'Université, Georg et Cie, Genève).
Lacroix (Dr René) : *Savoir respirer* (Éditions Dangles).
Lemaire (Dr J.-G.) : *La Relaxation* (Petite Bibliothèque, Payot). *Revue de Médecine psychosomatique,* tome 2 (Librairie Maloine).
Loussouarn Thierry : *Initiation au yoga* (Éditions Dangles).
Mahé : *Ma cure de rajeunissement* (Le Seuil).
Dr Masters et Mrs. Johnson : *Les Mésententes sexuelles* (R. Laffont).
Encyclopédie de la Psychologie (Fernand Nathan).
Parker Élisabeth : *Les 7 Ages de la femme* (Marabout).
Perrault M. et Dry J. : *L'Obésité* (J.-B. Baillière et fils).
Pierantoni (Directeur) : *Les Nouvelles esthétiques* (revue mensuelle).
Pierloot (Dr Roland) : *Psychosomatique clinique* (Éditions Nauwelaerts-Louvain).
Porot A. et M. : *Les Toxicomanies* (P.U.F.).
Sanfilippo F. : *Grossesse heureuse et accouchement naturel sans douleur* (La Vie saine).
Tocquet Robert : *Les Pouvoirs secrets de l'Homme* (Production de Paris) et *La Biodynamique du cerveau* (Éditions Dangles).
Quet (Dr Hélène) : *Relaxation dans le cadre des stations thermales.*
Sadhu Mouni : *La Maîtrise du mental* (Éditions Dangles).
Schultz J.-H. : *Le Training autogène* (P.U.F.).
Slaughter : *Votre corps et votre esprit* (Presses de la Cité).
Toudriau-Devondel : *Guide du yoga* (Marabout).
Vellay (Dr) : *Accouchement sans douleur* (Le Seuil).
Winter (Dr) : *La maladie naît de l'anxiété* (Les Écrits de France, M.C.L.).

Table des matières

Première partie : **LES TECHNIQUES**

La composition et l'impression de cet ouvrage
ont été réalisées par CLERC S.A.
18200 SAINT-AMAND - Tél. : 48-96-41-50
pour le compte des ÉDITIONS DANGLES
18, rue Lavoisier - 45800 ST-JEAN-DE-BRAYE

Dépôt légal Éditeur n° 1691 - Imprimeur n° 4602

Achevé d'imprimer en Avril 1991

Du même auteur, dans la même collection :

Marcel ROUET

LA MAITRISE DE VOTRE SUBCONSCIENT. La solution de vos problèmes personnels par l'auto-hypnose associée à la pensée créatrice.

Format 15 × 21 ; 376 pages ; illustré .

Ce nouveau livre de Marcel Rouet, l'auteur de *Relaxation psychosomatique*, vous permet de découvrir puis d'exploiter les **immenses possibilités qui sommeillent en vous.** Vous apprendrez d'abord, par l'introspection, à explorer les recoins les plus secrets de votre subconscient, et comprendrez alors certains de vos comportements qui vous déroutent, les raisons profondes de vos inhibitions, de vos frustrations, voire de vos échecs.

L'auteur vous enseigne ici une **nouvelle philosophie de l'existence,** synthèse des lois universelles de la Tradition et des mystiques extrêmes-orientales : c'est la « voie médiane », compromis entre l'austérité, la rigueur et la recherche des joies authentiques répondant aux besoins de notre vie instinctive. Pour la conquête de cet idéal qui répond à nos aspirations les plus nobles sans nous priver des plaisirs de la vie, Marcel Rouet propose de nouvelles techniques d'**auto-hypnose** qui nous permettent d'ensemencer efficacement notre subconscient de **pensées positives et créatrices ;** celles-ci cheminent alors irréversiblement dans notre inconscient jusqu'à se réaliser d'une manière tangible, tant sur le plan mental que matériel.

VOUS ÊTES ET DEVENEZ CE QUE VOUS PENSEZ. Cette technique psychologique, applicable par chacun, vous apporte le moyen de :

— développer en vous les puissantes motivations qui assurent de brillantes réussites ;
— déclencher autour de vous les conjonctures favorables qu'on appelle la chance ;
— substituer l'euphorie, l'assurance, la joie de vivre à la morosité, au découragement, à l'anxiété et à la dépression ;
— vaincre la douleur et la maladie ; modeler votre corps ;
— vous endormir à volonté d'un sommeil profond et réparateur ;
— parvenir à un épanouissement complet de votre vie sexuelle et affective ;
— vous initier à la relaxation et à l'infra-hypnose afin d'accéder aux divers états de conscience, jusqu'à la méditation ;
— développer vos facultés intellectuelles, dont la créativité, la mémoire, etc.

Un livre pratique qui vous permet enfin de mieux dominer votre destin, et non plus de le subir passivement.

EXTRAIT DE LA TABLE DES MATIÈRES :

Du même auteur, dans la même collection :

Marcel ROUET

CHASSEZ LA FATIGUE EN RETROUVANT LA FORME ! Culture physique de détente pour tous les âges.

Format 16 × 24 ; 264 pages ; abondamment illustré.

La vie trépidante et harassante de notre époque laisse bien peu de loisirs pour se consacrer à l'entretien de son corps, entretien pourtant indispensable si l'on veut se maintenir en bonne santé et ne pas grossir.
Par ailleurs, la tension nerveuse et la fatigue sont, sous l'effet des diverses agressions que nous subissons, le lot commun des hommes et des femmes d'aujourd'hui.
Surmenés, fatigués par un environnement qui épuise, beaucoup qui reconnaissent la nécessité de l'exercice corporel mais qui l'ont souvent abandonné depuis longtemps, ressentent le besoin de se remettre en forme, à condition de ne pas se fatiguer exagérément et de n'y consacrer que quelques instants par jour.
C'est pour répondre à ces impératifs que Marcel ROUET, spécialiste incontesté dans ce domaine, propose aujourd'hui cette nouvelle méthode de culture physique « de détente », différente de tout ce qui a déjà été fait dans ce domaine, et réellement adaptée aux nécessités de notre temps.
Quels que soient votre âge, votre sexe et vos activités, vous trouverez dans cet ouvrage des exercices progressifs adaptés à votre cas personnel. Ces exercices résultent de la synthèse de techniques initiatrices au respir, de mouvements de culture physique conçus dans une optique inédite et d'une discipline organo-musculaire qui ouvre la voie à la maîtrise du corps.
Cette nouvelle méthode vous permet de :
— Ne faire, au début, que 2 ou 3 minutes d'exercice par jour et d'en ressentir aussitôt les effets bienfaisants.
— Faire dans la journée des mouvements spécifiques de quelques secondes seulement, tout en restant habillé et au sein de vos occupations professionnelles ; vous ferez ainsi votre culture physique sans vous en apercevoir !
— Si vous êtes déjà en bonne forme, de faire des séances plus longues pour conserver la sveltesse.
— Si vous vous êtes laissé grossir, de perdre du poids et de remplacer la graisse par des muscles fermes et endurants.
— Si vous manquez de souplesse, de la retrouver progressivement sans souffrir ni vous essouffler.
— De vous composer un programme d'entretien corporel adapté à votre âge (en particulier pour les personnes du 3e âge).
— D'améliorer votre condition physique si vous êtes handicapé.
N'attendez pas pour découvrir dans cet ouvrage les exercices et tous les « trucs » qui, dès les premiers essais, feront de vous un autre homme... ou une autre femme, car toute une partie du livre est consacrée au modelage du corps et au rajeunissement.

Du même auteur, dans la même collection :

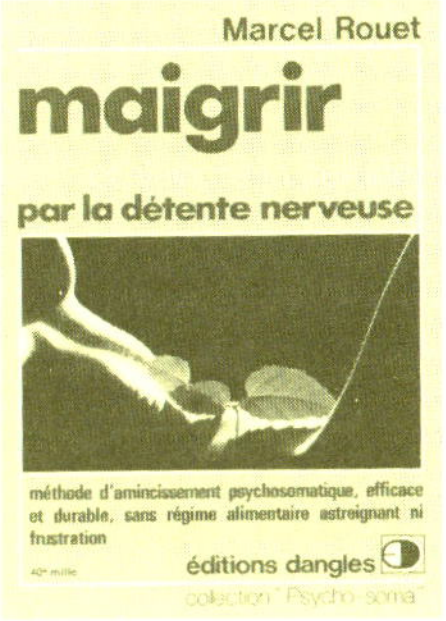

MAIGRIR ET VAINCRE LA CELLULITE PAR LA DETENTE NERVEUSE.

Méthode d'amincissement psychosomatique, efficace et durable, sans régime alimentaire astreignant ni frustration.

Format 15 × 21 ; 320 pages ; illustré.

Les innombrables « méthodes miracles » pour maigrir prouvent bien, du fait même de leur multiplicité, qu'aucun moyen — médical ou empirique — ne s'est finalement révélé durable et efficace. En effet, les délicats mécanismes endocriniens de la faim, de l'appétit et de la satiété sont réglés par l'ordinateur de votre poids : l'HYPOTHALAMUS, situé à la base du cerveau.

Pour maigrir, rien ne sert de suivre un régime strict et astreignant, ou de se livrer à de fastidieux calculs de calories, autant de méthodes qui, développant les frustrations, font finalement grossir ! Il faut au contraire rééquilibrer directement ce centre de commande des glandes endocrines pour obtenir des résultats durables et positifs, et ce par la détente nerveuse et le reconditionnement psychophagique.

La méthode, maintenant largement éprouvée, décrite dans ce livre :

— amènera la détente nerveuse qui libérera vos fonctions éliminatrices bloquées par les tensions et l'anxiété de grossir ;

— rééquilibrera votre hypothalamus dont le dérèglement perturbe les glandes endocrines et fausse le métabolisme des graisses ;

— stimulera, au niveau de votre hypothalamus, votre « centre de satiété » afin de réduire l'appétit, et agira sur votre « centre de la faim » dont il freinera l'activité ;

— élèvera dans votre subconscient des barrières qui s'opposeront aux crises de boulimie habituellement déclenchées par les régimes ;

— modifiera votre comportement et votre rythme de vie dans le cadre de l'équilibre alimentaire et de la satisfaction sensuelle que vous procurent les joies gastronomiques ;

— s'opposera définitivement, par post-suggestion, à la reprise des kilos perdus, sans avoir à vous priver.

Vous comprendrez alors pourquoi, malgré vos tentatives, vous n'arriviez pas à maigrir, mais surtout vous apprendrez à MAIGRIR RAPIDEMENT et à NE PLUS JAMAIS GROSSIR, SANS AUCUNE PRIVATION, par la simple utilisation des fabuleuses ressources de votre subconscient.

EXTRAIT DE LA TABLE DES MATIERES :

1. Pourquoi on grossit, et comment maigrir.
Le régime n'a jamais fait maigrir durablement - Cet hôte indésirable : la graisse - Une hantise : la cellulite.

2. L'hypothalamus, centre du poids.
Vous ne pouvez maigrir sans détendre vos nerfs - La psychologie de l'amaigrissement.

3. Maigrir par l'auto-hypnose.
Apprenez à brûler vos graisses - La relaxation pour maigrir - Maigrissez dans l'hypnose.

4. La physiothérapie esthétique.
Ne vous occupez plus des calories - Apprenez à vous peser et à vous mesurer - La restructuration musculaire par l'exercice - Les soins satellites du reconditionnement psychophagique.

Du même auteur :

Marcel ROUET

L'ESTHÉTIQUE CORPORELLE. Santé et beauté plastique de la femme.

Grand format 16 × 24 ; 408 pages ; relié + jaquette couleurs ; 348 dessins ; 50 photos ; 39 planches ; 30 tableaux ; présentation luxueuse.

Être belle... c'est le désir bien légitime de la femme d'aujourd'hui !
La beauté n'est-elle pas devenue pour elle un puissant atout dans la réussite de sa vie familiale, affective et sexuelle, ainsi que socio-professionnelle ?
L'admiration se porte vers ce qui est beau et sain. Aussi, quel que soit son âge, la femme se doit-elle d'être bien faite, de défendre son corps contre les agressions et le vieillissement. Cet ouvrage unique lui en fournit les moyens.
Ce livre, riche de près de **400 illustrations, photos, planches d'exercices, de 39 tableaux,** surpasse en précision tout ce qui a déjà été publié sur l'esthétique féminine. Il vous permet de prendre conscience de votre corps, de ses imperfections éventuelles, de votre type morphologique, de vos possibilités, etc. Il vous indique avec clarté — et immédiatement grâce à son « répertoire de beauté » — tous les moyens pratiques pour retrouver votre ligne ou la défendre :
Culture physique esthétique - Modelage de votre corps région par région - Reconditionnement psychophagique pour vous défaire des kilos superflus et de la cellulite - Sports à pratiquer - Diététique et méthodes naturelles de santé - Relaxation et maîtrise du corps - Hypnophorèse appliquée à l'insomnie, l'asthénie, la fatigue, la dévitalisation, les troubles de la ménopause, etc. - et bien d'autres moyens encore, tout aussi efficaces.
De plus, pour la première fois dans un ouvrage consacré à la beauté, l'auteur aborde sans réticence les problèmes spécifiquement féminins avec :
— LA PRISE DE CONSCIENCE DU VENTRE qui permet de vaincre la constipation, l'aérophagie, de réduire les ptôses... en affinant la taille.
— LA GYMNASTIQUE DES MUSCLES INTIMES qui résout les inhibitions sexuelles responsables de la frigidité, prolonge la jeunesse des organes et assure la santé gynécologique.
— LA MÉTHODE PRÉAMBULAIRE A L'ACCOUCHEMENT SANS DOULEUR qui traite, sous un angle révolutionnaire, des problèmes de l'accouchement, avec de nombreux tableaux d'exercices à faire durant la grossesse et après l'accouchement, pour retrouver fermeté et sveltesse du corps.
Pour rester jeune et belle, un livre qui vous est indispensable et dont vous regretteriez plus tard de vous être privée !

L'OUVRAGE LE PLUS DOCUMENTÉ A CE JOUR, EXCLUSIVEMENT CONSACRÉ A LA BEAUTÉ FÉMININE ET SURTOUT AUX MOYENS PRATIQUES DE LA DÉFENDRE ET DE L'ENTRETENIR.

Dans la même collection :

Thierry LOUSSOUARN :

TRANSFORMEZ VOTRE VIE PAR LA SOPHROLOGIE. Guide pratique de relaxation dynamique et curative.

Format 15 × 21 ; 160 pages ; illustré.

A mi-chemin entre la relaxation, l'hypnose, le training autogène et le biofeedback, la sophrologie est tout à la fois une technique et une philosophie dont le but essentiel est l'**épanouissement de l'être** et la **transformation positive de son existence.** Chacun de nous possède en lui les ressources et les moyens nécessaires à sa guérison, à son épanouissement et à sa réalisation ; la sophrologie permet la remontée de ces aptitudes et facultés du subconscient au conscient ; elle est aujourd'hui utilisée avec succès en thérapie, en médecine préventive et en pédagogie. Elle vise à rendre l'homme **indépendant,** à créer une conscience positive pour l'amener à devenir le propre artisan de son bien-être et de sa croissance. La réussite et l'épanouissement dépendent très largement de la qualité de nos pensées et notre capacité à appréhender positivement la vie ; la « chance » apparaît alors plus comme le résultat d'un état mental fort et déterminé que comme le fruit du hasard ou de la fatalité.

Ce **livre pratique,** recueil d'exercices progressifs, vous présente un enchaînement de diverses techniques accessibles à tous, décrites avec précision et réalisables **par chacun, seul et chez soi ;** elles ont largement fait la preuve de leur efficacité et ont été l'objet de nombreuses expériences scientifiques :
— La **relaxation musculaire** permettant la redécouverte de notre corps.
— La **sophronisation** qui nous ouvre les portes du contrôle émotionnel.
— La **détente mentale profonde** qui nous libère du stress et des tensions.
— Les **exercices de visualisation positive** qui imprègnent puissamment notre subconscient et modifient nos comportements les plus négatifs.
— L'**autosuggestion dirigée** axée vers la « *dynamisation du positif* ».
— L'art de réapprendre à **bien dormir** et à protéger notre sommeil.
— La **relaxation dynamique** qui affine la perception de notre corps et nous apprend à être véritablement « *ici et maintenant* ».
— Les **exercices d'enracinement** qui renforcent notre détermination.

Nous savons que l'homme ordinaire n'exploite qu'environ 4 % des potentialités de son cerveau ; grâce à un contrôle mental correct — dont la sophrologie est l'une des principales clés — chacun peut augmenter considérablement ce pourcentage et créer en lui de nouveaux comportements d'autonomie et de responsabilité, d'indépendance et de recherche d'harmonie, sentiments générateurs d'une énergie considérable et points de départ d'une nouvelle vie féconde, heureuse, emplie de bien-être, de paix et d'amour.